LAURENCE J. PETER
RAYMOND HULL

Das Peter-Prinzip

oder Die Hierarchie der Unfähigen

Aus dem Amerikanischen von Michael Jungblut

nebst einer
Fortsetzung von

LAURENCE J. PETER

Schlimmer geht's immer

Das Peter-Prinzip
im Lichte neuerer Forschung

Aus dem Amerikanischen von Hainer Kober

Verlag Volk und Welt Berlin

ISBN 3-353-00584-6

2. Auflage
Lizenzausgabe des Verlages Volk und Welt, Berlin 1989
für die Deutsche Demokratische Republik
L. N. 302, 410/233/89
Das Peter-Prinzip: Copyright © 1970 by Rowohlt Verlag GmbH,
Reinbek bei Hamburg
Originalausgabe: *The Peter Principle*; Copyright © 1969 by
William Morrow and Company, Inc., New York
Schlimmer geht's immer: Copyright © 1985 by Rowohlt Verlag GmbH,
Reinbek bei Hamburg
Originalausgabe: *Why Things Go Wrong*, erschienen bei
William Morrow and Company, Inc., New York 1985;
Copyright © 1985 by Laurence J. Peter
Printed in the German Democratic Republic
Einbandentwurf: Hans-Joachim Petzak
Satz, Druck und Einband: Karl-Marx-Werk Pößneck V15/30
LSV 7332
Bestell-Nr. 649 087 7

00760

Das Peter-Prinzip

oder
Die Hierarchie der Unfähigen

Dieses Buch ist all denen gewidmet,
die auf ihrer Stufe der Unfähigkeit arbeiten,
spielen, lieben, leben und sterben
und damit das Forschungsmaterial für Entstehung
und Entwicklung der Hierarchologie,
der rettenden Wissenschaft, bereitstellten.

Sie retteten andere,
sich selbst konnten sie nicht helfen.

Einführung von Raymond Hull

Als Autor und Journalist hatte ich stets ausgezeichnete Möglichkeiten, die Errungenschaften der zivilisierten Gesellschaft zu studieren. Ich habe manche Untersuchung angestellt und über die Regierung, die Industrie, das Geschäftsleben, das Erziehungswesen und die Kunst geschrieben. Ich habe mich mit den Angehörigen der verschiedensten Gewerbe und Berufe unterhalten und dabei ihre Ansichten sorgfältig zur Kenntnis genommen. Es waren Menschen in hohen, mittleren und niedrigen Positionen.

Dabei stellte ich fest, daß – von wenigen Ausnahmen abgesehen – alle zum Pfuschen neigen. Überall sehe ich Unfähigkeit um sich greifen, Inkompetenz triumphieren.

Ich sah eine Autobahnbrücke von über einem Kilometer Länge zusammenbrechen und in die See fallen, weil trotz aller Berechnungen und Kontrollen jemand die Konstruktion eines Stützpfeilers verpfuscht hatte.*

Ich habe Städteplaner gesehen, unter deren Leitung eine Wohnsiedlung in das Überschwemmungsgebiet eines großen Flusses hineinwuchs, wo sie mit Sicherheit periodisch überflutet werden wird.

Kürzlich las ich vom Zusammenbruch dreier gigantischer Kühltürme eines englischen Kraftwerkes. Jeder von ihnen hatte eine Million Dollar gekostet, aber sie waren nicht stabil genug, um einem anständigen Windstoß standzuhalten.

Ich habe mit Interesse notiert, daß man erst nach Fertigstellung der großen Baseball-Halle in Houston, Texas, herausfand, daß sie für Baseball denkbar ungeeignet ist. An schönen Tagen können nämlich die Spieler hochfliegende Bälle nicht gegen das grelle Oberlicht erkennen.

Ich beobachtete, daß Gerätehersteller ganz selbstverständ-

---

* Nur wenige Stunden nachdem während eines Festaktes in Anwesenheit des österreichischen Bauministers am 6. November 1969 die vierte Wiener Donaubrücke durch Einsetzen des letzten Brückenteiles geschlossen worden war, knickten zwei der Hauptträger unter ohrenbetäubendem Lärm ein. Die Brückenverkleidung riß. Da man befürchtete, daß das ganze, mit einem Aufwand von über 30 Millionen Mark errichtete Bauwerk in den Strom stürzen würde, mußten der Schiffsverkehr und der Betrieb der Donau-Uferbahn eingestellt werden. (Anm. d. Ü.)

lich überall im Lande Reparaturwerkstätten errichten, weil sie — durch Erfahrung gewitzigt — davon ausgehen, daß viele ihrer Maschinen noch während der Garantiezeit kaputtgehen.

Nachdem ich den Beschwerden zahlloser Autofahrer über Mängel an ihren neuen Autos gelauscht hatte, war ich nicht mehr weiter erstaunt, als ich erfuhr, daß man grob gerechnet bei etwa einem Fünftel aller Autos, die in den vergangenen Jahren von führenden Automobilfirmen hergestellt wurden, gefährliche Produktionsfehler entdeckt hatte.

Bitte nehmen Sie jetzt nicht an, ich sei ein stockkonservativer, scheelsüchtiger Mensch, der die modernen Menschen und ihre Werke verachtet, nur weil sie eben modern sind. Unfähigkeit kennt keine Grenzen — weder im Raum noch in der Zeit.

Macaulay zeichnet das Bild der britischen Marine im Jahre 1684, gestützt auf einen Bericht von Samuel Pepys, so: »Die britische Marineverwaltung war ein Ungeheuer an Verschwendungssucht, Korruption, Unfähigkeit und Trägheit ... auf keine Schätzung konnte man sich verlassen ... Kein Vertrag wurde erfüllt ... keine Kontrolle wurde durchgeführt ... Einige der neuen Schlachtschiffe waren so morsch, daß sie nur durch eilige Reparaturen davor bewahrt werden konnten, an ihren Ankerplätzen unterzugehen. Die Matrosen erhielten ihren Sold so unregelmäßig, daß sie froh waren, wenn sie einen Wucherer fanden, der ihre Pfandscheine mit vierzig Prozent Abschlag ankaufte. Die meisten Schiffe, die in Dienst standen, wurden von Offizieren kommandiert, die nicht für die See geboren waren.«

Als Wellington die Liste der Offiziere prüfte, die ihm 1810 für den Feldzug in Portugal zugeteilt worden waren, rief er: »Ich hoffe, daß der Feind angesichts dieser Namen genauso zittert wie ich.«

Richard Taylor, General im amerikanischen Bürgerkrieg, stellte, als er eine Schlacht schilderte, fest: »Die Offiziere der Konföderation wußten über die Topographie ... der Umgebung der Stadt Richmond im Bereich eines Tagesmarsches nicht mehr als über die von Zentralafrika.«

Robert E. Lee beschwerte sich einmal bitter darüber, daß er nicht erreichen konnte, daß seine Befehle ausgeführt wurden.

Fast während des ganzen Zweiten Weltkriegs kämpften die

britischen Soldaten mit Sprengstoffen, die den jeweils vergleichbaren deutschen Bomben und Granaten weit unterlegen waren. Bereits seit Anfang 1940 wußten englische Wissenschaftler, daß durch bloßes Hinzufügen von etwas pulverisiertem Aluminium die Sprengkraft der verwendeten Explosionsstoffe auf einfache, billige Weise verdoppelt werden konnte. Doch diese Erkenntnis wurde erst 1943 angewandt.

Während desselben Krieges überprüfte der australische Kommandant eines Lazarettschiffes nach einer Überholung die Wassertanks und stellte fest, daß sie innen mit roter Bleifarbe gestrichen worden waren. Damit hätte man die ganze Besatzung vergiften können.

All dies – und Hunderte ähnlicher Fälle – habe ich beobachtet, gelesen und gehört. Ich habe die Allgegenwart der Unfähigkeit akzeptiert.

Ich wundere mich nicht mehr, wenn eine Mondrakete den Boden nicht verläßt, weil man irgend etwas vergessen hat, irgend etwas bricht, irgend etwas nicht funktioniert oder irgend etwas vorzeitig explodiert.

Ich bin nicht mehr weiter überrascht, wenn ich erfahre, daß ein von der Regierung beschäftigter Eheberater homosexuell ist.

Ich gehe mittlerweile davon aus, daß Politiker sich als unfähig erweisen, ihre Wahlversprechen zu erfüllen. Ich nehme an, daß sie, wenn sie überhaupt etwas tun, wahrscheinlich die Versprechen ihrer Opponenten einlösen.

Diese Unfähigkeit wäre schon ärgerlich genug, wenn sie auf öffentliche Arbeiten, auf die Politik, Raumfahrt und andere etwas entfernt liegende große Gebiete menschlichen Bemühens beschränkt wäre. Doch das ist sie nicht. Unfähigkeit ist eine naheliegende, überall und jederzeit gegenwärtige, alles verpestende Plage.

Während ich diese Seite schreibe, telefoniert die Bewohnerin des benachbarten Apartments. Ich kann jedes ihrer Worte verstehen. Es ist zehn Uhr abends, und der Bewohner des Zimmers auf der anderen Seite hat sich wegen einer Erkältung früh ins Bett gelegt. Ich höre seine periodischen Hustenanfälle. Wenn er sich im Bett umdreht, höre ich die Federn quietschen. Ich lebe nicht etwa in einem schäbigen Mietshaus, sondern in einem teuren, modernen, aus Beton errichteten

Wohnblock. Was ist mit den Leuten los, die ihn entworfen und gebaut haben?

Kürzlich kaufte sich einer meiner Freunde eine Stichsäge und begann zu Hause, damit einen Eisenbolzen zu zerschneiden. Schon beim zweiten Schnitt zersprang das Sägeblatt, und die verstellbare Halterung am Rahmen brach, so daß die Säge unbrauchbar war.

In der vergangenen Woche wollte ich auf der Bühne eines neuen High-School-Hörsaals ein Tonbandgerät benutzen. Ich konnte aber keinen Strom für das Gerät bekommen. Der Hausmeister sagte mir, daß es ihm im Verlauf eines Jahres trotz aller Bemühungen nicht gelungen sei, einen Schalter zu finden, mit dessen Hilfe er die Steckdosen auf der Bühne unter Strom setzen konnte. Inzwischen zweifelte er daran, daß sie überhaupt ans Netz angeschlossen waren.

Heute morgen machte ich mich auf den Weg, um eine Tischlampe zu kaufen. In einem großen Möbel- und Einrichtungsgeschäft fand ich eine Lampe, die mir gefiel. Der Verkäufer wollte sie schon einpacken, aber ich bat ihn, sie vorher auszuprobieren (inzwischen bin ich nämlich vorsichtig geworden). Er war offensichtlich nicht daran gewöhnt, elektrische Geräte zu prüfen, denn er brauchte einige Zeit, ehe er eine Steckdose fand. Schließlich stöpselte er die Lampe ein, konnte sie aber nicht einschalten. Er versuchte es mit einer anderen Lampe der gleichen Art – sie ließ sich ebenfalls nicht einschalten. Die ganze Serie hatte defekte Schalter. Ich verließ das Geschäft.

Vor einiger Zeit bestellte ich sechzig Quadratmeter Isoliermatten aus Fiberglas für ein Landhäuschen, das ich renovieren wollte. Ich achtete darauf, daß die Verkäuferin, bei der ich die Bestellung aufgab, auch wirklich die richtige Menge aufschrieb. Vergebens! Die Baumaterialhandlung schickte mir eine Rechnung über siebzig Quadratmeter und lieferte neunzig.

Erziehung, oft gepriesen als Allheilmittel gegen alle Übel, versagt offensichtlich bei der Beseitigung von Unfähigkeit. Jeder dritte High-School-Absolvent kann nicht einmal richtig lesen. In Colleges ist es heute allgemein üblich, Leseübungen für Studienanfänger abzuhalten. In einigen Colleges können zwanzig Prozent der jungen Studenten nicht gut genug lesen, um ihre Lehrbücher zu verstehen.

Ich erhielt regelmäßig Post von einer großen Universität. Vor fünfzehn Monaten hat sich meine Adresse geändert. Ich schickte der Universität die übliche Mitteilung – die Briefe gingen weiter an die alte Adresse. Nach zwei weiteren Mitteilungen und einem Anruf ging ich persönlich hin. Ich wies mit dem Finger auf die falsche Anschrift in ihrer Liste, diktierte die neue Adresse und beobachtete, wie eine Schreibkraft sie eintrug. Die Post ging weiter an die alte Adresse. Vor zwei Tagen ergab sich eine neue Situation. Die Mieterin, die nach mir in die alte Wohnung eingezogen war und meine Post von der Universität erhalten hatte, rief mich an. Sie war inzwischen wieder umgezogen, und meine Briefe gingen nun an *ihre* neue Adresse.

Wie ich schon sagte – ich hatte angesichts der allgegenwärtigen Unfähigkeit längst resigniert. Dennoch glaubte ich daran, daß es ein Heilmittel geben müßte, sofern es nur gelänge, die Ursache der Unfähigkeit zu entdecken. Ich begann mich umzuhören.

Erklärungen gab es genug.

Ein Bankier suchte die Schuld bei den Schulen: »Die Gören lernen heute nicht mehr, wie man anständig arbeitet.«

Ein Lehrer tadelte die Politiker: »Bei so viel Unfähigkeit an der Spitze der Regierung – was können Sie da schon vom gewöhnlichen Bürger erwarten? Im übrigen stemmen sie sich gegen unsere berechtigten Forderungen nach angemessenen Ausgaben für das Erziehungswesen. Wenn wir wenigstens in jeder Schule einen Computer hätten . . .«

Ein Atheist beschuldigte die Kirche: ». . . betäuben den Geist der Menschen mit Märchen von einer besseren Welt und lenken sie von den praktischen Problemen ab.«

Ein Kirchenmann klagte Radio, Fernsehen und Kino an: ». . . die vielen Zerstreuungen des modernen Lebens haben die Menschen den moralischen Lehren der Kirche entfremdet.«

Ein Gewerkschafter machte die Manager verantwortlich: ». . . zu habgierig, um auskömmliche Löhne zu zahlen. Kein Arbeiter kann bei diesen Hungerlöhnen Interesse für seine Arbeit aufbringen.«

Ein Manager schob alle Schuld auf die Gewerkschaften: »Dem Arbeiter ist heute alles gleichgültig – er denkt an nichts

anderes als an Lohnerhöhungen, Urlaub und Ruhestandsbe-
züge.«

Ein Individualist behauptete, daß der Wohlfahrtsstaat eine
allgemeine Gleichgültigkeit verursache. Ein Sozialhelfer sagte
mir, daß die moralische Laxheit zu Hause und der Zusammenbruch der Familie zu mangelndem Verantwortungsgefühl gegenüber der Arbeit führen. Ein Psychologe dozierte, daß die
frühe Unterdrückung sexueller Regungen ein unbewußtes Verlangen hervorrufe, im Leben zu versagen, um damit Schuldge-
fühle abzureagieren. Ein Philosoph deklamierte: »Wir sind
eben alle nur Menschen, da muß es Unfälle geben.«

Eine Unzahl verschiedener Erklärungen ist nicht besser als
gar keine Erklärung. In mir wuchs das unangenehme Gefühl,
daß ich das Phänomen der Unfähigkeit niemals begreifen
würde.

Eines Abends schließlich grübelte ich im Foyer während
der zweiten Pause eines fade dargebotenen Stückes über unfähige Schauspieler und Regisseure nach und kam dabei mit
Dr. Laurence J. Peter ins Gespräch, einem Wissenschaftler,
der sich viele Jahre dem Studium der Unfähigkeit gewidmet
hatte.

Die Pause war so kurz, daß er nicht mehr tun konnte, als
meine Neugier zu wecken. Nach der Vorstellung besuchte ich
ihn jedoch zu Hause und lauschte bis drei Uhr morgens seiner
klaren und aufregend originellen Darstellung einer Theorie,
die endlich meine Frage beantwortete: Warum Unfähigkeit,
warum Inkompetenz?

Dr. Peter entlastete Adam, Agitatoren und den Zufall und
prangerte eine Eigenheit unserer Gesellschaft als die alleinige
Antriebskraft der Unfähigkeit an.

Die Unfähigkeit, die Inkompetenz entschlüsselt! Mir wurde
ganz warm bei dem Gedanken. Die nächste Stufe wäre vielleicht die Beseitigung der Unfähigkeit.

Mit seiner charakteristischen Bescheidenheit hatte es
Dr. Peter bisher dabei bewenden lassen, seine Entdeckung mit
einigen Freunden und Kollegen zu diskutieren und gelegentlich einmal eine Vorlesung über seine Forschungsarbeiten zu
halten. Seine gewaltige Sammlung von Incompetentia, seine
brillante Übersicht über die Inkompetenz-Theorien und Formeln waren jedoch nie im Druck erschienen.

»Möglicherweise würde mein Prinzip der Menschheit helfen«, sagte Dr. Peter, »aber ich bin so entsetzlich mit den üblichen Unterrichtsverpflichtungen und dem damit verbundenen Papierkrieg beschäftigt. Dann gibt es noch die Sitzungen der Fakultätskomitees und meine laufende Forschungstätigkeit. Irgendwann werde ich das Material wohl ordnen und für eine Veröffentlichung vorbereiten, aber in den nächsten zehn bis fünfzehn Jahren werde ich dafür einfach keine Zeit haben!«

Ich wies nachdrücklich auf die Gefahren dieser Verzögerung hin, und schließlich war Dr. Peter zu einer Zusammenarbeit bereit: Er erklärte sich einverstanden, mir seine ausführlichen Forschungsberichte und sein umfangreiches Manuskript zur Verfügung zu stellen. Ich wollte alles zu einem Buch verarbeiten. Die folgenden Seiten geben nun also Professor Peters Erläuterung seines Prinzips wieder – der tiefgründigsten sozialen und psychologischen Entdeckung des Jahrhunderts.

Haben Sie den Mut, das Buch zu lesen?

Haben Sie den Mut, in einer einzigen, blendenden Offenbarung den Grund dafür zu erfahren, warum Schulen keine Weisheit spenden, Regierungen die Ordnung nicht aufrechterhalten können, Gerichte keine Gerechtigkeit walten lassen, warum Wohlstand noch lange nicht glücklich macht, utopische Pläne niemals das Land Utopia schaffen können?

Fassen Sie keinen voreiligen Entschluß. Die Entscheidung, das Buch zu lesen, ist unwiderruflich. Wenn Sie es lesen, werden Sie nie wieder Ihren gegenwärtigen Zustand gesegneter Unwissenheit zurückgewinnen. Sie werden nie wieder gedankenlos Vorgesetzte verehren oder Untergebene beherrschen können. Niemals mehr! Einmal gehört, kann man das Peter-Prinzip nie wieder vergessen.

Was aber können Sie durch die Lektüre gewinnen? Indem Sie die Unfähigkeit in sich selbst überwinden und die Unfähigkeit anderer verstehen, können Sie Ihre eigene Arbeit leichter bewältigen, im Beruf vorwärtskommen und mehr Geld verdienen. Sie können schmerzhafte Krankheiten vermeiden. Sie können eine Führerpersönlichkeit werden. Sie können Ihre Muße genießen. Sie können Ihre Freunde erfreuen und Ihre Feinde verwirren, Ihre Kinder beeindrucken und Ihre Ehe bereichern und neu beleben.

Kurz – diese Kenntnis wird Ihr Leben revolutionieren, vielleicht sogar retten.

Wenn Sie also den Mut aufbringen, lesen Sie weiter, beachten, lernen und nutzen Sie das Peter-Prinzip.

1. Das Peter-Prinzip

Ich glaube, ich rieche eine Ratte.

<small>CERVANTES</small>

Als kleiner Junge hörte ich, daß hochgestellte Persönlichkeiten stets genau wissen, was sie tun. »Peter«, sagte man mir, »je mehr du weißt, um so mehr erreichst du.« Also blieb ich auf der Schule bis zum College-Examen, und als ich ins Berufsleben trat, klammerte ich mich krampfhaft an jene Vorstellung und meine frische Lehrbefugnis. Während meines ersten Unterrichtsjahres regte ich mich darüber auf, daß eine Anzahl Lehrer, Schuldirektoren, Schulräte und Oberschulräte keine Ahnung von ihren beruflichen Pflichten zu haben schienen und sich als unfähig erwiesen, ihre Aufgaben zu erfüllen. So war es beispielsweise die Hauptsorge meines Direktors, daß alle Sonnenblenden an den Fenstern in gleicher Höhe waren, daß in den Klassenräumen Ruhe herrschte und daß niemand die Rosenbeete betrat oder auch nur in ihre Nähe kam. Das Hauptinteresse des Oberschulrats war, daß keine Minoritätengruppe, wie fanatisch sie sich auch gebärdete, jemals beleidigt wurde und daß alle amtlichen Formulare rechtzeitig ausgefüllt wurden. Die Erziehung der Kinder interessierte den Verwaltungsmann nur am Rande.

Anfänglich nahm ich an, daß dies eine spezielle Schwäche jener Schulbehörde war, in deren Bereich ich unterrichtete, und bewarb mich deshalb um die Anstellung in einer anderen Gegend. Ich füllte die entsprechenden Formulare aus, fügte die erforderlichen Dokumente bei und erfüllte bereitwillig alle Forderungen der Bürokratie. Einige Wochen später kam meine Bewerbung mit sämtlichen Dokumenten zurück.

Nein – mit meinen Unterlagen war alles in Ordnung; die Formulare waren korrekt ausgefüllt; ein offizieller Eingangsstempel zeigte, daß sie alle in ordnungsgemäßem Zustand eingetroffen waren. In einem Begleitschreiben aber hieß es: »Nach den neuen Bestimmungen dürfen solche Anträge von der Erziehungsbehörde nur dann angenommen werden, wenn sie bei der Post als Einschreiben registriert sind, weil nur so eine sichere Übermittlung gewährleistet werden kann. Wir bitten Sie deshalb, die Unterlagen der Behörde erneut einzurei-

chen und dieses Mal darauf zu achten, daß der Brief einge-
schrieben abgeht.«

Mir kam der Verdacht, daß meine Schulbehörde in puncto
Unfähigkeit kein Monopolbetrieb war.

Als ich mich weiter umsah, stellte ich fest, daß es in jeder
Organisation eine Anzahl Menschen gab, die unfähig waren,
ihrer Arbeit gerecht zu werden.

Ein universales Phänomen
Berufliche Unfähigkeit gibt es überall. Haben Sie es schon bemerkt? Wahrscheinlich haben wir alle das schon festgestellt.

Wir sehen wankelmütige Politiker, die sich in der Pose des
entschlossenen Staatsmannes gefallen, und die »amtliche
Quelle«, die für ihre falschen Informationen die »gegebenen
Unwägbarkeiten« verantwortlich macht. Zahllos sind die Angestellten der öffentlichen Hand, die frech und träge sind; die
militärischen Befehlshaber, deren feiges Benehmen ihr Ge-
schwätz von Heldentaten Lügen straft; die Gouverneure, deren angeborene Servilität sie hindert, wirklich zu regieren. Wir
sind schon so verdorben, daß es für uns den unmoralischen
Geistlichen, den korrupten Richter, den inkonsequenten Anwalt, den Autor, der nicht schreiben, und den Englischlehrer,
der das Alphabet nicht kann, einfach nicht gibt. An den Universitäten beobachten wir, wie Verlautbarungen von Verwaltungsbeamten autorisiert werden, deren eigene Amtsmittei-
lungen hoffnungslos verworren sind; wir hören Vorlesungen
von Lehrern, die nur murmeln können oder unverständliches
Zeug reden.

Nachdem ich so Unfähigkeit auf allen Stufen jeder Hierarchie – ob in der Politik, im Justiz-, im Erziehungswesen oder
in der Industrie – beobachtet hatte, stellte ich die Hypothese
auf, daß der Grund irgendwo in den Regeln zu suchen sein
müsse, nach denen die Beschäftigten auf die verschiedenen
Positionen verteilt werden. So begann meine ernsthafte Erforschung des Problems, auf welche Weise Angestellte in den
Hierarchien aufsteigen und was mit ihnen nach einer Beförderung geschieht.

Für meine wissenschaftlichen Daten wurden Hunderte von
Fallstudien gesammelt. Hier drei typische Beispiele.

AKTE KOMMUNALVERWALTUNG, FALL NR. 17. J. S. Minion* war Abteilungsleiter der Behörde für öffentliche Arbeiten der Stadt Excelsior. Er war bei den leitenden Männern der Stadtverwaltung wegen seiner außerordentlichen Freundlichkeit sehr beliebt.

»Ich schätze Minion«, sagte der Chef der Behörde. »Er hat ein sicheres Urteil und ist immer freundlich und umgänglich.«

Minions Benehmen war seiner Stellung angemessen. Niemand verlangte von ihm, daß er eine bestimmte Politik vertrat, und deshalb ergaben sich auch keine Reibungspunkte mit seinen Vorgesetzten.

Als der Chef der Behörde in den Ruhestand trat, wurde Minion sein Nachfolger. Minion bemühte sich weiterhin, mit jedermann gut Freund zu sein. Er gab jede Anregung von oben unverzüglich an seine Abteilungsleiter weiter. Daraus ergab sich bald ein allgemeines Durcheinander und eine ständige Revision aller Planungen, was die gesamte Behörde innerhalb kurzer Zeit zur Verzweiflung brachte. Es hagelte Beschwerden von seiten des Bürgermeisters und anderer Würdenträger, von Steuerzahlern und der zuständigen Gewerkschaft.

Doch Minion sagte weiterhin ja und amen zu allem und gab weiterhin jeden Wunsch seiner Vorgesetzten geflissentlich an seine Untergebenen weiter. Dem Titel nach Chef der Behörde, leistete er in Wirklichkeit kaum mehr als die Arbeit eines Büroboten. Die Behörde überschritt regelmäßig ihr Budget, ohne dabei ihr Arbeitsprogramm zu bewältigen. Kurz – Minion, ein ausgezeichneter Abteilungsleiter, wurde zu einem unfähigen Behördenchef.

AKTE DIENSTLEISTUNGSBETRIEBE, FALL NR. 3. E. Tinker war als Lehrling der Autoreparaturwerkstatt G. Reece außergewöhnlich eifrig und intelligent und wurde nach kurzer Zeit Geselle. Es zeigte sich bald, daß er ein ungewöhnliches Geschick darin besaß, versteckte Fehlerquellen zu entdecken, und außerordentliche Geduld bei ihrer Beseitigung aufbrachte. Er wurde zum Leiter der Reparaturwerkstatt befördert.

Jetzt aber erwies sich sein Interesse für mechanische Geräte und sein Hang zum Perfektionismus als Schwäche. Er küm-

* Einige Namen wurden geändert, um die Schuldigen zu schützen.

merte sich selber um jede Reparatur, die ihn interessierte, ohne Rücksicht darauf, ob die Werkstatt mit Arbeit überhäuft war. »Wir werden es schon irgendwie schaffen«, sagte er und legte das Werkzeug nicht eher aus der Hand, bis er mit seiner Arbeit völlig zufrieden war.

Er fummelte ständig irgendwo herum und war selten an seinem Schreibtisch zu finden. Meistens lag er unter irgendeinem Auto, während der Mann, der eigentlich diese Arbeit tun sollte, mit den Händen in der Tasche daneben stand und zusah. Die übrigen Arbeiter saßen herum und warteten darauf, daß ihnen eine neue Beschäftigung zugeteilt wurde. Kein Wunder, daß die Werkstatt ständig überlastet und in Unordnung war und daß die Termine häufig nicht eingehalten wurden.

Tinker konnte sich nicht vorstellen, daß dem Durchschnittskunden Perfektion herzlich gleichgültig ist – er will sein Auto pünktlich zurückhaben. Er konnte nicht begreifen, daß den meisten seiner Leute die Lohntüte wichtiger war als ein Motor. Tinker kam deshalb weder mit seinen Kunden noch mit seinen Untergebenen zurecht. Er war ein fähiger Mechaniker und wurde zu einem unfähigen Werkstattleiter.

AKTE MILITÄR, FALL NR. 8. Sehen wir uns den Fall des verstorbenen Generals A. Goodwin an. Seine herzliche, unkonventionelle Art, seine urwüchsigen Reden, seine Verachtung kleinlicher Anordnungen und sein unzweifelhafter persönlicher Mut machten ihn zum Idol seiner Männer. Er führte sie zu vielen wohlverdienten Siegen.

Als Goodwin zum Feldmarschall befördert wurde, hatte er es nicht mehr mit einfachen Soldaten, sondern mit Politikern und verbündeten Generalissimi zu tun.

Er wollte sich dem erforderlichen Protokoll nicht anpassen. Die üblichen Höflichkeitsfloskeln und Schmeicheleien gingen ihm nicht von der Zunge. Er stritt sich mit allen Würdenträgern und lag gelegentlich tagelang betrunken und verdrossen in seinem Wohnwagen. Die Leitung des Krieges entglitt seinen Händen und wurde von seinen Untergebenen übernommen. Er war in eine Position erhoben worden, die er nicht ausfüllen konnte.

Ein wichtiger Hinweis

Nach einiger Zeit stellte ich fest, daß alle diese Fälle ein gemeinsames Charakteristikum aufwiesen. Alle Beschäftigten waren von einer Position, für die sie die erforderliche Befähigung besaßen, in eine Stellung befördert worden, für die sie ungeeignet waren. Ich erkannte, daß dies früher oder später jedem Angehörigen in jeder Hierarchie widerfahren kann.

AKTE HYPOTHETISCHE FÄLLE, FALL NR. 1. Nehmen wir an, Sie besitzen eine Pillenfabrik, die Perfekt-Pillen AG. Ihr leitender Pillendreher stirbt an einem durchbrochenen Magengeschwür, und Sie brauchen einen Nachfolger. Nun sehen Sie sich unter der Schar ihrer einfachen Pillendreher um.

Fräulein Oval, Frau Zylinder, Herr Ellipse und Herr Kubus zeigen alle verschiedene Grade der Unfähigkeit. Da sie für eine Beförderung nicht in Frage kommen, werden Sie, von allen anderen Überlegungen einmal abgesehen, Herrn Kugel zum Oberpillendreher ernennen.

Nehmen wir weiter an, Herr Kugel erweist sich als fähiger Oberpillendreher. Wenn später Ihr Meister, Zäpfchen, zum Produktionschef aufsteigt, wird Kugel vermutlich seinen Platz einnehmen.

Wenn sich dagegen zeigt, daß Kugel ein unfähiger Vorarbeiter ist, wird er nicht weiterbefördert werden. Er hat erreicht, was ich als seine »Stufe der Unfähigkeit, seine Stufe der Inkompetenz« bezeichnen möchte. Er wird bis zum Ende seines Berufslebens darauf sitzenbleiben.

Manche Arbeiter, wie beispielsweise Ellipse oder Kubus, erreichen ihre Stufe der Unfähigkeit bereits auf der untersten Ebene und haben niemals Aussicht auf Beförderung. Andere, wie Kugel (von dem wir annehmen wollen, er sei als Vorarbeiter ungeeignet), erreichen sie nach einer einzigen Beförderung.

E. Tinker, der Mann in der Reparaturwerkstatt, erreichte seine Stufe der Unfähigkeit auf der dritten Etage der Hierarchie. General Goodwin erklomm seine Inkompetenz-Position erst an der obersten Spitze der Hierarchie.

So führte mich mein Studium vieler hundert Fälle beruflicher Unfähigkeit zur Formulierung des *Peter-Prinzips:*

In einer Hierarchie neigt jeder
Beschäftigte dazu, bis zu seiner Stufe der
Unfähigkeit aufzusteigen.

Eine neue Wissenschaft!
Nachdem ich das Prinzip formuliert hatte, wurde mir klar,
daß ich unversehens eine neue Wissenschaft begründet hatte:
die Hierarchologie, das Studium der Hierarchien.

Der Begriff »Hierarchie« wurde ursprünglich geprägt, um
ein System kirchlicher Herrschaft zu beschreiben, bei dem
Priester entsprechend ihrem Rang eingestuft waren. In der
heutigen Bedeutung versteht man darunter jede Organisation,
deren Mitglieder oder Beschäftigte nach Rang, Würde oder
Klassenzugehörigkeit eingestuft sind.

Hierarchologie, obgleich eine ziemlich junge Wissenschaft,
findet offensichtlich ein breites Betätigungsfeld im Bereich
der öffentlichen und privaten Verwaltung.

Das geht auch Sie an!
Mein Prinzip ist der Schlüssel zum Verständnis aller hierarchischen Systeme und damit gleichzeitig zum Verständnis der
gesamten Struktur unserer Zivilisation.

Einige wenige Exzentriker versuchen, sich den Fängen der
Hierarchien zu entziehen, doch jeder, der dem Geschäftsleben, der Industrie, der Politik, den Gewerkschaften angehört,
den Streitkräften, den Kirchen oder dem Erziehungswesen, ist
ihnen ausgeliefert. Sie alle sind dem Peter-Prinzip unterworfen.

Viele von ihnen kommen sicherlich in den Genuß von ein
oder zwei Beförderungen und steigen dabei von einer Kompe-
tenzstufe zu einer höheren auf. Die Fähigkeit in der neuen Position qualifiziert sie für einen weiteren Aufstieg. Doch für jedes Individuum, für Sie genau wie für mich, bedeutet die al-
lerletzte Beförderung den Wechsel von der Stufe der
Fähigkeit zu einer Stufe der Unfähigkeit.*

---

* Die Phänomene der »geräuschlosen Sublimierung« (oft als »die Treppe
hinauffallen« umschrieben) und der »seitlichen Arabeske« sind nicht etwa –
wie der ungeschulte Beobachter annehmen könnte – Ausnahmen von diesem
Prinzip. Es sind lediglich Pseudobeförderungen, mit denen wir uns in Kapitel 3 beschäftigen werden.

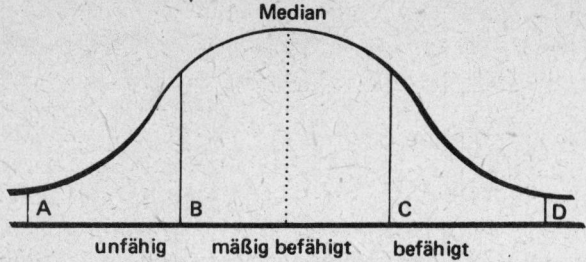

Median

A   B   C   D

unfähig   mäßig befähigt   befähigt

Genügend Zeit und genügend Rangstufen in einer Hierarchie vorausgesetzt, steigt jeder Beschäftigte bis zu seiner Stufe der Inkompetenz auf und verharrt dort. Peters Schlußfolgerung daraus lautet:

Nach einer gewissen Zeit wird jede Position von einem Mitarbeiter besetzt, der unfähig ist, seine Aufgabe zu erfüllen.

Wer macht die Arbeit?

Man wird natürlich kaum ein System finden, in dem *jeder* Mitarbeiter seine Stufe der Unfähigkeit bereits erreicht hat. In den meisten Fällen wird immer noch etwas geleistet, um die angeblichen Aufgaben zu erfüllen, für deren Erledigung die Hierarchie existiert.

Die Arbeit wird von den Mitarbeitern erledigt, die ihre Stufe der Inkompetenz noch nicht erreicht haben.

2. Das angewandte Prinzip

Aus der Schule plaudern.

J. Heywood

Die Untersuchung einer typischen Hierarchie, nämlich des Schulsystems der Stadt Excelsior, zeigt, wie das Peter-Prinzip innerhalb des Lehrberufes funktioniert.

Wenn Sie sich diese Beispiele ansehen, werden Sie die Hierarchologie innerhalb jeder etablierten Organisation verstehen.

Fangen wir mit den ganz normalen Klassenlehrern an. Ich möchte sie für diese Untersuchung in drei Gruppen einteilen: befähigt, mäßig befähigt und unfähig.

Aus der Verteilungstheorie, die durch die Praxis bestätigt wird, ergibt sich, daß sich die Lehrer in unterschiedlicher Stärke auf diese Gruppen verteilen: die Mehrzahl ist mäßig befähigt, kleinere Gruppen sind sehr befähigt beziehungsweise völlig unfähig für ihren Beruf. Die Graphik verdeutlicht die Verteilung.

Der Fall des Konformisten
Ein unfähiger Lehrer kommt für eine Beförderung nicht in Frage. Dorothea D. Ditto beispielsweise war eine typische Durchschnittsstudentin. Ihre Hausaufgaben waren entweder Plagiate von Lehrbüchern und Zeitschriften oder Nachschriften der Vorlesungen. Sie tat stets genau das, was von ihr verlangt wurde – nicht mehr, nicht weniger. *Sie wurde als fähige Studentin angesehen.* Ihr Abschlußexamen an der Pädagogischen Hochschule von Excelsior bestand sie mit Auszeichnung.

Als Lehrerin unterrichtete sie genauso, wie sie selber unterrichtet worden war. Sie folgte gewissenhaft dem Lehrbuch sowie dem Lehr- und Stundenplan.

Sie erledigte ihre Aufgabe recht gut, geriet aber sofort in Schwierigkeiten, wenn keine Vorschrift und kein Präzedenzfall vorhanden waren. Als einmal ein Wasserrohr platzte und der Boden des Klassenraumes nach kurzer Zeit unter Wasser stand, unterrichtete Miss Ditto seelenruhig weiter, bis der Direktor hereinstürzte und die Kinder rettete.

»Miss Ditto«, rief er, »im Namen des Schulrates! Das Wasser steht bereits acht Zentimeter hoch. Warum in aller Welt ist Ihre Klasse noch immer in diesem Raum?«

»Ich habe keine Alarmglocke gehört, obwohl ich, wie Sie wissen, auf solche Dinge sehr sorgfältig achte. Ich bin überzeugt davon, daß Sie sie nicht eingeschaltet hatten.«

Sprachlos angesichts ihrer standhaften Weigerung, ihm zu folgen, besann sich der Direktor auf eine Bestimmung des Schulgesetzes, die ihn ermächtigte, bei außerordentlichen Ereignissen Notanweisungen zu erteilen, und führte die durchnäßten Kinder ins Freie.

Obgleich Miss Ditto niemals gegen eine Regel verstößt oder sich einer Anordnung widersetzt, gerät sie häufig in Schwierigkeiten und wird niemals befördert werden. Obgleich eine fähige Studentin, *hat sie ihre Stufe der Unfähigkeit bereits als*

Klassenlehrerin erreicht und wird folglich während ihrer gesamten Lehrtätigkeit auf dieser untersten Ebene bleiben.

Die brauchbare Mehrheit

Die meisten jungen Lehrer sind einigermaßen befähigt oder sogar kompetent (vgl. den Bereich von B bis D in der Graphik) und sind deshalb *für eine Beförderung geeignet*. Betrachten wir einen solchen Fall.

Eine verborgene Schwäche

N. Beeker war ein fähiger Student und wurde ein beliebter Lehrer für Naturwissenschaften. Sein Unterricht und die Arbeit im Labor waren hochinteressant. Seine Schüler arbeiteten gern mit ihm zusammen und hielten das Labor in Ordnung. Verwaltungsarbeit lag Mr. Beeker dagegen nicht, aber diese Schwäche wurde in den Augen seiner Vorgesetzten durch seinen Erfolg als Lehrer wettgemacht.

Beeker wurde zum Chef des naturwissenschaftlichen Departments ernannt und mußte nun alles wissenschaftliche Arbeitsmaterial für den Unterricht anfordern und umfangreiche Listen führen. *Seine Unfähigkeit hierfür war evident!* Drei Jahre lang bestellte er ständig neue Bunsenbrenner, aber keine Schläuche, um sie anzuschließen. Als die alten unbrauchbar wurden, konnten immer weniger Brenner benutzt werden, obwohl neue Geräte stapelweise in den Schränken lagen.

Beeker kommt für eine weitere Beförderung nicht in Frage. *Seine letzte Position bringt Aufgaben mit sich, für die er unfähig ist.*

Weiter oben in der Hierarchie

B. Lunt war ein fähiger Student, Lehrer und Department-Chef und wurde zum stellvertretenden Direktor ernannt. Er fand in dieser Stellung den richtigen Ton im Umgang mit Lehrern, Schülern und Eltern und erwies sich seinen Aufgaben intellektuell gewachsen. Seine weitere Beförderung zum Direktor blieb nicht aus.

Bis dahin hatte er nie direkt mit den Mitgliedern der Schulbehörde oder mit dem für den Distrikt zuständigen Oberschulrat zu tun gehabt. Es zeigte sich bald, daß er nicht über das notwendige Fingerspitzengefühl im Umgang mit höheren

Beamten verfügte. *Er ließ den Oberschulrat warten,* um einen Streit zwischen zwei Kindern zu schlichten. Während er einen kranken Lehrer vertrat, *verpaßte er die Sitzung des Lehrplanausschusses, die von dem Schulrat einberufen worden war.*

Er kümmerte sich so intensiv um seine Schule, daß ihm keine Energie mehr für die Mitarbeit in den kommunalen Organisationen blieb. Er lehnte die Angebote ab, Vorsitzender des Programmausschusses im Lehrer-Eltern-Verein, Präsident der Liga zur Verschönerung der Gemeinde und Berater des Komitees für Sauberkeit in der Literatur zu werden.

Seine Schule verlor die Unterstützung der Gemeinde, und er fiel beim Oberschulrat in Ungnade. Es kam so weit, daß Lunt in der Öffentlichkeit und bei seinen Vorgesetzten in den Ruf eines unfähigen Schuldirektors geriet. Als der Posten des Schulrates frei wurde, lehnte es die Schulbehörde ab, ihn Lunt zu geben. Er wird deshalb bis zu seiner Pensionierung ein unglücklicher und unfähiger Direktor bleiben.

DER AUTOKRAT. R. Driver hatte sich als fähiger Student, Lehrer, Department-Chef, stellvertretender Direktor und Direktor erwiesen. Er wurde zum Schulrat befördert. Während er bis dahin nur die Ansichten der Schulbehörde zu interpretieren hatte und so erfolgreich wie möglich in seiner Schule verwirklichen mußte, sollte er nun als Schulrat an der Formulierung der Bildungspolitik teilnehmen und sich dabei demokratischer Gepflogenheiten bedienen.

Aber Driver mißfielen demokratische Spielregeln. Er berief sich auf seinen Expertenstatus. Er belehrte die Mitglieder der Schulbehörde in dem gleichen Ton, den er seinen Schülern gegenüber als Klassenlehrer angeschlagen hatte. Er versuchte die Behörde ebenso zu beherrschen wie früher seine Leute in der Schule.

In der Behörde betrachtet man Driver nun als unfähigen Schulrat. Eine weitere Beförderung ist ausgeschlossen.

BALD ERLEDIGT. G. Spender war ein fähiger Student, Englischlehrer, Department-Chef, stellvertretender Direktor und Direktor. Dann arbeitete er sechs Jahre lang zufriedenstellend als Schulrat – patriotisch, diplomatisch, verbindlich und überall beliebt. Er wurde zum Oberschulrat ernannt. In dieser

Funktion mußte er sich um die Schulfinanzen kümmern und stellte bald fest, daß er hier völlig verloren war.

Vom Beginn seiner Lehrtätigkeit an hatte sich Spender nie den Kopf über Geldfragen zerbrochen. Seine Frau nahm seinen Gehaltsscheck entgegen, bezahlte sämtliche Haushaltsausgaben und gab ihm jede Woche ein Taschengeld.

In der neuen Position blieb Spenders Unfähigkeit im Umgang mit Geld nicht lange verborgen. So kaufte er beispielsweise eine große Anzahl Lernmaschinen von einer unseriösen Firma, die über Nacht pleite machte, ohne auch nur ein einziges Programm für diese Maschine produziert zu haben. Dann ließ Spender jedes Klassenzimmer in der Stadt mit einem Fernsehgerät ausrüsten, obgleich die einzigen Programme, die man in dieser Gegend empfangen konnte, nur für Mittelschulen bestimmt waren. Spender hatte seine Stufe der Unfähigkeit erklommen.

Ein anderer Aufstiegsmechanismus

Die bisherigen Beispiele sind typisch für den »linearen Aufstieg«. Es gibt aber auch einen anderen Weg nach oben, die »Stabsversetzung«. Der Fall von Miss T. Totland ist dafür typisch.

Miss Totland, die eine fähige Studentin und eine ausgezeichnete Volksschullehrerin war, wurde an eine pädagogische Hochschule versetzt. Hier sollte sie nicht mehr Schüler, sondern junge Lehrer unterrichten. Dennoch bediente sie sich dabei der Methoden, mit denen sie bei kleinen Kindern soviel Erfolg gehabt hatte.

Wenn sie sich mit den Lehrern einzeln oder in Gruppen unterhielt, sprach sie sehr langsam und deutlich. Sie verwendete bevorzugt ein- und zweisilbige Wörter. Sie erklärte jedes Problem mehrmals mit unterschiedlichen Worten, um sicher zu sein, daß es auch wirklich jeder verstanden hatte. Dabei zeigte sie ständig ein strahlendes Lächeln.

Die Lehrer ärgerten sich über das, was sie als falsche Freundlichkeit empfanden, und über die leutselige Art. Ihre starke Abneigung führte dazu, daß sie, statt Miss Totlands Anregungen nachzukommen, viel Zeit damit verbrachten, Entschuldigungen dafür zu ersinnen, warum sie es nicht taten.

So erwies sich, daß Miss Totland für den Umgang mit jungen Volksschullehrern ungeeignet war. Sie kam deshalb für eine weitere Beförderung nicht in Betracht und blieb als Ausbilderin für Volksschullehrer auf ihrer Stufe der Unfähigkeit stehen.

Sie sind der Richter
Sie können ähnliche Fälle in jeder Hierarchie finden. Sehen Sie sich an Ihrem Arbeitsplatz um und suchen Sie die Leute heraus, die ihre Stufe der Unfähigkeit bereits erreicht haben. Sie werden feststellen, daß in jeder Hierarchie *die Schlagsahne so lange hochsteigt, bis sie sauer wird.* Blicken Sie in den Spiegel und fragen Sie sich, ob . . .

Nein! Sie wollen sicherlich lieber wissen, ob es keine Abweichungen von diesem Prinzip gibt, ob man seiner Wirkung nicht entfliehen kann. Ich werde diese Fragen in den folgenden Kapiteln untersuchen.

3. Scheinbare Abweichungen

**Wenn eine Sache schiefgeht,
findet der Schuldige immer Ausflüchte
und versucht, die Zahl seiner Richter
so klein wie möglich zu halten.**

J. DRYDEN

Viele, denen ich das Peter-Prinzip erläutert habe, sind nicht bereit, es anzuerkennen. Sie suchen ängstlich – und nach ihrer Meinung manchmal mit Erfolg – nach Lücken in meiner hierarchologischen Theorie. Deshalb möchte ich an dieser Stelle eine Warnung aussprechen. Lassen Sie sich von scheinbaren Ausnahmen nicht ins Bockshorn jagen.

Scheinbare Abweichung Nr. 1:
die geräuschlose Sublimierung

»Was mit Walter Blocketts Beförderung los war? Er war hoffnungslos unfähig, ein sogenannter Engpaß. Deshalb ließ ihn die Geschäftsleitung die Treppe hinauffallen, um ihn aus dem Weg zu schaffen.«

Solche Bemerkungen höre ich oft. Lassen Sie uns dieses Phänomen untersuchen, das ich die *geräuschlose Sublimierung* genannt habe. Wurde Blockett von einer Stufe der Unfähigkeit auf eine der Fähigkeit versetzt? Nein. Er wanderte lediglich von einem unproduktiven Posten auf einen anderen. Hat er nun etwa einen größeren Verantwortungsbereich als früher? Nein. Leistet er in der neuen Stellung mehr als früher? Ebenfalls nein.

Die geräuschlose Sublimierung ist eine Pseudobeförderung. Einige Mitarbeiter vom Blockett-Typ glauben tatsächlich, sie wären in den Genuß einer echten Beförderung gekommen; anderen dämmert die Wahrheit. Doch der eigentliche Zweck einer Pseudobeförderung liegt darin, *Beobachter außerhalb der Hierarchie zu täuschen.* Wenn das erreicht wird, gilt das Manöver als gelungen.

Der erfahrene Hierachologe wird durch solche Tricks natürlich niemals getäuscht. Hierachologisch kann man nur den Aufstieg *von einer Stufe der Kompetenz* als echte Beförderung anerkennen.

Welche Auswirkungen hat eine erfolgreiche Pseudobeförderung? Nehmen wir einmal an, Kickly, Blocketts Arbeitgeber, ist noch kompetent. Durch die Versetzung von Blockett schlägt er drei Fliegen mit einer Klappe:

1. Er verbirgt den Mißerfolg seiner Personalpolitik. Das Eingeständnis, daß Blockett unfähig war, könnte Beobachter sonst zu dem Urteil verführen, Kickly hätte schon bei der letzten Beförderung merken müssen, Blockett sei nicht der richtige Mann. Doch eine geräuschlose Sublimierung *rechtfertigt die vorangegangene Beförderung* (selbstverständlich nur in den Augen der anderen Angestellten und ungeschulter Beobachter, nicht dagegen im Urteil des Hierachologen).

2. Das Betriebsklima wird verbessert. Zumindest einige

Angestellte werden sich sagen: »Wenn selbst Blockett befördert wird, habe ich auch noch einige Chancen.« *Eine geräuschlose Sublimierung dient deshalb als Stimulans für viele andere Mitarbeiter.*

3. Die Hierarchie wird geschützt. Obwohl Blockett unfähig ist, *darf er nicht gefeuert werden,* weil er vermutlich immer noch genug über Kicklys Geschäftsgeheimnisse weiß, um im Dienst eines Konkurrenten gefährlich zu werden.

Ein allgemeines Phänomen
Die Hierarchologie lehrt uns, daß es in jeder blühenden Organisation innerhalb der Führungsspitze eine Menge trockenes Holz gibt, eine Anzahl von geräuschlos Sublimierten und von Kandidaten für dieses Verfahren. In einer bekannten Gerätefabrik gibt es dreiundzwanzig Vizepräsidenten!

Ein paradoxes Ergebnis!
Die Waverley-Radiogesellschaft ist bekannt für den Einfallsreichtum ihrer Produktionsabteilung. Dies ist ein Erfolg der geräuschlosen Sublimierung. Waverley versetzt nämlich alle einfallslosen, unproduktiven und überflüssigen Mitarbeiter in ein prunkvolles, mit einem Aufwand von drei Millionen Dollar errichtetes Verwaltungszentrum.

In diesem Büropalast gibt es keine Kameras, Mikrofone oder Sendeanlagen. Er liegt sogar meilenweit von dem nächsten Studio der Gesellschaft entfernt. Dennoch herrscht in diesem Verwaltungszentrum ständig emsige Betriebsamkeit. Endlose Berichte werden verfaßt, graphische Übersichten produziert und Verabredungen für Konferenzen getroffen.

Kürzlich wurde eine Umgruppierung im oberen Management angekündigt. Vier Vizepräsidenten wurden durch acht Vizepräsidenten und einen dem Präsidenten unterstellten, koordinierenden Direktionsassistenten ersetzt.

Wir sehen also, daß die geräuschlose Sublimierung *dem Zweck dienen kann, den Arbeitern die Drohnen vom Hals zu schaffen.*

Scheinbare Abweichung Nr. 2:
die seitliche Arabeske

Eine weitere Art von Pseudobeförderung ist die *seitliche Arabeske*. Ohne einen höheren Rang – und manchmal auch ohne eine Gehaltserhöhung – wird dem unfähigen Mitarbeiter ein neuer und längerer Titel verliehen und ein neuer Arbeitsplatz in einem entfernten Winkel des Gebäudes zugewiesen.

R. Filewood versagte als Bürochef der Cardley-Schreibwaren AG. Nach einer seitlichen Arabeske durfte er bei gleichem Gehalt als »Koordinator für innerbetriebliche Kommunikation« die Ablage der zweiten Kopien der zwischen den einzelnen Abteilungen ausgetauschten Aktennotizen überwachen.

AKTE AUTOMOBILINDUSTRIE, FALL NR. 8. Die Wheeler-Autozubehör AG hat die seitliche Arabeske fast bis zur Perfektion entwickelt. Der Wheeler-Konzern ist in viele, regional selbständig arbeitende Abteilungen gegliedert. Bei meiner letzten Untersuchung stellte ich fest, daß fünfundzwanzig leitende Angestellte als regionale Vizepräsidenten in die Provinz verbannt worden waren.

Die Gesellschaft hatte unter anderem ein Hotel gekauft und einen ihrer oberen Manager mit der Leitung beauftragt. Ein weiterer überflüssiger Vizepräsident wurde drei Jahre lang damit beschäftigt, die Geschichte des Unternehmens zu schreiben.

Meine Schlußfolgerung: *Je größer eine Hierarchie, um so einfacher ist die seitliche Arabeske.*

EIN FALL FREIEN SCHWEBENS. Die komplette zweiundachtzigköpfige Mannschaft einer kleinen Behördenabteilung wurde einer anderen Abteilung angegliedert. Zurück blieb nur der Direktor, ein Sechzehntausend-Dollar-Mann, ohne Arbeit und ohne jemand, den er zu beaufsichtigen hätte. Wir haben hier den seltenen Fall einer hierarchischen Pyramide, die nur noch aus ihrem Schlußstein besteht – frei schwebend, ohne stützenden Unterbau! Diesen interessanten Zustand nenne ich den *frei schwebenden Gipfel*.

Scheinbare Abweichung Nr. 3:
Peters Umkehrung

Einer meiner Freunde reiste kürzlich durch ein Land, in dem der Verkauf alkoholischer Getränke Staatsmonopol ist. Kurz vor seiner Heimreise ging er in einen staatlichen Schnapsladen und erkundigte sich, welche Menge alkoholischer Getränke er mit nach Hause nehmen dürfe.

»Da müssen Sie die Zollbeamten an der Grenze fragen«, antwortete der Verkäufer.

»Aber ich möchte es *jetzt* wissen, damit ich die erlaubte Menge einkaufen kann und nicht zuviel nehme. Sonst wird ein Teil beschlagnahmt.«

»Es handelt sich um eine Zollverordnung, mit der wir nichts zu tun haben«, lautete die Antwort.

»Aber Sie kennen doch sicherlich die Zollbestimmungen.«

»Natürlich, aber die Zollbestimmungen gehören nicht in die Zuständigkeit unserer Behörde, und deshalb darf ich Ihnen keine Auskunft geben.«

Haben Sie ähnliche Erfahrungen auch schon gemacht? Hat man Ihnen auch schon einmal gesagt: »Diese Information geben wir nicht«? Der Beamte kennt die Antwort auf Ihre Frage; Sie wissen, daß er sie weiß. Aber aus irgendeinem unerfindlichen Grund will er nicht mit der Sprache heraus.

Als ich vor Jahren eine neue Professur an einer Universität übernommen hatte, erhielt ich von der Lohnbuchhaltung eine Ausweiskarte, die mich berechtigte, in der Universitätsbuchhandlung mit Schecks zu bezahlen. Ich ging in den Laden, legte meinen Ausweis vor und präsentierte einen American-Expreß-Reisescheck über 20 Dollar.

»Wir nehmen nur Gehaltsschecks und persönliche Schecks an«, erklärte mir der Kassierer.

»Aber dieser hier ist besser als ein persönlicher Scheck«, antwortete ich. »Er ist sogar noch besser als ein Gehaltsscheck. Ich kann damit selbst ohne diesen besonderen Ausweis in jedem Laden bezahlen. Ein Reisescheck ist so gut wie Bargeld.«

»Aber es ist kein Gehaltsscheck und kein persönlicher Scheck«, beharrte der Kassierer.

Nachdem es eine Weile so weitergegangen war, verlangte

ich den Geschäftsführer zu sprechen. Er hörte mir geduldig, wenn auch mit gelangweilter Miene zu und erklärte schließlich schlicht, daß Reiseschecks hier nicht angenommen würden.

Sie haben sicher schon von Krankenhäusern gehört, wo kostbare Zeit damit vertrödelt wird, daß endlose Fragebogen ausgefüllt werden müssen, ehe einem Unfallopfer geholfen wird. Sie kennen sicher auch schon die Geschichte von der Krankenschwester, die den Patienten weckt, um ihm seine Schlaftablette zu geben.

Sie haben vielleicht in der Zeitung von dem Iren Michael Patrick O'Brien gelesen, der elf Monate auf einem Fährboot bleiben mußte, das zwischen Hongkong und Macao verkehrt. Er besaß nicht die notwendigen Papiere, um auf der einen oder anderen Seite auszusteigen, und niemand wollte sie ihm ausstellen.

Vor allem bei kleinen Beamten und Angestellten ohne Entscheidungsbefugnisse kann man beobachten, wie versessen sie darauf sind, daß Formulare korrekt ausgefüllt werden – ohne Rücksicht darauf, ob das irgendeinem sinnvollen Zweck dient oder nicht. Sie gestatten nicht die kleinste Abweichung von der üblichen Routine.

Berufsautomaten

Den oben erwähnten Typ bezeichne ich als den Berufsautomaten. Für ihn steht außer Zweifel, daß die Mittel wichtiger sind als das Ziel. Der Papierkrieg liegt ihm mehr am Herzen als der Zweck, dem er ursprünglich dienen sollte. Er sieht sich selber nicht etwa als Diener der Öffentlichkeit, sondern betrachtet das Publikum als Rohmaterial, das nur dazu dient, ihn selber, die Formulare, das Amtsritual und die Hierarchie am Leben zu erhalten.

Der Berufsautomat ist in den Augen seiner Kunden, Klienten oder Opfer unfähig. Deshalb werden Sie sich zweifellos die Frage stellen, weshalb so viele Berufsautomaten dennoch befördert werden. Steht der Berufsautomat außerhalb des Peter-Prinzips?

Eine Frage des Maßstabes

Die Fähigkeit eines Beschäftigten *wird nicht von Außenstehen-*
den, sondern von seinen Vorgesetzten in der Hierarchie beurteilt.
Wenn der Vorgesetzte selber noch auf der Stufe der Fähigkeit
steht, wird er seinen Untergebenen wahrscheinlich danach beurteilen, ob er sinnvolle Arbeit verrichtet – ob er beispielsweise rasch ärztliche Hilfe leistet oder brauchbare Auskünfte
erteilt, gute Würste oder Tischbeine herstellt oder was auch
immer zu den erklärten Zielen der Hierarchie gehört. Das bedeutet, daß er die Leistung, den *output*, bewertet.

Wenn der Vorgesetzte jedoch bereits das Stadium der Unfähigkeit erreicht hat, wird er seinen Untergebenen vermutlich nach bürokratischen Gesichtspunkten bewerten. Er wird
die Fähigkeiten des Mitarbeiters danach beurteilen, inwieweit
er die Anordnungen und das Behördenritual respektiert, ob er
den Eigenwert von Formularen zu würdigen weiß und den
Status quo innerhalb des Betriebes heiligt. Pünktlichkeit, Sauberkeit, Höflichkeit gegenüber Vorgesetzten, interner Papierkrieg stehen hoch im Kurs. Kurz gesagt, solch ein Vorgesetzter bewertet den *input*, den Aufwand innerhalb der Hierarchie.

»Rockmann ist *zuverlässig.*«

»*Lubrick trägt zum reibungslosen* Ablauf der Büroarbeit bei.«

»Rutter arbeitet sehr *systematisch.*«

»*Miss Trudgen ist eine unermüdliche* Mitarbeiterin.«

»Miss Friendly *arbeitet* gut mit ihren Kollegen *zusammen.*«

In solchen Fällen wird die *interne Zusammenarbeit erheblich hö-*
her bewertet als die tatsächliche Leistung. Das bedeutet *Peters In-*
version, Peters Umkehrung. Ein Berufsautomat könnte deshalb
auch als ein *Peter-Invertierter* bezeichnet werden. Er hat das
Verhältnis zwischen Mittel und Zweck umgekehrt.

Jetzt werden Sie auch das Verhalten der vorher beschriebenen Peter-Invertierten verstehen.

Wenn der Angestellte im Schnapsladen die Zollbestimmungen bereitwillig erläutert hätte, hätte der Reisende gedacht: »Wie freundlich.« Der Vorgesetzte aber hätte ihm diesen Bruch der Amtsgepflogenheiten übelgenommen.

Wenn der Kassierer im Buchladen meinen Reisescheck angenommen hätte, wäre er in meinen Augen ein hilfsbereiter
Mann gewesen. Der Geschäftsführer aber hätte ihm einen

Verweis erteilt und behauptet, er habe seine Befugnisse über-
schritten.

Aufstiegschancen für Peter-Invertierte

Der Peter-Invertierte oder Berufsautomat hat, wie wir gesehen
haben, kaum die Fähigkeit zum unabhängigen Urteil. Er *gehorcht immer und entscheidet nie.* Vom Standpunkt der Hierarchie ist das ein Zeichen der Befähigung. Daher hat der Peter-
Invertierte durchaus Aussicht auf Beförderung. Er steigt so
lange auf, bis ihn ein Mißgeschick an eine Stelle bringt, wo er
Entscheidungen treffen muß. Nun ist auch er auf seiner Stufe
der Unfähigkeit angelangt.*

Wir können deshalb feststellen, daß beruflicher Automatismus – so ärgerlich Sie es auch finden mögen – keineswegs
eine Ausnahme vom Peter-Prinzip darstellt. Meinen Studenten erkläre ich es meist so: Mit der Fähigkeit ist es genauso
wie mit der Wahrheit, der Schönheit oder mit Kontaktlinsen
– jeder Betrachter sieht sie mit anderen Augen.

Scheinbare Abweichung Nr. 4: Ausschluß aus der Hierarchie

Nun möchte ich eine Erscheinung zur Debatte stellen, die vielen ungeschulten Beobachtern besonders merkwürdig erscheint: den Fall des brillanten, fleißigen Mitarbeiters, der
nicht nur bei der Beförderung übersehen wird, sondern häufig
auch noch seine Stellung verliert.

Ich möchte erst einige Beispiele anführen und sie dann erklären.

In der Stadt Excelsior hat jeder junge Lehrer ein Jahr Pro-
bezeit. K. Buchman war ein blendender Anglistikstudent. In
seinem Probejahr als Englischlehrer gelang es ihm, die Schüler mit seiner eigenen Begeisterung für klassische und mo-

---

* Es gibt zwei Arten untergeordneter Entscheidungen, die ich manchmal bei
beförderten Peter-Invertierten beobachtet habe:
a) eine enge Auslegung bestehender Vorschriften;
b) Schaffung neuer Vorschriften für eine nebensächliche Angelegenheit, die
durch die bereits existierenden Verordnungen nicht exakt erfaßt wird.
Dieses Vorgehen dient nur dazu, die Inversion zu festigen.

derne Literatur anzustecken. Einige von ihnen besorgten sich Lesekarten für die öffentliche Bücherei von Excelsior, andere waren ständig in den Buchhandlungen und Antiquariaten der Stadt zu finden. Ihr Interesse war so stark, daß sie auch viele Bücher lasen, die nicht auf der Liste der von der Schulbehörde empfohlenen Literatur standen.

Es dauerte nicht lange, bis sich wütende Väter und Mütter sowie Abordnungen zweier strenger Sekten beim Schuldirektor meldeten, um sich darüber zu beklagen, daß ihre Kinder sich mit »unerwünschter« Literatur beschäftigten. Buchman wurde mitgeteilt, daß seine Dienste im folgenden Jahr nicht mehr benötigt würden.

Dem Probelehrer C. Cleary wurde als erster Lehrauftrag eine Klasse geistig zurückgebliebener Kinder zugeteilt. Obgleich er gewarnt worden war, daß er mit diesen Kindern nicht viel erreichen würde, versuchte er ihnen soviel wie möglich beizubringen. Am Ende des Jahres schnitten viele von Clearys zurückgebliebenen Kindern bei Lese- und Rechentests besser ab als Schüler in den normalen Klassen.

Als Cleary seinen Entlassungsbescheid erhielt, wurde ihm mitgeteilt, daß er in gröbster Weise alle beschäftigungstherapeutischen Arbeiten wie Perlenaufreihen und Sandkastenspiele vernachlässigt habe, die für zurückgebliebene Kinder empfohlen werden. Er hatte auch keinen angemessenen Gebrauch von Ton zum Modellieren, von Nagelbrettern und Farbkästen gemacht, die von der Hilfsschüler-Sonderabteilung der städtischen Schulbehörde bereitgestellt worden waren.

Miss E. Beaver, eine Probelehrerin an der Volksschule, war ungewöhnlich begabt für ihren Beruf. Weil sie noch keine einschlägigen Erfahrungen besaß, hielt sie sich an das, was sie auf der Universität gelernt hatte, und bemühte sich darum, jedes Kind entsprechend seinen individuellen Fähigkeiten zu fördern. Der Erfolg war, daß ihre begabtesten Schüler das Pensum von zwei oder drei Jahren in einem Jahr bewältigten.

Der Direktor gab sich außerordentlich verbindlich, als er Miss Beaver erklärte, daß sie leider nicht für eine feste Anstellung vorgeschlagen werden könne. Aber sicher würde sie einsehen, daß sie den Schulbetrieb gestört habe. Sie habe sich nicht an den Studienplan gehalten und den Kindern Schwierigkeiten bereitet, weil der Unterricht des folgenden Jahres nicht mehr ihren Bedürfnissen entspräche. Sie hätte sich nicht an die geltenden Regeln und den üblichen Gebrauch der Lehrbücher gehalten und dem Lehrer, der nun im nächsten Jahr mit den Kindern arbeiten müsse, die ihr Pensum längst beherrschten, große Sorgen bereitet.

Die Erklärung des Paradoxons

Diese Fälle zeigen, daß in den meisten Hierarchien *Super-Kompetenz anstößiger ist als Inkompetenz.*

Wie wir gesehen haben, ist gewöhnliche Inkompetenz noch lange kein Entlassungsgrund. Sie ist lediglich eine Schranke für den weiteren Aufstieg. Super-Kompetenz dagegen führt häufig zur Entlassung, *weil sie die Hierarchie gefährdet.* Sie verletzt dadurch das oberste Gebot des hierarchischen Lebens: *Die Hierarchie muß erhalten bleiben.*

Sie werden sich daran erinnern, daß ich im zweiten Kapitel drei Klassen von Mitarbeitern erwähnte: Unfähige, mäßig befähigte und befähigte. Aus Gründen der Vereinfachung kappte ich dabei die beiden Extreme der Verteilungskurve und überging zwei weitere Gruppen. Hier nun ist die vollständige Kurve.

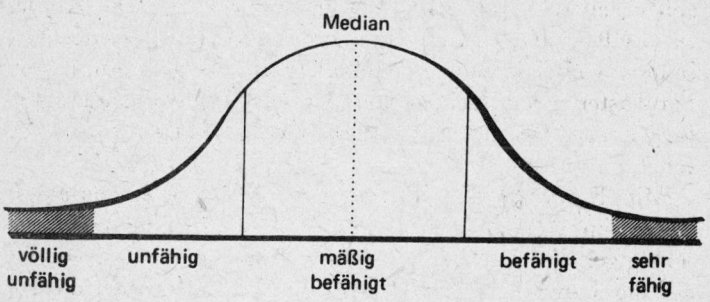

Die Beschäftigten in den beiden äußersten Gruppen – die sehr Fähigen und die völlig Unfähigen – sind gleichermaßen Kandidaten für einen Rausschmiß. Sie werden im allgemeinen schon kurz nach ihrer Einstellung wieder gefeuert, und zwar aus dem gleichen Grund: Beide gefährden sie den Bestand der Hierarchie. Dieses Abstoßen der Extreme nennt man den *hierarchischen Ausschluß.*

Einige abschreckende Beispiele

Ich habe bereits das Schicksal einiger super-kompetenten Mitarbeiter beschrieben. Es folgen nun einige für Super-Inkompetenz.

Miss P. Saucier wurde in der Haushaltswarenabteilung des Lomark-Kaufhauses als Verkäuferin angestellt. Sie verkaufte von Anfang an weniger als der Durchschnitt der Angestellten. Das allein wäre noch kein Entlassungsgrund gewesen, da auch viele andere Verkäufer unter dem Durchschnitt lagen. Aber Miss Saucier hielt einen erschreckenden Rekord an Fehlleistungen: Sie zwängte falsche Schlüssel in Registrierkassen, nahm Kreditkarten der Konkurrenz entgegen und legte, noch schlimmer, das Kohlepapier falsch herum zwischen die Auftragsformulare. So brachte sie es fertig, dem Kunden nicht nur die Auftragskopie, sondern auch das Original mitzugeben, so daß dieser das Kaufhaus mit beiden Ausfertigungen verließ (eine auf der Vorderseite und eine in Spiegelschrift auf der Rückseite), während sie selber ohne jede Unterlage zurückblieb. Zu allem Überfluß war sie auch noch unverschämt zu ihren Vorgesetzten. Nach einem Monat wurde sie wieder entlassen.

W. Kirk, ein protestantischer Priester, hatte sehr eigene Ansichten über das Wesen Gottes, die Wirksamkeit der Sakramente, das zweite Erscheinen Christi und das Leben nach dem Tode – Ansichten, die zu den offiziellen Lehren seiner Kirche in scharfem Widerspruch standen. Kirk war deshalb inkompetent, seinen Gemeindemitgliedern die geistliche Fürsorge angedeihen zu lassen, die sie erwarteten. Er wurde selbstverständlich nicht befördert, behielt aber dennoch mehrere Jahre lang seine Anstellung. Dann schrieb er ein Buch, in dem er die Schwerfälligkeit der kirchlichen Hierarchie scharf kritisierte und eine plausible Begründung dafür gab, daß alle Kirchen Steuern zahlen sollten. Er verlangte, daß sich die Geistlichkeit auch so ernster sozialer Probleme wie Homosexualität, Drogenmißbrauch, Rassenhaß und ähnlicher Fragen annehmen sollte... Damit hatte er es geschafft, die Grenze zwischen Inkompetenz und Super-Inkompetenz mit einem großen Sprung zu überschreiten, und wurde prompt entlassen.

Der aus der Hierarchie ausgestoßene Super-Inkompetente weist zwei charakteristische Merkmale auf:

1. Er hat keine produktive Leistung aufzuweisen *(output)*.
2. Er tut nichts für den inneren Zusammenhalt der Hierarchie *(input)*.

Kann ein hierarchischer Ausschluß für Sie von Nutzen sein?
Wir sehen also, daß Super-Kompetenz und Super-Inkompetenz für die typische Hierarchie gleichermaßen unannehmbar sind.

Wir stellen gleichzeitig fest, daß von der Hierarchie Ausgeschlossene, ebenso wie alle anderen Beschäftigten, dem Peter-Prinzip unterworfen sind.

Sie unterscheiden sich von allen anderen Arbeitnehmern dadurch, daß sie die einzigen sind, die unter den herrschenden Umständen für eine Entlassung in Frage kommen.

Möchten Sie lieber woanders arbeiten? Haben Sie Ihre gegenwärtige Stellung beim Militär, im Erziehungswesen oder Geschäftsleben aus freiem Entschluß gewählt, oder ist sie das Ergebnis eines legalen oder familiären Drucks? Nun – Sie können planmäßig und mit voller Absicht dafür sorgen, daß sie entweder super-kompetent oder super-inkompetent werden.

Scheinbare Abweichung Nr. 5: der paternalistische Zugang

Manche Eigentümer altmodischer Familienunternehmen behandelten ihre Söhne wie normale Angestellte. Sie fingen ganz unten in der Hierarchie an und stiegen dann entsprechend dem Peter-Prinzip auf. In diesem Fall wogen die Liebe des Eigentümers zu seiner Hierarchie, sein Wunsch, ihre Leistungsfähigkeit und Ertragskraft zu erhalten, sowie sein starkes Gerechtigkeitsgefühl seine natürlichen familiären Gefühle auf.

Viele Unternehmer vertrauten ihren Söhnen aber auch von Anfang an Führungspositionen an, in der Hoffnung, daß sie auch ohne den Dienst »von der Pike auf« einmal das Oberkommando übernehmen oder – wie man so schön sagt – in die Schuhe ihres Vaters schlüpfen könnten.

Diese Art des Eintritts in eine Hierarchie nenne ich den *paternalistischen Zugang*.

Es gibt zwei wichtige Spielarten des paternalistischen Zugangs (P. Z.).

P.-Z.-Methode Nr. 1
Ein bereits in der Hierarchie beschäftigter Arbeitnehmer kann entlassen oder durch die seitliche Arabeske beziehungsweise eine geräuschlose Sublimierung aus seiner bisherigen Position entfernt werden, um für den Neuling Platz zu machen. Weniger gebräuchlich als Methode Nr. 2, kann diese Technik leicht eine starke Abneigung gegen den Neuernannten hervorrufen.

P.-Z.-Methode Nr. 2
Für den neuen Mitarbeiter wird eine spezielle Position mit einem eindrucksvollen Titel geschaffen.

Erläuterungen der Methode
Der paternalistische Zugang ist nur ein kleines Beispiel für die Verhältnisse in einem Klassensystem, bei dem einige bevorzugte Individuen in eine Hierarchie gleich oberhalb einer gewissen Klassengrenze eintreten, statt von ganz unten anzufangen.*

Die Aufnahme neuer Mitarbeiter auf einer höheren Ebene der Hierarchie kann unter Umständen die Leistungsfähigkeit erhöhen. Der paternalistische Zugang erregt deshalb außerhalb der Hierarchie kein Mißfallen.

Bei den anderen Mitgliedern der Hierarchie wird das Erscheinen protegierter Neulinge dagegen einen gewissen Widerstand hervorrufen. Die Beschäftigten haben nämlich eine Schwäche für den Beförderungsmechanismus, dem sie selber ihren Aufstieg verdanken und von dem sie sich auch in Zukunft weitere Beförderungen versprechen. Sie lehnen deshalb häufig andere Methoden der Ämtervergabe ab.

Der paternalistische Zugang heute
Das Familienunternehmen, das von einem Mann beherrscht wird, der über die Autorität verfügt, seinen Sohn an der Spitze unterzubringen, ist heute zu einer Rarität geworden.

* Eine ausführliche Darstellung der Hierarchien in einem Klassensystem findet sich im Kapitel 7.

Dennoch wird der paternalistische Zugang immer noch in genau der gleichen Art praktiziert. Der einzige Unterschied ist, daß der Eindringling nicht mehr mit demjenigen, der ihn ernennt, verwandt sein muß.

AKTE PATERNALISTISCHER ZUGANG, FALL NR. 7. A. Purefoy, Direktor der Gesundheitsbehörde der Stadt Excelsior, stellte am Ende des Haushaltsjahres fest, daß er noch über einige unausgenutzte Etatposten verfügte. Es hatte keine Epidemien gegeben, der Excelsior-Fluß war nicht wie üblich über die Ufer getreten und hatte deshalb nicht das Abwässersystem verschlammt. Überdies waren die beiden Abteilungsleiter Purefoys (einer für Gesundheitswesen, der andere für Hygiene) gewissenhafte, kompetente und sparsame Männer.

Die vorgesehenen Etatmittel waren also nicht ausgegeben worden, und Purefoy erkannte, daß ihm im folgenden Jahr weniger Geld bewilligt werden würde, wenn er nicht bald etwas unternähme. Er entschloß sich deshalb, eine dritte Abteilungsleiterposition zu schaffen, deren Inhaber ein Antischmutz- und Stadtverschönerungsprogramm organisieren sollte. Um den neuen Posten zu besetzen, engagierte er W. Pickwick, einen jungen Mann, der gerade an der Wirtschaftsakademie sein Diplom erworben hatte, an der Purefoy früher selbst studiert hatte.

Pickwick richtete seinerseits wiederum elf neue Planstellen ein: einen Müllrat, sechs Müllinspektoren, drei Sekretärinnen und einen Beauftragten für Öffentlichkeitsarbeit.

N. Wordsworth, der Public-Relations-Manager, organisierte Aufsatzwettbewerbe für Schüler und veranstaltete für Erwachsene Ausschreibungen für die besten Plakatentwürfe und Werbeslogans. Außerdem gab er zwei Filme in Auftrag – einen zur Propagandierung des »Halte deine Stadt sauber«-Programms, den anderen zur »Verschönerung der Stadt«. Die Filme sollten von einem unabhängigen Produzenten hergestellt werden, der wie Wordsworth und Pickwick Mitglied des Studententheaters gewesen war.

Alles entwickelte sich nach Wunsch: Direktor Purefoy überschritt seine Haushaltmittel, und es gelang ihm sogar, für das folgende Jahr einen höheren Etat zu bekommen.

Moderner Vater-Ersatz

Heute ist die Regierung Mutter für alles. Bundesmittel werden für viele neue Vorhaben bereitgestellt: Kampf gegen Luft- und Wasserverschmutzung, Feldzug gegen die Armut, Feldzug gegen das Analphabetentum, Bekämpfung der Einsamkeit, Kampf gegen das Verbrechertum und wissenschaftliche Untersuchungen über die Frage, wie die Raumfahrt für die Erholung der kulturell benachteiligten Bevölkerungsschichten nutzbar zu machen sei.

Sobald Geld zur Verfügung gestellt wird, muß ein Weg gefunden werden, es auszugeben. Ein neues Amt wird geschaffen – Koordinator für den Feldzug gegen die Armut, Direktor des Bildungsprogramms, Berater für Volksbüchereien, Organisator des Wohlfahrts- und Unterhaltungsprogramms zugunsten älterer Bürger oder was es sonst noch alles gibt. Irgend jemand wird angeheuert, um den Posten zu übernehmen, um sich die Schuhe anzuziehen – auch wenn sie ihm manchmal zu groß sind.

Es spielt keine Rolle, ob der Inhaber des neuen Amtes das Problem löst, für dessen Bewältigung er eingestellt wurde. Wichtig ist nur, daß er willens und fähig ist, das vorhandene Geld auszugeben.

Das Prinzip bleibt unberührt

Eine solche Personalpolitik stimmt durchaus mit dem Peter-Prinzip überein. Fähigkeit oder Unfähigkeit sind so lange unwichtig, wie die Schuhe ausgefüllt werden. Wenn dies in kompetenter Form geschieht, kommt der Neuling nach einiger Zeit für eine Beförderung in Frage. Er wird seine Stufe der Unfähigkeit auf einer höheren Ebene finden.

Schlußfolgerung

Die scheinbaren Abweichungen *sind keine Abweichungen*. Das Peter-Prinzip ist auf alle Beschäftigten in jeder Hierarchie anwendbar.

4. Protektion & Beförderung

Ein langer Zug,
ein starker Zug und ein gemeinsamer Zug.
Dickens

Wie man sieht, ist das Peter-Prinzip unveränderlich und universell gültig. Aber wahrscheinlich möchten Sie gerne wissen, wie lange Sie wohl für Ihren Aufstieg in der Hierarchie brauchen. Zunächst wollen wir uns dem durch Protektion beschleunigten Aufstieg zuwenden.

Protektion – mit achtzehn Worten definiert

Ich definiere Protektion als die »Beziehung eines Beschäftigten – durch Blutsverwandtschaft, Heirat oder Bekanntschaft – zu einer Person, die in der Hierarchie über ihm steht«.

Die Unpopularität des Protegierten
Wir alle hassen die Beförderung durch Protektion – *bei anderen.* Die Kollegen mögen den Begünstigten (den Protegé) nicht und geben ihrer Abneigung meist durch Bemerkungen über seine Unfähigkeit Ausdruck.

Schon bald nachdem W. Kinsman Oberschulrat in Excelsior geworden war, wurde sein Schwiegersohn, L. Harker, Dezernent für den Musikunterricht. Manche Lehrer hatten an dieser Beförderung auszusetzen, daß Harker schwerhörig war. Sie behaupteten, daß wegen seines Dienstalters *(input)* D. Roane die Stellung hätte erhalten müssen.

Neid kennt keine Logik. D. Roane hatte sich so oft und so lange Schulchöre und -orchester anhören müssen, daß er inzwischen *Musik und Kinder nicht mehr ertragen konnte.* Ohne Zweifel wäre er auf dem Posten des Musikdezernenten nicht fähiger gewesen als Harker (an der echten Leistung gemessen).

Der Widerstand der Lehrer richtete sich in Wirklichkeit also nicht gegen Harkers Unfähigkeit, sondern gegen den Verstoß wider das Dienstalterprinzip.

Die Angehörigen einer Hierarchie stören sich nicht an der Unfähigkeit (Peters Paradox). Der Betriebsklatsch über die Unfähigkeit des Neulings soll nur den Neid derjenigen verbergen, die keine Protektion genießen.

Wie man sich Protektion verschafft

Man kann die Karrieren vieler Angestellter untersuchen, die Protektion besaßen (Protegés), und mit dem Berufsweg anderer Mitarbeiter von gleicher Qualifikation vergleichen, die keinen Gönner hatten. Die Ergebnisse meiner Forschungsarbeiten lassen sich in fünf praktische Vorschläge für den Möchtegern-Protegé zusammenfassen.

1. Suchen Sie einen Gönner

Ein Gönner ist eine Person, die in der Hierarchie über Ihnen steht und Ihnen zum Aufstieg verhelfen kann. Manchmal müssen Sie schon erhebliche Anstrengungen unternehmen, um herauszufinden, wer dazu in der Lage ist und wer nicht. Vielleicht glauben Sie, daß das Tempo, in dem Sie vorwärtskommen, von den guten oder schlechten Berichten abhängt, die Ihre unmittelbaren Vorgesetzten über Sie verfassen. Das *kann* stimmen. Es kann aber auch sein, daß man an der Spitze schon weiß, daß Ihr unmittelbarer Vorgesetzter seine Stufe der Unfähigkeit bereits erreicht hat, und deshalb seinen ‚positiven oder negativen Empfehlungen wenig Wert beimißt. Deshalb dürfen Sie nicht oberflächlich sein: Nur wer tief genug gräbt, findet auch etwas.

2. Der Gönner braucht ein Motiv

»Ein Gönner, der keinen Grund dazu hat, ist kein Gönner.« Sorgen Sie dafür, daß Ihr Gönner etwas davon hat, wenn er Ihnen behilflich ist, oder daß es von Nachteil für ihn ist, wenn er sich nicht um Ihren Aufstieg in der Hierarchie kümmert. Meine Untersuchungen haben viele Beispiele solcher Motivationsbemühungen zutage gefördert – manche nette, aber auch manche abstoßende Fälle. Ich will sie hier nicht weiter ausmalen. Ich möchte dem Leser lieber die Möglichkeit geben, sich selbst zu testen. Diesen Test nenne ich *Peters Brücke*. Wenn

Sie nicht mehr soviel Energie aufbringen, sie aus eigener Kraft zu überschreiten, haben Sie bereits Ihre Stufe der Unfähigkeit erreicht. Kein noch so wohlgemeinter Ratschlag von mir kann Ihnen dann noch helfen.

3. Suchen Sie den Weg nach oben

»Die beste Straße ist immer noch eine Straße ohne herabgelassene Schranken.«

Stellen Sie sich vor, Sie seien in einem Schwimmbad und möchten auf den Sprungturm klettern. Nachdem Sie die Leiter halbwegs hinaufgeklettert sind, müssen Sie feststellen, daß sie von einem Angsthasen blockiert wird, der angesichts der Höhe den Mut verloren hat. Er hält sich mit geschlossenen Augen verzweifelt am Geländer fest. Er fällt nicht herunter, schafft es aber auch nicht, auch nur eine Stufe höher zu klettern. In dieser Situation helfen Ihnen auch aufmunternde Rufe eines Freundes nicht weiter, der bereits vorher den Weg nach oben geschafft hat.

Ähnlich ist es in einer Hierarchie. In einer solchen Lage helfen weder Ihre eigenen Bemühungen noch die Ihres Gönners, weil nämlich die nächste Sprosse von jemand blockiert wird, der seine Stufe der Unfähigkeit erreicht hat *(ein Super-Bremser)*. Diese mißliche Situation bezeichne ich als *Peters kleinen Engpaß*.

Kehren wir in Gedanken noch einmal zurück zu unserem Schwimmbad. Um die Spitze des Sprungbretts zu erreichen, müssen Sie von der blockierten Leiter herunter und zu der anderen hinübergehen, die frei ist. Nun können Sie ohne Schwierigkeiten bis zur Spitze hochklettern.

Um in der Hierarchie weiter aufzusteigen, müssen Sie ebenfalls den Platz unter dem Super-Bremser räumen und in einen Aufstiegsschacht überwechseln, der nicht gesperrt ist. Dieses Manöver wird *Peters Umgehung* genannt.

Ehe Sie aber Zeit und Mühe auf Peters Umgehung verwenden, sollten Sie sich genauestens vergewissern, ob wirklich Peters kleiner Engpaß vorliegt, das heißt, ob der Mann über Ihnen wirklich ein Super-Bremser ist. Wenn er dagegen immer noch für eine Beförderung in Frage kommt, ist er kein Super-Bremser, und Sie können es sich ersparen, einen Bogen um ihn herum zu schlagen. Üben Sie sich nur ein wenig in

Geduld, warten Sie ein wenig. Er wird eines Tages befördert werden, eine Lücke tut sich auf, und die Protektion kann ihre Wunder wirken.

Um nun Gewißheit darüber zu erlangen, ob Ihr Vorgesetzter wirklich ein Super-Bremser ist, müssen Sie die medizinischen und nichtmedizinischen Merkmale der Endstufe einer Karriere zu Rate ziehen, die in Kapitel 11 und 12 dieses Buches beschrieben sind.

4. Beweglichkeit ist alles

Für jeden Ihrer Gönner gibt es eine Grenze seiner Möglichkeiten. Versuchen wir es mit einer Analogie. Ein erfahrener Bergsteiger kann einen schwächeren Kletterer immer nur bis zu seinem eigenen Standort heraufziehen. Dann muß er selber erst wieder ein Stück höher klettern, ehe er erneut ziehen kann.

Wenn dem ersten Gönner die Puste ausgeht, muß man sich einen anderen suchen, der noch höher klettern kann.

Sie müssen sich also darauf vorbereiten, zum gegebenen Zeitpunkt bei einem neuen Gönner Anschluß zu suchen, der im Rang über dem alten steht.

»Es gibt keinen besseren Gönner als einen neuen Gönner.«

5. Versuchen Sie die Mehrfach-Gönnerschaft

»Die vereinte Förderung durch mehrere Gönner entspricht der Summe ihrer jeweiligen Bemühungen, multipliziert mit der Zahl der Gönner« *(Hulls Theorem)*. Dieser Multiplikator-Effekt entsteht dadurch, daß die verschiedenen Gönner miteinander reden und sich dadurch selber ständig in ihrer guten Meinung über die Verdienste ihres Schützlings und in ihrer Absicht, etwas für ihn zu tun, bestätigen. Bei einem einzigen Gönner gibt es diesen Verstärkereffekt nicht. Merke: »Viele Gönner führen zu einer Beförderung.«

Wozu warten? Eskalieren Sie!!!

Wenn Sie diese Hinweise befolgen, *können Sie bestimmt mit einem Aufstieg rechnen*. Durch den Zug von oben werden Sie beschleunigt in der Hierarchie aufsteigen. Auf diesem Weg erreichen Sie viel schneller Ihre eigene Endstation.

5. Ehrgeiz & Beförderung

Wenn du stürzt, stürzt die Welt mit dir.
Wenn du schiebst, schiebst du allein.

Jetzt wollen wir untersuchen, inwieweit das Aufstiegstempo eines Mitarbeiters durch Ehrgeiz und Fleiß beeinflußt werden kann.

Über die Wirkungsweise des Ehrgeizes hat es viele Mißverständnisse gegeben, vor allem weil Alger* beharrlich die Bedeutung des Ehrgeizes – »*sich hochkämpfen, langsam und sicher*« – als Mittel des Aufstiegs übertrieben hat. Man muß im Gegenteil die unwissenschaftliche, irreführende Tendenz von Algers Werken anprangern, weil sie für die wissenschaftliche Hierarchologie ein Hemmnis waren.

Peale** hat die Bedeutung des Ehrgeizes für den Erfolg ebenfalls überschätzt: »*Die Macht des positiven Denkens*«.

Ein verbreiteter Irrtum

Meine Untersuchungen haben gezeigt, daß die hemmende Wirkung des Dienstalterprinzips den aufstiegsfördernden Effekt des Ehrgeizes neutralisiert. Diese Beobachtung bestätigt übrigens auch, daß Protektion mehr bewirkt als Ehrgeiz. Ein Gönner an der Spitze kann häufig das Prinzip, daß Beförderungen ersessen werden müssen, außer Kraft setzen. Ehrgeiz hat selten eine ähnliche Wirkung.

Ehrgeiz allein kann Sie auch kaum jemals aus Peters kleinem Engpaß befreien. Er befähigt Sie auch nicht dazu, Peters Umgehung erfolgreich anzuwenden. Eine Umgehung ohne Protektion von oben führt bloß dazu, daß Ihre Vorgesetzten feststellen: »Er kann sich keiner Sache mit Ausdauer widmen«, »Er hat kein Durchhaltevermögen« usw.

Ehrgeiz hat auch keinerlei Einfluß auf die oberste Stufe, bis zu der jemand hochklettern kann. Der Grund ist einfach der, daß alle Mitarbeiter – ob scheu oder aggressiv – dem Peter-

* Alger, Horatio, jr. (1832-99): ›*Struggling Upward, Slow and Sure*‹ sowie viele andere Werke.
** Peale, Norman V. (1898-19 . .): ›*The Power of Positive Thinking*‹, New York 1952, sowie viele andere Werke.

Prinzip unterliegen. Sie bleiben also alle früher oder später auf ihrer Stufe der Inkompetenz stehen.

Merkmale und Symptome des Ehrgeizes

Ehrgeiz erkennt man gelegentlich an einem abnormen Lerneifer, dem Besuch von Fachkursen und Fortbildungslehrgängen. (In weniger bedeutenden Fällen und vor allem in kleinen Hierarchien kann eine solche Ausbildung gelegentlich die Fähigkeiten so steigern, daß der Aufstieg etwas beschleunigt wird. In größeren Organisationen ist der Effekt gleich Null, weil dort das Dienstalterprinzip stärker ist.)

Gefahren des Ehrgeizes

Studium und Fortbildung können sogar einen negativen Effekt haben. Das ist dann der Fall, wenn die gesteigerten Fähigkeiten dazu führen, daß der Mitarbeiter während seines Aufstiegs zusätzliche Stufen nehmen muß, bevor er schließlich seine Ebene der Unfähigkeit erreicht.

Nehmen wir zum Beispiel an, daß sich B. Sellers, der fähige Leiter einer örtlichen Verkaufsniederlassung der Excelsior-Matratzen AG, mit viel Mühe eine fremde Sprache angeeignet hat. Es ist dann sehr gut möglich, daß er eine oder mehrere Aufgaben in der überseeischen Verkaufsorganisation des Unternehmens übernehmen muß, ehe er wieder zurückgeholt wird und schließlich seine Stufe der Unfähigkeit als Verkaufsdirektor der Firma erreicht. Lerneifer führte also nur zu einem Umweg in Sellers hierarchischem Flugplan.

Abschließende Beurteilung

Nach meiner Ansicht heben sich die positiven und negativen Effekte von Studium und Weiterbildung gegenseitig auf. Das gleiche gilt für andere Merkmale des Ehrgeizes – etwa für die Neigung, sehr früh mit der Arbeit zu beginnen und erst spät am Abend damit aufzuhören. Die Bewunderung, die man sich bei einigen Kollegen durch diese halb machiavellistischen Methoden erwirbt, wird schließlich durch die Verachtung aufgehoben, die man sich damit unweigerlich bei anderen einhandelt.

Eine Ausnahme, die die Regel bestätigt

Gelegentlich findet man einen außergewöhnlich ehrgeizigen Mitarbeiter, der es mit fairen oder etwas weniger feinen Methoden schafft, einen Super-Bremser beiseite zu drücken und so für sich selber vorzeitig eine höhere Position frei zu machen.

William Shakespeare zitiert ein interessantes Beispiel in ›Othello‹. Im ersten Akt, 1. Szene, beklagt der ehrgeizige Jago die Tatsache, daß die Beförderung eine Frage der Protektion und nicht des Dienstalters ist:

> Das ist der Fluch des Dienstes.
> Beförderung geht Euch nach Empfehl und Gunst,
> Nicht nach Dienstalters Rang, wo jeder zweite
> Den Platz des Vormanns erbt.

Die Beförderung, die sich Jago wünscht, wird Michael Cassio zuteil. So brütet Jago den Plan aus, Cassio zu ermorden und ihn gleichzeitig in den Augen Othellos, des kommandierenden Offiziers, herabzusetzen.

Der Plan steht vor seiner Vollendung, doch Emilia, die Frau Jagos, ist ein unverbesserliches Plappermaul:

> Laß Himmel, Menschen, Teufel, alle, alle,
> Schmach rufen über mich, ich rede doch!

Sie gibt das Vorhaben preis, und Jago erhält nie die begehrte Beförderung.

Wir sollten aus Jagos Schicksal lernen, daß Diskretion das A und O des Ehrgeizes ist.

Da allerdings ein derart ausgeprägter Ehrgeiz selten ist, kann er meine Beurteilung des Ehrgeiz-Effekts nicht grundlegend umstoßen.

Eine gefährliche Täuschung

Die Macht des Ehrgeizes wird aus zwei Gründen häufig überschätzt. Da ist einmal das quälende Gefühl, daß jemand, der energischer nach oben drängt als der Durchschnitt, auch rascher und weiter aufsteigen muß als der Durchschnitt.

Dieses Gefühl hat selbstverständlich keine wissenschaftliche Basis. Es ist nichts als eine moralisch begründete Täuschung, die ich den *Alger-Komplex** nennen möchte.

Der medizinische Aspekt

Zweitens erscheint vielen ungeschulten Beobachtern die Bedeutung des Ehrgeizes größer, als sie in Wirklichkeit ist, weil bei *vielen ehrgeizigen Leuten das Pseudo-Erfolgs-Syndrom festzustellen ist.*

Diese Pseudo-Erfolgreichen leiden unter Beschwerden wie Nervenzusammenbrüchen, Magengeschwüren und Schlaflosigkeit. Ein Magengeschwür – das Symptom einer erfolgreichen Karriere innerhalb eines Verwaltungsapparates – kann jedoch, ganz schlicht und einfach ausgedrückt, nur eine Folge übertriebenen Ehrgeizes sein.

Kollegen, die diese Situation nicht durchschauen, werden vielfach einen solchen Patienten als Opfer seiner Karriere betrachten (vgl. Kapitel II) und annehmen, daß er die Spitze seiner Erfolgsleiter erklommen hat.

In Wirklichkeit haben diese Leute aber oft noch viele Stufen und viele Jahre des Aufstiegs vor sich.

Eine wichtige Unterscheidung

Der Unterschied zwischen den Syndromen des Pseudo-Erfolges und den Symptomen, die ein Mann zeigt, der am Ende seiner Karriere steht, ist als *Peters Nuance* bekannt. Um solche Fälle richtig einzuordnen, brauchen Sie sich nur selbst zu fragen: »Leistet diese Person überhaupt noch irgendwelche nützliche Arbeit?« Lautet die Antwort:

a)   Ja – dann hat er seine Stufe der Unfähigkeit noch nicht erreicht und weist deswegen nur das Pseudo-Erfolgs-Syndrom auf.

b)   Nein – dann hat er seine Stufe der Inkompetenz erreicht und weist das Endplazierungs-Syndrom auf.

c)   Weiß ich nicht – *Sie* haben Ihre Stufe der Unfähigkeit erreicht. Prüfen Sie sofort, ob bei Ihnen bereits die bekannten Symptome festzustellen sind!

* Ebd.

Abschließende Worte zum Ehrgeiz

Stehe niemals, wenn du sitzen kannst; laufe niemals, wenn du fahren kannst, strampel dich nicht ab, wenn du Protektion genießen kannst.

6. Gefolgsleute & Führer

Überlege dir, was vorausgeht und was folgt.
P. SYRUS

Päng, päng!
Eine wichtige Aufgabe, der ich mich widmen muß, ist die Beseitigung verschiedener Irrtümer aus der vorwissenschaftlichen Ära der Hierarchologie, die immer noch in den Köpfen der Leute herumspuken.

Was beispielsweise könnte irreführender sein als der Spruch: »Nichts ist erfolgreicher als der Erfolg«?

Wie Sie bereits wissen, beweist die Hierarchologie eindeutig, daß *nichts so schnell versiegt wie der Erfolg*, wenn ein Mitarbeiter einmal die Stufe seiner Inkompetenz erklommen hat.

Später, wenn ich die schöpferische Unfähigkeit erläutere, werde ich nachweisen, daß *nichts erfolgreicher ist als das Versagen.*

In diesem Kapitel will ich jedoch vor allem den alten Spruch »Man muß ein guter Untergebener sein, um ein guter Vorgesetzter zu werden« untersuchen.

Dieser Satz ist nämlich typisch für die hierarchologischen Irrtümer, die durch Ämter und Büros geistern. Als zum Beispiel die Mutter George Washingtons gefragt wurde, welchem Umstand ihr Sohn seinen militärischen Erfolg verdanke, antwortete sie: »Ich lehrte ihn zu gehorchen.« So wurde Amerika wieder einmal mit einem unsinnigen Merkspruch beglückt. Wie soll denn wohl die Begabung, zu führen, von der Fähigkeit, zu gehorchen, abhängig sein? Ebensogut könnte man behaupten, wer schwimmen will, muß auch in der Lage sein, unterzugehen.

Nehmen wir den denkbar einfachsten Fall: eine Hierarchie mit zwei Rängen. Derjenige, der stets willig alle Anweisungen ausgeführt hat, wird befördert und soll in seiner neuen Position nun plötzlich Anordnungen treffen.

Nach dem gleichen Prinzip geht es in komplexeren Hierarchien zu: Fähige Gefolgsleute in den unteren Rängen zeigen, daß sie das Zeug für eine Beförderung haben. Später entpuppen sie sich schließlich als unqualifizierte Führungskräfte.

Eine vor gar nicht langer Zeit angestellte Untersuchung über die Ursachen geschäftlicher Pleiten machte deutlich, daß 53 Prozent auf das Versagen des Managements zurückzuführen waren. An der Firmenspitze saßen ehemalige Gefolgsleute, die sich darin versucht hatten, auch einmal Führer zu sein.

AKTE MILITÄR, FALL NR. 17. Captain N. Chatters erfüllte seine Verwaltungsaufgaben in einem Stützpunkt der Armee zufriedenstellend. Er arbeitete mit allen Dienstgraden gut zusammen und führte jeden Befehl exakt und willig aus. Er wurde zum Major befördert und mußte nun weitgehend in eigener Verantwortung arbeiten.

Aber Chatters konnte mit der Einsamkeit, die die Autorität notgedrungen mit sich bringt, einfach nicht fertig werden. Er trieb sich ständig bei seinen Untergebenen herum, schwätzte, erzählte Witze und störte sie bei der Arbeit. Er war einfach unfähig, jemand einen Befehl zu geben und ihm dann das Weitere zu überlassen. Immer mischte er sich ungebeten mit Ratschlägen ein. Die ständigen Einmischungen führten dazu, daß seine Untergebenen die Lust an ihrer Arbeit verloren und ihre Leistung zurückging.

Chatters verbrachte auch viel Zeit damit, sich im Büro seines Vorgesetzten herumzudrücken. Wenn er keinen vernünftigen Grund finden konnte, plauderte er mit dessen Sekretärin. Da sie ihm nicht gut sagen konnte, er solle verschwinden und sie in Ruhe lassen, geriet sie mit ihrer Arbeit in Rückstand.

Nur um Chatters loszuwerden, schickte ihn der Colonel mit allerlei Aufträgen auf dem Stützpunkt herum.

In diesem Fall war ein guter Untergebener in eine Führungsposition versetzt worden, aber

a)   er war unfähig zu führen;

b)   er verminderte die Leistung seiner Untergebenen;

c)   er vergeudete die Zeit seiner Vorgesetzten.

AKTE SELF-MADE-MÄNNER, FALL NR. 2. Es ist eine Tatsache, daß in den meisten Hierarchien die Mitarbeiter mit den stärksten Führungsqualitäten keine leitenden Posten erhalten. Ich will dafür ein Beispiel anführen.

W. Wheeler war als Botenjunge mit Fahrrad bei dem Mercury-Botendienst angestellt. Er systematisierte seine Auslieferung in einem bisher nicht dagewesenen Maße. Er untersuchte beispielsweise jede mögliche Route in seinem Bereich und fertigte sich Karten an, auf denen alle Abkürzungsmöglichkeiten und engen Gassen verzeichnet waren. Mit Hilfe einer Stoppuhr stellte er die Intervalle der Verkehrsampeln fest und plante seine Wege so, daß er jede Verzögerung vermied.

Das Ergebnis war, daß er sein tägliches Pensum bei der Paketauslieferung zwei Stunden früher erledigte und die gewonnene Zeit damit zubrachte, sich in irgendein Café zu setzen und Lehrbücher über die Praxis der Betriebsführung zu studieren. Als er auch noch anfing, die Routen der übrigen Boten bei Mercury neu zu organisieren, wurde er gefeuert.

Es sah zunächst so aus, als sei er ein Versager und das Beispiel eines Super-Inkompetenten, der sich selber aus der Hierarchie ausschließt, ein lebendes Beispiel für die Theorie »Schlechter Untergebener – schlechter Chef«.

Es dauerte aber gar nicht lange, und Wheeler gründete ein eigenes Unternehmen, »Pegasus fliegender Bote«. Schon drei Jahre später hatte er Mercury den Garaus gemacht.

Wir sehen also, daß eine besonders begabte Führungskraft ihren Weg nicht in einer etablierten Hierarchie machen kann. Sie bricht normalerweise aus der alten Organisation aus und fängt irgendwo anders ganz von vorne an.

AKTE BERÜHMTE NAMEN, FALL NR. 902. Der große Erfinder Thomas Alva Edison, als Zeitungsjunge wegen Unfähigkeit hinausgeworfen, gründete sein eigenes Unternehmen und leitete es sehr erfolgreich.

Eine seltene Ausnahme
Manchmal und unter ganz bestimmten Umständen kann es vorkommen, daß Führungsqualität erkannt wird. So wurden einmal während des Krieges bei einem nächtlichen Angriff alle Offiziere einer Heereseinheit getötet. Der Sergeant L. Dare übernahm das Kommando, warf den Feind zurück und führte seine Kameraden in Sicherheit. Noch an der Front wurde er befördert.

Im Frieden hätte Dare diese Beförderung niemals erreicht. Er zeigte zuviel Initiative. Er wurde nur deshalb befördert, weil das normale System von Rang und Dienstalter gewaltsam gestört worden war. Die Hierarchie war vernichtet oder zumindest zeitweise lahmgelegt.

Doch wo bleibt das Prinzip?
Sie sind jetzt vermutlich verwirrt und fragen sich, ob ich nicht das Peter-Prinzip unterminiere, denn es sagt selbstverständlich, daß ein kompetenter Angehöriger einer Hierarchie immer für eine Beförderung in Frage kommt. Doch ist das kein Widerspruch!

Wie wir im Kapitel 3 gesehen haben, werden die Fähigkeiten eines Mitarbeiters nicht von unbeteiligten Beobachtern wie Ihnen und mir bewertet, sondern durch den Arbeitgeber oder, heute viel häufiger, durch andere Angestellte in höheren Rängen der gleichen Hierarchie. In ihren Augen ist Führungsqualität gleich Insubordination und mangelnde Unterwürfigkeit gleich Unfähigkeit.

Gute Untergebene werden keine guten Führer. Kein Zweifel, der gute Untergebene kann viele Beförderungen erreichen, aber zum Führer wird er dadurch noch lange nicht. Die meisten Hierarchien sind heute so überladen mit Tradition und Gebräuchen und so eingeschnürt durch die Gesetze, daß selbst hohe Beamte und Angestellte nicht in der Lage sind, irgend jemand irgendwo einzusetzen; sie können weder die Ziele festlegen noch das Tempo bestimmen, mit dem sie angesteuert werden sollten. Sie richten sich lediglich nach Präzedenzfällen, halten sich an die Bestimmungen und marschieren an der Spitze der Herde. Solche Mitarbeiter sind der Galionsfigur am Bug eines Schiffes vergleichbar, die auf die Richtung, die das Schiff nimmt, ebensowenig Einfluß hat wie diese auf die Geschicke der Firma.

Es fällt nicht schwer, sich vorzustellen, wieviel Furcht und Schrecken in einem solchen Milieu das Erscheinen eines geborenen Führers auslöst. Dieses Gefühl wird als *Hypercaninophobia* (die Angst des Überlegenen, des *Top-Dog*) bezeichnet. Fortgeschrittene Hierarchologen sprechen präzise vom *Hypercaninophobia-Komplex* (die Angst, daß der Schwächere, der *Under-Dog*, zum Stärkeren wird).

7. Hierarchologie & Politik

Die Geschichte der Menschheit ist ein Ozean von Irrtümern, in dem ab und zu einige seltene Wahrheiten entdeckt werden können.

C. de Beccaria

Wir haben gesehen, wie das Peter-Prinzip in einigen einfachen Hierarchien arbeitet – in Schulen, Fabriken, Reparaturwerkstätten usw. Jetzt wollen wir die komplexeren Hierarchien in Politik und Regierung untersuchen.

Während einer meiner Vorlesungen wandte sich ein südamerikanischer Student, Caesare Innocente, an mich mit der Frage: »Herr Professor Peter, auf eines meiner Probleme habe ich während all meiner Studien keine Antwort gefunden. Ich weiß nicht, ob die Welt von schlauen Köpfen gelenkt wird, die uns – wie ihr Amerikaner sagt – vorwärtsbringen, oder nur von lauter Dummköpfen, die das bloß glauben.« Innocentes Frage faßt die Gedanken und Empfindungen vieler Menschen zusammen. Die Sozialwissenschaften haben darauf noch keine schlüssige Antwort geben können.

Kein Politwissenschaftler hat bisher die Arbeit der Regierungen befriedigend analysiert oder die politische Zukunft exakt vorhergesagt. Die Analysen der Marxisten haben sich als ebenso falsch erwiesen wie die der kapitalistischen Theoretiker. Meine Studien der *Vergleichenden Hierarchologie* haben zur Genüge gezeigt, daß kapitalistische, sozialistische und kommunistische Systeme durch die gleiche Anhäufung überflüssigen und unfähigen Personals charakterisiert sind. Obwohl meine Forschungsarbeit im Augenblick noch nicht abgeschlossen ist, übergebe ich das Folgende als Zwischenbericht. Wenn entsprechende Förderungsgelder zur Verfügung gestellt werden, werde ich meine Untersuchungen zur Vergleichenden Hierarchologie abschließen. Danach werde ich mich mit der *Universal-Hierarchologie* beschäftigen.

Zwischenbericht

Bei jeder wirtschaftlichen oder politischen Krise ist eines gewiß: Viele erfahrene Experten verschreiben ebenso viele verschiedene Heilmittel.

Der Staatshaushalt ist nicht ausgeglichen. A. sagt: »Steuern erhöhen«; B. schreit: »Steuern senken«.

Ausländische Investoren verlieren das Vertrauen in den Dollar. C. verlangt Kreditrestriktionen, während D. für Inflation plädiert.

In verschiedenen Städten herrschen Unruhen. E. empfiehlt, die Armen zu fördern; F. verlangt, die Reichen zu stützen.

Eine fremde Macht rasselt mit dem Säbel. G. sagt: »Schreckt sie ab«; H. sagt: »Macht ihnen Zugeständnisse«.

Warum dieses Durcheinander?

1. Viele der Experten haben ihre Stufe der Unfähigkeit bereits erreicht: Ihr Rat ist unsinnig oder irrelevant.
2. Einige haben vernünftige Ideen, sind aber nicht fähig, aus ihnen etwas zu machen.
3. In jedem Fall können weder die vernünftigen noch die unsinnigen Vorschläge zielstrebig realisiert werden, weil die Regierungsmaschinerie ein riesiger Komplex ineinander verschlungener Hierarchien ist, der durch und durch von Unfähigkeit beherrscht wird.

Betrachten wir zwei Zweige der Regierung – die Legislative, die den gesetzlichen Rahmen absteckt, und die Exekutive, die den Gesetzen mit ihrer Armee von Beamten und Angestellten Respekt zu verschaffen sucht.

Die Gesetzgebung

Die meisten modernen Gesetzgebungsorgane werden – selbst in undemokratischen Staaten – durch allgemeine Wahlen berufen. Man sollte annehmen, daß die Wähler schon in ihrem eigenen Interesse die fähigsten Politiker heraussuchen und wählen, um sich von ihnen in der Hauptstadt vertreten zu lassen. Das ist in vereinfachter Form eigentlich ja auch die Theorie der repräsentativen Demokratie. In Wirklichkeit ist der Prozeß allerdings etwas komplizierter.

Charakteristisch für die gegenwärtige politische Ordnung ist das Parteiensystem. Manche Länder haben nur eine offizielle Partei; manche haben zwei; andere haben mehrere. In naiven Darstellungen wird eine politische Partei gewöhnlich als Zusammenschluß gleichgesinnter Menschen geschildert, die sich zusammengefunden haben, um gemeinsame Ziele zu erreichen. Das stimmt nicht. Diese Aufgabe wird heute einzig und allein von der *Lobby* wahrgenommen – und es gibt ebenso viele Lobbys, wie es besondere Interessen gibt.

Eine politische Partei ist heutzutage vor allem ein Apparat zur Auswahl von Kandidaten mit der Aufgabe, diese in Amt und Würden zu bringen.

Eine aussterbende Gattung
Natürlich trifft man auch hin und wieder noch einen »unabhängigen« Kandidaten, der dank eigener Bemühungen und ohne eine Partei im Rücken gewählt wird. Die ungeheuren Kosten einer Wahlkampagne machen diese Figuren schon auf der lokalen Ebene oder im regionalen Bereich zu einer seltenen Erscheinung. Im nationalen Rahmen sind sie völlig unbekannt. Man kann ohne Übertreibung sagen, daß bei den gegenwärtigen politischen Verhältnissen die Auswahl der Kandidaten ausschließlich in der Hand der Parteien liegt.

Die Partei-Hierarchie

Wie viele ihrer Mitglieder wissen, ist jede politische Partei eine Hierarchie. Zugegebenermaßen arbeiten die meisten Mitglieder ehrenamtlich und zahlen oft genug noch für dieses Privileg. Trotzdem gibt es eine ausgeprägte Rangordnung und feste Regeln für den Aufstieg von einer Stufe zur nächsten.

Bisher habe ich nur gezeigt, wie das Peter-Prinzip bei bezahlten Arbeitskräften funktioniert. Sie werden nun sehen, daß es für den oben beschriebenen Typ einer Hierarchie ebenfalls gilt.

In einer politischen Partei ist Kompetenz auf einer bestimmten Rangstufe ein ebenso unentbehrliches Requisit des Aufstiegs wie in einer Fabrik oder in der Armee. Ein fähiger Propagandist, der von Tür zu Tür zieht und neue Wähler wirbt, kann mit Beförderung rechnen. Vielleicht überträgt man ihm die Organisation eines Propagandateams. Der erfolglose oder den Wählern unsympathische Propagandist dagegen putzt weiter Türklinken und schreckt Wähler ab.

Wer flott Briefkuverts mit Propagandamaterial vollstopft, wird vielleicht Leiter einer Gruppe von Kuvertleckern. Ein unfähiger Briefefüller dagegen kommt nicht voran, füllt langsam und ungeschickt die Umschläge, steckt zwei Prospekte in einen Brief und dafür in andere gar keinen, faltet die Blätter falsch, läßt sie auf den Boden fallen etc. Er macht so weiter, solange er dieser Partei treu bleibt.

Wer sich als fähig erwiesen hat, Gelder für die Parteikasse zu mobilisieren, schafft es vielleicht, in das Komitee aufgenommen zu werden, das die Kandidaten nominiert. Obwohl er ein guter Almosenjäger war, braucht er nicht notwendigerweise auch ein guter Menschenkenner mit einem Blick für fähige Gesetzemacher zu sein. Es könnte daher passieren, daß er den falschen Kandidaten unterstützt.

Selbst wenn die Mehrzahl des Nominierungsausschusses aus guten Menschenkennern besteht, so wird sie dennoch die Kandidaten *nicht nach ihrer potentiellen Weisheit als Gesetzgeber auswählen, sondern danach, ob sie fähig erscheinen, die Wahl zu gewinnen.*

Der große Schritt: Kandidat für die Parlamentswahl

In alten Zeiten, als die entscheidenden Wahlschlachten noch in öffentlichen Massenversammlungen geschlagen wurden und die Kunst der freien Rede entsprechend hoch im Kurs stand, konnte ein fesselnder Redner auf die Nominierung durch seine Partei rechnen. Der beste Redner unter den Kandidaten hatte wiederum die größten Aussichten, den Sitz zu gewinnen. Aber natürlich war die Fähigkeit, einer Masse von zehntausend Wählern zu schmeicheln, sie zu amüsieren und durch Stimme und Gestik in Schwung zu bringen, nicht unbedingt auch mit der Fähigkeit gepaart, logisch zu denken, nüchtern zu diskutieren und über die Angelegenheiten der Nation vernünftig abzustimmen.

Seit das Fernsehen im Wahlkampf eine so wichtige Rolle spielt, liegt für die Parteien die Versuchung nahe, den Kandidaten aufzustellen, der auf dem Bildschirm am besten wirkt. Doch die Gabe, mit Hilfe von Schminke und Ausleuchtung ein attraktives Bild auf die Mattscheibe zu zaubern, ist noch lange keine Garantie für einen befriedigenden Auftritt im Parlament.

Sowohl unter dem alten wie unter dem neuen System hat so mancher mit dem Sprung vom Kandidaten zum Abgeordneten gleichzeitig auch seine Stufe der Inkompetenz, der Unfähigkeit als Gesetzgeber erreicht.

Unfähigkeit in der Gesetzgebung

Die gesetzgebenden Körperschaften sind selber wieder eine Hierarchie. Ein gewählter Abgeordneter, der sich schon als Hinterbänkler unfähig erweist, kommt nicht vorwärts.

Aber ein fähiger Abgeordneter kommt für den Aufstieg in eine Position mit mehr Machtbefugnissen in Frage. Er kann Mitglied eines wichtigen Ausschusses, Ausschußvorsitzender oder – je nach Konstruktion des politischen Systems – auch Minister werden. In jedem dieser Ämter kann er sich dann möglicherweise als unfähig erweisen.

Wir sehen also, daß das Peter-Prinzip im gesamten Bereich der Legislative wirksam ist – vom einfachsten Parteifunktionär aufwärts bis zu den Inhabern der höchsten Ämter. Jeder von ihnen hat die Neigung, bis zu seiner Stufe der Inkompetenz aufzusteigen, und bei jedem Amt besteht die

Wahrscheinlichkeit, daß es früher oder später von jemandem übernommen wird, der unfähig ist, seine Aufgabe zu erfüllen.

Die Exekutive

Sie werden jetzt sicherlich keinen Zweifel mehr daran haben, daß das Prinzip auch für die Exekutive zutrifft. Es gilt für Regierungsstellen, Behörden und Ämter auf Bundes-, Länder- und Gemeindeebene. Ob es sich um die Polizei oder die Armee handelt – immer sind es festgefügte Hierarchien mit bezahlten Beamten und Angestellten. Sie alle sind notwendigerweise vollgestopft mit Unfähigen, die ihre täglich anfallende Arbeit nicht erledigen können. Sie werden nicht befördert, aber man wird sie auch nicht mehr los.

Jede Regierung – ob in einer Demokratie oder einer Diktatur, ob eine kommunistische oder westliche Bürokratie – muß zusammenbrechen, wenn ihre Hierarchie einen unerträglichen Reifegrad* erreicht hat.

Gleichmacherei und Inkompetenz
Die Lage ist heute schlimmer als zu den Zeiten, in denen die Ernennungen im Verwaltungsdienst und in der Armee reine Günstlingswirtschaft waren. Das mag in einem Zeitalter, das die Gleichheit so betont, nach Ketzerei klingen, aber vielleicht erlauben Sie mir dennoch, es zu erläutern.

Stellen wir uns ein Land namens Protektia vor, wo Eignungsprüfungen, gleiche Startchancen und Beförderung nach Verdienst unbekannte Begriffe sind. Protektia hat ein starres Klassensystem, bei dem die Spitzenpositionen in allen Hierarchien – ob in der Regierung, der Armee, im Geschäftsleben oder innerhalb der Kirche – den Mitgliedern der herrschenden Klasse vorbehalten sind.

---

* Die Effizienz einer Hierarchie ist umgekehrt proportional zu ihrem Reifequotienten RQ

$$RQ = \frac{\text{Anzahl der Beschäftigten im Zustand der Inkompetenz} \times 100}{\text{Gesamtzahl der Beschäftigten in der Hierarchie}}$$

Wenn der RQ-Quotient 100 erreicht, kann offensichtlich überhaupt keine sinnvolle Arbeit mehr geleistet werden.

Sie werden bemerkt haben, daß ich den Ausdruck »Oberklasse« vermeide, weil dieser Begriff unerfreuliche Assoziationen weckt. Er wird im allgemeinen für eine Gruppe verwendet, die ihren Herrschaftsanspruch aus aristokratischer oder vornehmer Herkunft ableitet. Aber meine Schlußfolgerungen gelten ebenso für Systeme, in denen sich die herrschende Klasse von den unterdrückten Gruppen durch ihre Religion, Körpergröße, Rasse, Sprache, ihren Dialekt oder ihre politische Richtung unterscheidet.

Es spielt keine Rolle, welches dieser Kriterien für Protektia zutrifft. Wichtig ist nur, daß es dort eine herrschende und eine untergeordnete Klasse gibt. Das folgende Diagramm zeigt eine für Protektia typische Hierarchie mit der klassischen Pyramidenform.

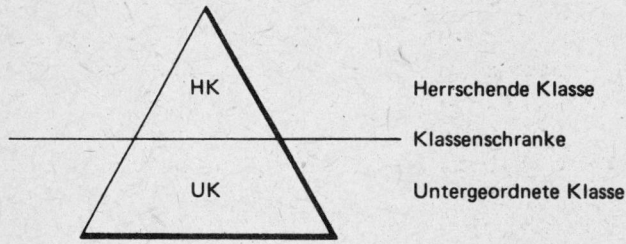

Die unteren Ränge (im Diagramm mit UK bezeichnet) werden von Beschäftigten eingenommen, die der untergeordneten Klasse angehören. Gleichgültig, wie brillant einzelne von ihnen auch sein mögen: keiner von ihnen kann die Klassenschranke überwinden.

Die oberen Positionen (das mit HK bezeichnete Gebiet) werden von Vertretern der herrschenden Klasse eingenommen. Sie beginnen ihre Karriere nicht am unteren Ende der Hierarchie, sondern oberhalb der Klassenschranke.

Im unteren Bereich (UK) gibt es nun ohne Zweifel viele Beschäftigte, die nie weit genug aufsteigen können, um ihre Stufe der Unfähigkeit zu erreichen. Sie werden im Verlauf ihrer gesamten Karriere ständig mit Aufgaben betraut sein, die sie befriedigend erfüllen können. Niemand wird über das Gebiet UK hinaus befördert. So behält dieser Bereich der Hierarchie seine fähigen Mitarbeiter stets für sich und kann sie kontinuierlich einsetzen.

Die Existenz einer Klassenschranke sichert in den unteren Bereichen einer Hierarchie eine höhere Leistung, als sie ohne diese Grenze erreichbar wäre.

Nun wollen wir den Bereich HK oberhalb der Klassenschranke betrachten. Wie wir bereits gesehen haben, sind die Aussichten eines Mitarbeiters, seine Stufe der Unfähigkeit zu erreichen, der Zahl der Rangstufen in der Hierarchie direkt proportional. Je mehr Rangstufen es gibt, um so mehr Inkompetenz gibt es. Der Bereich HK bildet im allgemeinen eine geschlossene Hierarchie mit wenigen Rängen. Viele der dort Beschäftigten werden deshalb ihre Stufe der Unfähigkeit nie erreichen.

Im übrigen wird die Chance, mit der Karriere bereits nahe dem Gipfel beginnen zu können, eine Anzahl hochbefähigter Mitarbeiter anlocken, die nie und nimmer gekommen wären, wenn sie ganz unten hätten anfangen müssen.

Betrachten wir die Situation aus einem anderen Blickwinkel. Im Kapitel 9 will ich über Leistungsvergleiche sprechen und dabei zeigen, daß die Zuführung frischen Bluts in den oberen Rängen der einzige erfolgversprechende Weg ist, die Leistung einer Hierarchie zu erhöhen. In den meisten der heutigen Systeme finden solche Blutübertragungen von Zeit zu Zeit statt – sei es durch eine Reorganisation oder in Perioden rascher Expansion. In den Hierarchien Protektias sind sie dagegen ein kontinuierlicher Prozeß: Neue Mitarbeiter beginnen regelmäßig weit oberhalb der Klassenschranke.

Ohne Zweifel sind die Hierarchien in Protektia in den Bereichen HK und UK, also oberhalb und unterhalb der Klassenschranke, leistungsfähiger als Hierarchien in einer klassenlosen, am Ideal der Gleichheit orientierten Gesellschaft.

Ein zeitgenössisches Klassensystem

Ehe ich beschuldigt werde, bei uns die Einführung einer Klassengesellschaft zu empfehlen, möchte ich darauf hinweisen, daß wir bereits eine haben. Dabei ist die Klassenzugehörigkeit keine Frage der Geburt, sondern abhängig von der Universität, die jemand besucht hat. Ein Absolvent von Harvard wird beispielsweise als »Harvard Man« bezeichnet, wer aber sein Diplom einem XY-College verdankt, hat damit noch lange kein Empfehlungsschreiben in der Hand. In manchen Hierarchien hat der ehemalige Student irgendeines obskuren Colleges − unabhängig davon, wie befähigt er sein mag − nicht die gleichen Aufstiegschancen wie der Absolvent der vornehmen Schulen.

Das ändert sich allerdings. Überall ist die Tendenz zu spüren, einen Universitätsabschluß als Vorbedingung für mehr und mehr Berufe und Posten zu machen, selbst auf den untersten Ebenen bestimmter Hierarchien. Das steigert die Aufstiegschancen eines jeden Graduierten und verringert den klassenbildenden Wert der Prestigediplome.

Meine eigenen Studien zu diesem Phänomen sind wegen des beklagenswerten Mangels an Forschungsmitteln leider unvollständig. Dennoch möchte ich die Vorhersage wagen, daß von Jahr zu Jahr jeder Universitätsabsolvent steigende Chancen hat, seine Stufe der Inkompetenz zu erreichen − sei es in der Privatwirtschaft oder innerhalb des Regierungsapparates.

8. Hinweise & Vorhersagen

Dichter sind die Oberpriester
einer unbegreiflichen Inspiration.
P. B. SHELLEY

Es ist so Sitte, jedes wissenschaftliche Werk mit einer Bibliographie zu zieren, einer Liste früherer Schriften zum gleichen Thema. Der Sinn mag sein, die Befähigung des Lesers zu prüfen, indem man ihm einen anregenden Katalog von Büchern vorlegt. Der Zweck der Übung mag aber auch der sein, die Kompetenz des Autors zu dokumentieren, indem man dem Leser den Berg von Schlacken vorführt, der beiseite geräumt werden muß, um ein Goldkörnchen Wahrheit zu finden.

Da dieses das erste Buch zum Thema ist, gibt es auch keine der üblichen Bibliographien. Da mir Arglist nicht liegt, bekenne ich mich zu diesem offenkundigen Mangel an Gelehrsamkeit in der festen Überzeugung, daß die Zukunft meine unorthodoxe Haltung rechtfertigen wird.

Ungeachtet dieser Überlegungen habe ich mich entschlossen, einige Autoren zu erwähnen, die zwar nie etwas zu diesen Fragen geschrieben haben, es aber getan haben könnten, wenn sie daran gedacht hätten. Es ist deshalb eine Bibliographie von Vor-Hierarchologen.

Die unbekannten Erfinder einiger Sprichwörter hatten einen intuitiven Sinn für die Inkompetenz-Theorie.

»Schuster bleib bei deinen Leisten« ist eine deutliche Warnung an den Schustergesellen, sich vor einer Beförderung zum Vorarbeiter der Schuhreparaturwerkstatt zu hüten. Die Hand, die geschickt mit Ahle und Hammer umgeht, könnte sehr wohl den Dienst versagen, wenn sie mit Federhalter, Lieferfristen und Arbeitsplänen zu tun hat.

»Viele Köche verderben den Brei.« Je mehr Leute an einem bestimmten Projekt beteiligt sind, um so größer ist die Gefahr, daß wenigstens einer von ihnen seine Stufe der Unfähigkeit erreicht hat. Ein fähiger Kartoffelschäler, der seine Stufe der Unfähigkeit als Koch erreicht hat, könnte beispielsweise zuviel Salz in die Suppe schütten und damit die gute Arbeit von sechs anderen Köchen verderben, die daran mitgearbeitet haben.

»Die Arbeit der Hausfrau ist nie beendet« ist ein Kommentar zu der Tatsache, daß viele junge Mädchen ihre Stufe der Unfähigkeit als Hausfrauen erreichen.

In seinem ›Rubaijat‹* beklagt sich Omar Chaijam bitter über die starke Konzentration von Unfähigkeit in schulischen und kirchlichen Hierarchien.

> Den Hörsaal mancher Weisen, mancher Frommen
> Hab ich besucht, von Wissensdurst entglommen,
> Doch durch die Tür, durch die ich eingegangen,
> Stets bin ich auch herausgekommen.

Immer wieder bin ich auf einen »hierarchischen Instinkt« des Menschen gestoßen, seinen unwiderstehlichen Drang, sich in eine Rangordnung einzufügen. Manche Kritiker haben die

* ›Strophen des Omar Chaijam‹. Dt. von A. F. Graf von Schack, Stuttgart 1878.

Existenz eines solchen Instinkts geleugnet. Pope dagegen hat ihn schon vor zwei Jahrhunderten erkannt und in ihm sogar den Ausdruck eines göttlichen Prinzips gesehen.

Ordnung ist des Himmels erstes Gebot; und ich bekenne,
Manche sind und müssen größer sein als die anderen.
(›Über den Menschen‹, Epistel IV, II. 49-50)

Er beschrieb die Befriedigung, die man dadurch erlangen kann, daß man seine Arbeit sachverständig erledigt:

Wißt, daß alles Glück, das der einzelne findet
Und Gott und Natur der Menschheit schenkten,
Die Freuden des Geistes, alle Freuden der Sinne
In den drei Wörtern liegen:
Gesundheit, Frieden, Kompetenz.
(Ebd., II. 77-80)

Pope verkündet eines der grundlegenden Prinzipien der Hierarchologie:

Was will der Mensch? Aufwärts will er streben,
Und fast den Engeln gleich sein eben.
(Ebd., Epistel I, II. 173-174)

Mit anderen Worten: kaum ein Beschäftigter ist zufrieden damit, auf seiner Stufe der Kompetenz zu verharren. Er ist versessen darauf, eine Aufgabe zu übernehmen, die seine Fähigkeit übersteigt.

Das Bild, das S. Smith von der beruflichen Inkompetenz gezeichnet hat, ist so anschaulich, daß es fast zu einem Gemeinplatz geworden ist:

»Wenn man die verschiedenen Rollen im Leben durch verschieden geformte Löcher in einer Tischplatte darstellen wollte – runde, dreieckige, quadratische und rechteckige – und die Personen, die diese Rollen übernommen haben, als Holzstücke in derselben Form, so würde man in der Regel feststellen, daß die dreieckige

Person in dem quadratischen Loch sitzt, die rechteckige im dreieckigen und eine quadratische Figur sich in ein rundes Loch gequetscht hat. Der Amtsinhaber und das Amt, der Arbeiter und die Arbeit passen selten so gut zusammen, daß wir sagen könnten, sie seien füreinander geschaffen.«*

W. Irving betont, daß im öffentlichen Dienst allgemein »schwerfällige Geister vorgezogen werden und vor allem mit Ehrenämtern in den Gemeinden überhäuft werden«. Er erkannte nicht, daß jemand hell genug sein kann für einen untergeordneten Posten, aber farblos bleibt, wenn er zur Prominenz aufsteigt. Schließlich versagt auch eine Kerze, die beim Diner die Tafel angenehm beleuchtete, ihren Dienst, wenn sie, in eine Laterne gesteckt, eine Straßenecke erleuchten soll.

Karl Marx hat ohne Zweifel die Existenz von Hierarchien erkannt, scheint aber geglaubt zu haben, daß sie von den Kapitalisten beherrscht werden. Bei seinem Verlangen nach einer nicht-hierarchischen Gesellschaft übersah er, daß der Mensch von Natur aus hierarchisch ist. Er will und muß Hierarchien haben, ob sie nun patriarchalisch, feudal, kapitalistisch oder sozialistisch sind. Diesen Punkt hat Pope bei weitem klarer gesehen als Marx.

Mit grandioser Inkonsequenz prophezeit Marx dann das herrschende Prinzip seiner nicht-hierarchischen Traumgesellschaft: »Jeder nach seinen Fähigkeiten, jedem nach seinen Bedürfnissen.« Das bedeutet aber nichts anderes als die Schöpfung einer Zwillings-Hierarchie von Fähigkeit und Bedürfnis.

Selbst wenn wir diesen Bruch im marxistischen Gedankengebäude übersehen, zeigt uns das Peter-Prinzip, wie wenig wir erwarten dürfen, daß »jeder nach seinen Fähigkeiten« arbeitet. Das ließe sich nur erreichen, wenn man ständig alle Arbeitskräfte auf einer Stufe der Kompetenz hielte. Das aber ist unmöglich. Jeder Mitarbeiter steigt bis zu seiner Stufe der Unfähigkeit auf. Wenn er diese einmal erreicht hat, ist er nicht mehr fähig, eine Leistung, die seinen Fähigkeiten entspricht, zu erbringen.

Dichter sind da wohl doch die besseren Wissenschaftler. Dickinsons Aphorismus

* Smith, Sidney (1771-1845); ›Sketches of Moral Philosophy‹, 1850.

> Erfolg scheint denen am süßesten,
> die niemals davon kosteten,

ist psychologisch korrekt, wenn man den Begriff »Erfolg« in seiner hierarchologischen Bedeutung als Endstation einer Karriere, die auf der Stufe der Unfähigkeit endet, gebraucht.

In *Alice im Spiegelreich* weist C. W. Dodgson auf die herrschende Inkompetenz hin, wenn er die Königin sagen läßt: »So sehen Sie doch – da laufen wir mit aller Kraft, nur um auf der Stelle zu treten.« Mit anderen Worten: Wenn ein Beschäftigter erst einmal seine Stufe der Unfähigkeit erreicht hat, bringen ihm auch die verzweifeltsten Bemühungen keine weitere Beförderung mehr ein.

S. Freud ist der Entdeckung des Peter-Prinzips wohl näher gekommen als jeder andere frühere Autor. Bei der Beobachtung von Fällen einer Neurose, Angst, psychosomatischen Erkrankung, Amnesie und Psychose sah er die quälenden Symptome dessen, was wir als allgemeine Lebensunfähigkeit bezeichnen können.

Diese Lebensuntüchtigkeit führt natürlich zu starker Frustration. Freud, im Grunde seines Herzens ein Satiriker, zog es vor, diese Frustration vor allem mit Begriffen aus dem Bereich der Sexualität zu beschreiben, also etwa mit dem Penisneid, dem Kastrationskomplex und dem Ödipuskomplex. Er deutete – anders ausgedrückt – an, die Frauen wären frustriert, weil sie keine Männer seien; die Männer, weil sie keine Kinder zur Welt bringen; die kleinen Jungen, weil sie nicht ihre Mütter heiraten könnten usw.

Freud griff deshalb daneben, weil er dachte, daß Frustration aus der Sehnsucht nach einer wünschenswerten Situation herrührt (Mann oder Vater sein, die Mutter heiraten, den Vater zum Mann haben usw.). Anders ausgedrückt sah er darin ein Verlangen nach Beförderung. Die Hierarchologie zeigt uns jetzt, daß die Frustration umgekehrt eine Folge des Aufstiegs ist.

Freud übersah dies wegen seiner überwiegend nach innen gerichteten Betrachtungsweise. Er beschränkte sich darauf, zu erforschen, was im Innern seiner Patienten vor sich ging (oder das, von dem er glaubte, daß es vor sich ging). Umgekehrt beschäftigt sich die Hierarchologie mit dem, was in der Umwelt des Patienten geschieht. Sie studiert das soziale Gefüge, in dem der Mensch existiert, und erklärt deshalb realistisch das Verhalten des Menschen innerhalb dieser Ordnung. Während Freud seine Tage damit verbrachte, in den dunklen Winkeln des Unbewußten herumzustöbern, habe ich meine Bemühungen dem beobachtbaren und meßbaren menschlichen Verhalten gewidmet.

Die freudianischen Psychologen und ihr Versagen beim Studium des menschlichen Verhaltens könnte man mit jemandem vergleichen, der einen elektronischen Computer sieht und ihn zu begreifen versucht, indem er Spekulationen über seine innere Struktur und Funktionsweise anstellt, ohne zu fragen, wofür dieses Gerät benutzt wird.

Dennoch sollte Freuds Pionierleistung nicht geschmälert werden. Obgleich er vieles mißverstand, entdeckte er andererseits auch viel. Er sah ständig in seine Patienten hinein und wurde berühmt durch seine überzeugende Theorie, daß der Mensch sich seiner eigenen Motivationen nicht bewußt ist, seine eigenen Empfindungen nicht versteht und sich deshalb auch nicht von seiner Frustration befreien kann. Die Theorie war unanfechtbar, weil niemand wußte und rational über Natur und Inhalt seines Unbewußten diskutieren konnte.

Mit einem Anflug professioneller Genialität erfand Freud die Psychoanalyse und redete dabei den Patienten ein, er könne ihnen das Unbewußte bewußtmachen.

Doch dann ging er zu weit. Er psychoanalysierte sich selbst und behauptete, er sei sich seines eigenen Unbewußten bewußt. (Einige Kritiker meinen heute, das einzige, was er jemals geleistet habe, sei gewesen, seinen Patienten sein eigenes, nämlich Freuds, Unbewußtes bewußtgemacht zu haben.) Auf jeden Fall sägte er mit dieser Selbstanalyse den Ast ab, auf dem er saß.

Wenn Freud die Hierarchologie erfaßt hätte, würde er diesen letzten Schritt vermieden und damit niemals die Stufe seiner Unfähigkeit erklommen haben.

Indem er so das gewaltige Gebäude, das er auf der Undurchdringlichkeit des Unbewußten errichtet hatte, selbst unterminierte, bereitete Freud den Weg für S. Potter, seinen großen Nachfolger.

Potter ist ebenso wie Freud ein satirischer Psychologe (oder ein psychologischer Satiriker). Man kann ihn ohne Bedenken neben Freud stellen, was die Schärfe der Beobachtung und die Kühnheit anbetrifft, mit der er eine bildhafte und einprägsame Terminologie schuf, um zu beschreiben, was er sah.

Wie Freud beobachtete und klassifizierte Potter zahlreiche Erscheinungsformen der Frustration. Die Grundstimmung der Frustration nannte er »eins-runter« sein, und das überschwengliche Gefühl, das die Beteiligung der Frustration auslöst, bezeichnete er als »eins-hoch« sein. Er nimmt an, daß dem Menschen ein angeborener Hang innewohnt, aus dem ersten in den zweiten Zustand hinüberzuwechseln. Die Technik dieser Bewegung taufte er »Eins-Hochkommen«.

Der wichtigste Unterschied zwischen den beiden Männern ist der, daß Potter Freuds Doktrin von der unbewußten Motivation ablehnt. Er beschreibt menschliches Verhalten als unbewußten Drang, andere Leute auszustechen, über die Umstände zu triumphieren und so eins-höherzukommen. Ebenso weist Potter Freuds Dogma zurück, daß der frustrierte Patient fachmännische Hilfe braucht. Er legte eine neue Art Do-it-yourself-Psychologie dar. Er lehrt verschiedene Tricks, Kniffe und Spielchen, die den Patienten, der den rechten Gebrauch davon macht, befähigen, eins-hochzukommen.

Um Potters elegant dargelegte Theorie zusammenzufassen: die Eins-Hoch-Leute – der Lebenskünstler, der Spieler – verwenden alle verschiedene anstößige Techniken, um sich in gesellschaftlichen, geschäftlichen, beruflichen oder sportlichen Hierarchien nach oben zu hangeln.

Potter schreibt so unterhaltsam, daß man leicht die zentrale Schwäche seines Systems übersieht. Sie liegt in der Annahme, daß der Eins-Hoch-Mann nur genügend Tricks lernen muß, um beständig aufzusteigen und dauernd eins-hoch zu sein.

In Wirklichkeit kann auch noch soviel Eins-Hochkommen niemanden über seine Stufe der Unfähigkeit hinaus befördern. Das einzige Ergebnis dieser Technik kann sein, ihm dazu zu verhelfen, diese Stufe früher als sonst zu erreichen. Einmal dort angekommen, befindet er sich in einer Eins-Runter-Situation, aus der ihn noch soviel Lebenskunst nicht mehr befreien kann.

Beständiges Glück kann man nur dadurch erlangen, daß man die letzte Beförderung vermeidet. Dazu sollte man sich eine Sprosse auf der Karriereleiter aussuchen, wo man das »Eins-Hochkommen« aufgibt und statt dessen das praktiziert, was Potter das »Einmal-Aufhören« genannt haben würde. Ich werde später, im Kapitel über schöpferische Unfähigkeit, darauf hinweisen, wie das zu schaffen ist. Inzwischen muß ich aber Potter als einen wirklich großen Theoretiker ehren, der geschickt die Lücke zwischen der Freudschen Ethik und dem Peter-Prinzip überbrückte.

Der bedeutende Sozialtheoretiker C. N. Parkinson hat das Phänomen der Personalanhäufung in Hierarchien treffend beobachtet und amüsant geschildert. Aber er versucht die wachsende Pyramide, wie er sie nennt, damit zu erklären, daß Vorgesetzte die Strategie des »Teile und herrsche« anwenden und so die Hierarchie ineffektiv machen, nur um sich selber zu erhöhen.

Diese Theorie stimmt aus folgenden Gründen nicht:

Erstens unterstellt sie Absicht und planmäßiges Handeln auf seiten der Vorgesetzten. Meine Untersuchungen zeigen aber, daß viele leitende Angestellte oder Beamte unfähig sind, irgendeinen brauchbaren Plan zu formulieren, sei es, um zu teilen, zu herrschen oder irgendein anderes Vorhaben durchzuführen.

Zweitens ist das Phänomen, das Parkinson beschreibt – Überbesetzung und Unterproduktion –, häufig den Interessen des leitenden Personals und des Managements diametral entgegengesetzt. Die Leistung sinkt so stark ab, daß das Unternehmen zusammenbricht und die Verantwortlichen auf der Straße liegen. In öffentlichen Hierarchien werden sie von Parlamentsausschüssen oder Untersuchungskommissionen geplagt und gedemütigt, die Verschwendung und Unfähigkeit ans Tageslicht zerren. Man kann sich kaum vorstellen, daß sie sich selber absichtlich auf diese Art schaden wollen.

Drittens ist der Gewinn des Unternehmens (von anderen Dingen einmal abgesehen) um so höher, je weniger Geld für die Löhne der Untergebenen aufgewendet wird. Um so mehr Geld steht dann für Gehälter, Bonus, Dividende und sonstige Vergünstigungen zugunsten der Führungsspitze zur Verfügung. Wenn die Hierarchie mit tausend Angestellten funktioniert, hat das Management wenig Anlaß, zwölfhundert zu beschäftigen.

Nehmen wir jedoch einmal an, die Hierarchie arbeitet mit tausend Angestellten nicht befriedigend. Wie das Peter-Prinzip zeigt, befinden sich viele oder die meisten der leitenden Männer auf ihrer Stufe der Unfähigkeit. Sie können nichts mehr tun, um die Lage mit Hilfe der bereits vorhandenen Belegschaft zu verbessern. Jeder gibt ja schon sein Bestes. In dem verzweifelten Bemühen, die Leistung dennoch zu steigern, heuern sie neue Leute an. Wie in Kapitel 3 gezeigt wurde, kann eine Erhöhung der Mitarbeiterzahl eine zeitlich begrenzte Verbesserung mit sich bringen. Aber der Beförderungsmechanismus wirkt sich bald auch bei den Neulingen aus, die dann ebenfalls zu ihrer Stufe der Unfähigkeit aufsteigen. Der scheinbar einzige Ausweg ist dann abermals eine Erhöhung des Personalbestandes. Es folgt ein neuer Zwischenspurt und ein weiterer schrittweiser Rückfall in die Ineffektivität.

Das ist der Grund, weshalb es keine direkte Beziehung zwischen der Zahl der Mitarbeiter und der geleisteten nützlichen Arbeit gibt. Die Vermehrung des Personals kann nicht durch Parkinsons Verschwörungstheorie erklärt werden. Sie resultiert aus dem ehrlichen, wenn auch vergeblichen Bemühen der höhergestellten Mitglieder der Hierarchie, die Leistung zu steigern.

Ein weiterer Punkt: Parkinson gründete seine Theorie auf die *Cheops- oder Feudal-Hierarchie.*

Die Cheops- oder Feudal-Hierarchie

Der Grund dafür liegt darin, daß Parkinson seine Entdeckung bei der Armee machte, wo überholte Traditionen und Organisationsmethoden ihre stärkste Stütze finden.

Natürlich ist die Feudal-Hierarchie noch nicht ausgestorben, aber ein vollständiges hierarchologisches System muß auch die Existenz verschiedener anderer hierarchischer Gebilde zur Kenntnis nehmen und erläutern. So gibt es beispielsweise die *fliegende T-Formation:*

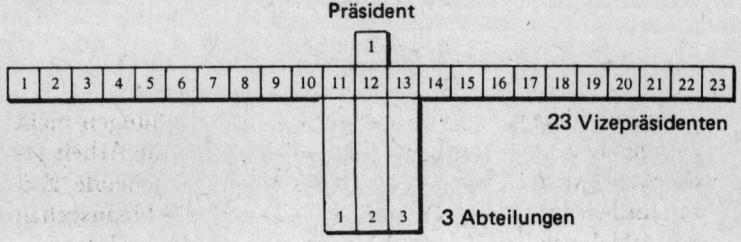

Dieses Diagramm zeigt deutlich, daß das traditionelle Pyramiden-Modell zu einem Unternehmen mit drei Hauptabteilungen, 23 Vizepräsidenten und einem Präsidenten nicht recht paßt.

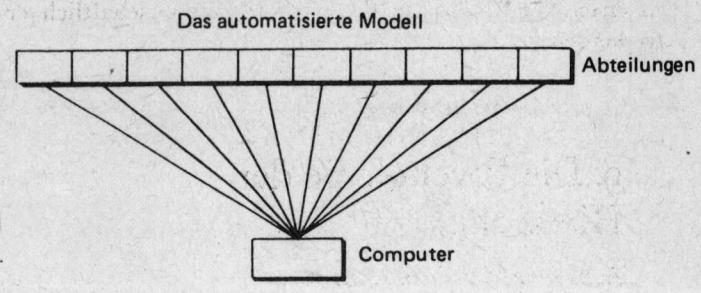

(In dieser jüngsten Abwandlung wurden die Angestellten, die sonst die breite Basis der Pyramide bilden, durch einen Computer ersetzt.)

Viele Abteilungen werden durch einen Computer unterstützt, wodurch eine umgekehrte Pyramide entsteht. Eine ähnliche Figur ergibt sich, wenn zahlreiche Führungskräfte, Aufsichtspersonen und das Verkaufspersonal von einem weitgehend automatisierten Produktionsapparat unterstützt werden.

In Kapitel 3 habe ich bereits den frei schwebenden Gipfel

beschrieben. Diese Situation entsteht, wenn ein Direktor für eine nichtexistierende Abteilung zuständig ist oder wenn das Personal einer anderen Behörde zugeteilt wird und nur der Chef einsam in seinem Büro zurückbleibt.

∧ Behördenchef

Frei schwebender Gipfel

Bedauerlicherweise sind Parkinsons Untersuchungen nicht weit genug getrieben worden. Es ist richtig, daß die Arbeit gestreckt werden kann, um die zur Verfügung stehende Zeit auszufüllen. Sie kann aber noch weit darüber hinausgehen und zählebiger sein als die Organisation selber. Ein Unternehmen kann pleite machen, eine Regierung gestürzt werden, eine Zivilisation in die Barbarei zurückfallen, während die Unfähigen immer noch weiterarbeiten. Wir müssen deshalb Parkinsons so plausibel erscheinende Theorie beiseite lassen. Dennoch ist ihm große Anerkennung dafür zu zollen, daß er die Aufmerksamkeit auf ein Phänomen gelenkt hat, das nun zum erstenmal durch das Peter-Prinzip wissenschaftlich erklärt werden kann.

9. Die Psychologie der Hierarchologie

Ach, ihres Schicksals unkundig
Scherzen die armen Opfer.
T. GRAY

Nach einer meiner hierarchologischen Vorlesungen überreichte mir ein Student einen Zettel mit folgenden Fragen: »Warum geben Sie uns keinen Einblick in die geistige Verfassung des unfähigen Bummelanten, den Sie so farbig schildern? Ist sich der Angestellte, der die letzte Sprosse der Leiter seiner Karriere erklommen hat, seiner eigenen Unfähigkeit bewußt? Akzeptiert er sein Parasitentum? Weiß er, daß er seinen Arbeitgeber beschwindelt, seine Untergebenen frustriert und wie ein Krebsgeschwür an der ökonomischen Grundlage der Gesellschaft frißt?« In jüngster Zeit habe ich viele derartige Fragen erhalten.

Ein leidenschaftsloser Überblick

Zunächst muß ich betonen, daß *Hierarchologie eine Gesellschaftswissenschaft ist* und als solche objektive Kriterien statt gefühlsbetonter Begriffe wie »Bummelant«, »Parasit«, »schwindeln« oder »Krebsgeschwür« verwendet. Die Frage nach der Einsicht ist dennoch der Betrachtung wert. Ich habe mich der Verhaltensforschung als objektiver Beobachter zugewandt. Ich entdeckte das Peter-Prinzip, indem ich das Verhalten der Menschen in der Öffentlichkeit studierte. Dabei habe ich Introspektion oder Rückschlüsse auf das Innenleben anderer Menschen vermieden.

Spieglein, Spieglein an der Wand
Dennoch ist ein Blick ins Innere interessant: »Erkennt das Individuum seine eigenen Grenzen?«

Die Antworten, die ich auf diese Frage zu geben vermag, sind subjektiv und ermangeln der wissenschaftlichen Strenge, die dieses Buch sonst auszeichnet.

In den meisten Fällen habe ich kaum Anzeichen für eine echte Selbsterkenntnis gefunden. Immerhin befanden sich einige Fälle, die ich untersucht habe, in der Analyse, und ich konnte die psychiatrischen Berichte einsehen. Sie zeigten, daß die Patienten die Dinge vereinfachten und andere für ihre Schwierigkeiten verantwortlich machten.

Wo eine Tiefenanalyse möglich war, wurde mehr Selbsterkenntnis festgestellt. Doch in keinem einzigen Fall beobachtete ich auch nur das geringste Verständnis für das hierarchische System. Niemand erkannte *die Beförderung als Ursache für das berufliche Versagen.*

AKTE PSYCHIATRIE, FALL NR. 12. S. N. Stickle war ein fähiger Lagerhausangestellter bei der Gebrüder Bathos-Blei AG. Der eifrige Besuch von Abendschulen brachte Stickle Diplome in den Fächern Lagerhaus-Management und elementare Nicht-eisen-Metallurgie ein. Er wurde zum stellvertretenden Lagerhausverwalter ernannt.

Nachdem er sechs Jahre am gleichen Platz gesessen hatte, bat Stickle erneut um eine Beförderung. Man teilte ihm mit, daß es ihm an Führungsqualität ermangele. Da er die Lagerarbeiter nicht dazu bringen konnte, seine Anweisungen zu befolgen, war er für eine Ernennung zum Abteilungsleiter ungeeignet.

Stickle konnte jedoch die Wahrheit über seine eigene Unfähigkeit als Vorgesetzter nicht ertragen. Er sagte sich einfach, daß die großen, bulligen Arbeiter ihn verachteten, weil er nur 1,67 Meter groß war.

Er kaufte sich Schuhe mit dicken Sohlen und gewöhnte sich an, im Lagerhaus einen Hut zu tragen; dadurch wirkte er größer. Er besuchte ein Body-building-Studio, nahm an Gewicht zu und entwickelte schwellende Muskeln. Doch die Lagerarbeiter gehorchten ihm immer noch nicht.

Stickle brütete weiter über seinen körperlichen Mängeln, entwickelte einen ernsten Komplex und suchte schließlich den Rat eines Psychiaters.

Während der therapeutischen Sitzungen versuchte Dr. Harty, Stickle zu helfen, indem er ihm von kleinen Leuten erzählte, die berühmt und reich geworden waren. Das führte zu neuen Depressionen: Nun hielt sich Stickle nicht nur für besonders klein, sondern für einen besonders großen Versager. Sein Selbstvertrauen bröckelte immer weiter ab, und er wurde noch unfähiger als Aufseher.

Wie in der Liebe – Psychiatrie allein reicht nicht
Der Fall Stickle zeigt, daß die Psychiatrie es ohne Verständnis des Peter-Prinzips sehr schwer hat, die Nöte zu lindern, die beruflicher Unfähigkeit entspringen.

Dr. Harty wurde von einer Nebensächlichkeit, nämlich Stickles Statur, abgelenkt. Doch das Problem Stickles bestand lediglich darin, daß er innerhalb der Hierarchie von Gebrüder Bathos seine Stufe der Unfähigkeit erreicht hatte. Keine psychiatrische Behandlung konnte diese Tatsache ändern.

Vielleicht hätte man Stickle trösten können, wenn man ihm klargemacht hätte, daß der Endpunkt, den er als Vertreter des

Lagerhausverwalters erreicht hatte, *kein Versagen, sondern die Krönung seiner Laufbahn war.*

Er wäre höchstwahrscheinlich glücklicher gewesen, wenn er begriffen hätte, daß er kein einmaliger Unglücksrabe war, sondern wie jeder andere auch im hierarchischen System unter dem Einfluß des Peter-Prinzips stand.

Ich bin davon überzeugt, daß die Kenntnis des Prinzips eine Hilfe bei der Analyse aller Fälle von Minderwertigkeitskomplexen wäre.

Einsicht ist dennoch nicht genug

Es kommt vor, daß das Management nach einer Beförderung einsieht, daß der Beförderte seine neuen Aufgaben nicht befriedigend erfüllen kann.

»Grindley macht sich als Vorarbeiter nicht besonders gut.«

»Good hatte doch nicht ganz das Format, um in Betters Fußstapfen zu treten.«

»Miss Cardington entwickelt sich als Leiterin der Aktenablage nicht besonders.«

Gelegentlich kommt auch dem Beschäftigten selber diese Einsicht, und er gibt seine Unfähigkeit auf dem höheren Posten zu. Doch auch hier löst die Einsicht zwar so manchen trüben Gedanken aus, aber wenig oder gar keine Taten.

AKTE EINSICHT, FALL NR. 2. F. Overreach, ein fähiger Konrektor an einer Schule in Excelsior, wurde zum Rektor befördert. Noch vor Ablauf des Schuljahres erkannte er, daß er für diese Aufgabe ungeeignet war.

Er beantragte seine Rückstufung. Sein Gesuch wurde abgelehnt!

Unglücklich und widerwillig muß er auf seiner Stufe der Unfähigkeit verharren.

Prüfung durch Außenstehende

Ich erwähnte, daß das Management und die Angestellten gelegentlich die berufliche Unfähigkeit erkennen, aber wenig dagegen tun. Sie werden nun fragen: »Was ist mit beruflichen Eignungstests? Was mit Leistungstests? Sicher können objektive Beobachter von außen die Inkompetenz diagnostizieren und geeignete Gegenmittel verschreiben.«

Können sie das wirklich? Betrachten wir diese Experten, und sehen wir, wie sie arbeiten.

Stellenbesetzung, alte und neue Methoden
Früher wurden die meisten Posten nach der Zufallsmethode besetzt. Das Vorurteil des Arbeitgebers, die Wünsche des Stellungssuchenden oder der Zufall (ein Bewerber sucht zufällig gerade dann Arbeit, wenn ein Platz besetzt werden muß) gaben den Ausschlag. Vor allem in kleineren Hierarchien spielt der Zufall auch heute noch eine Rolle.

Durch die Zufallsbesetzung wird oft ein Mitarbeiter in eine Position befördert, für die er kaum geeignet ist. An seiner mittelmäßigen Leistung kann sein unangenehmer Charakter, seine Willensschwäche oder einfach seine Trägheit schuld sein. Er wird ermahnt, sich mehr anzustrengen. Er wird mit Sprüchen bedient wie »Wo ein Wille ist, ist auch ein Weg« oder »Aller Anfang ist schwer«.

Da er bei seinen Vorgesetzten nicht gerade in Gunst steht, wird seine erste Beförderung lange hinausgezögert. (Schließlich glaubt er sogar, er sei wertlos und verdiene es überhaupt nicht, voranzukommen. Diesen Zustand nenne ich das *Uriah Heep-Syndrom**.)

Die Zufallsanstellung ist heute weitgehend verdrängt durch Prüfungen und Eignungstests. Die herrschende Meinung wird am besten durch den Spruch ausgedrückt: »Wenn's beim erstenmal nicht klappt, versuche etwas anderes.«

Es hat natürlich wenig Sinn, Eignungstests durchzuführen, wenn man über keinen geeigneten Mann verfügt, der die Fragebogen ausarbeiten kann und die Ergebnisse dann interpretiert. Wenn es falsch gehandhabt wird, ist das Testsystem nur eine Abart des Zufallssystems.

Sachgemäß eingesetzt sind Eignungstests jedoch durchaus nützlich.

Wir kennen allgemeine Leistungs- und Intelligenztests, die eine Eignung an Hand des Ausdrucksvermögens, des Scharfsinns oder der Rechenfähigkeiten erfassen.

Es gibt Gedächtnistests, bei denen die Fähigkeiten daran

* S. Erklärendes Wörterverzeichnis, S. 134 ff.

gemessen werden, inwieweit jemand fähig ist, sich etwas Wichtiges zu merken, beispielsweise Zahlen, Namen und Adressen. Es gibt Tests, bei denen die Begabung für mechanische und künstlerische Arbeiten gemessen wird oder körperliche Geschicklichkeit, soziale Einstellung, wissenschaftliches Denken und Überzeugungskraft festgestellt werden.

Die Testergebnisse gibt man im allgemeinen als »Profil« wieder, als graphische Darstellung der Fähigkeiten eines Mitarbeiters. Hier ein Beispiel für ein solches Profil:

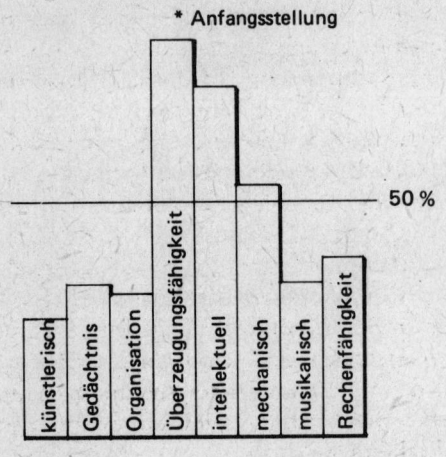

Zweck dieser Tests ist, den Mitarbeiter so schnell wie möglich an einen Platz zu stellen, an dem seine höchste Fähigkeitsstufe ausgenutzt wird. Offenkundig wird ihn dann jedoch jede Beförderung auf ein anderes Gebiet führen, für das er laut Profil weniger kompetent ist.

Sehen wir, wie es in der Praxis aussieht.

AKTE PERSONALFÜHRUNG, FALL NR. 17. Das oben gezeigte Profil stammt aus einem Test, dem sich C. Breeze, ein junger Absolvent einer Handelsschule, unterzogen hatte, als er sich um eine Stellung bei der I. C. Gale-Klimaanlagen-Gesellschaft bewarb. Wie man sieht, zeigte er überdurchschnittliche Überzeugungskraft und ebenso einen hohen allgemeinen Intelligenzgrad.

Breeze wurde als Verkäufer engagiert und nach einer gewissen Zeit zweimal befördert: zunächst zum regionalen Verkaufsleiter. In dieser Position verbrachte er immer noch viel Zeit im Verkauf. Später wurde er Verkaufsdirektor und hatte vor allem überwachende und organisatorische Funktionen.

Wie Sie sehen, liegen seine geringsten Fähigkeiten – weit unterhalb des Durchschnitts – in der Organisation. Aber gerade dieses Gebiet gehörte nun zu seinen täglichen Aufgaben. Seine Verkäufer wurden willkürlich eingeteilt. So wurde zum Beispiel Hap Hazard, ein unerfahrener Vertreter, zu zwei neuen, wichtigen Kunden geschickt. Er schaffte es, sowohl den Auftrag zu verlieren als auch den guten Ruf seiner Firma zu gefährden. Conn Manly, ein neuer Mitarbeiter, der es rasch zu stolzen Verkaufszahlen gebracht hatte, wurde zum Bezirksleiter ernannt. Er kümmerte sich so gut wie überhaupt nicht um die ihm unterstellten Verkäufer. Durch absichtliche, unsaubere Manipulationen senkte er die Einsatzbereitschaft seiner Leute auf einen Tiefstand.

C. Breeze brachte ebenfalls die gesamte Verwaltung durcheinander. Größe und Bedeutung der einzelnen Verkaufsgebiete standen in keiner Beziehung zu den Transportmöglichkeiten, dem Geschäftsumfang oder der Erfahrung und den Fähigkeiten der Vertreter. Seine Aktennotizen und Berichte spotteten jeder Beschreibung, und sein Schreibtisch erinnerte an einen Abfalleimer.

Wie es das Peter-Prinzip vorhersagt, führt ihn seine Karriere von der Kompetenz zur Inkompetenz.

Bewertung des Eignungstests
Der Hauptunterschied zwischen getesteten und ungetesteten Angestellten liegt darin, daß die getesteten ihre Stufe der Unfähigkeit auf kürzeren Umwegen und in kürzerer Zeit erreichen.

Rationalisierungsgutachten
Wir haben festgestellt, daß bei der ersten Einstellung eine Beratung von außen das Erreichen der Unfähigkeitsstufe nicht verhindern kann, sondern sogar noch beschleunigt. Ich möchte nun das Vorgehen von Rationalisierungsexperten beleuchten. Es ist kaum verwunderlich, daß sie meist zu einem

verhältnismäßig späten Zeitpunkt auf der Bildfläche erscheinen, nämlich erst dann, wenn eine Hierarchie bereits einen hohen Reifequotienten erreicht hat (der RQ ist in Kapitel 7 definiert).

Zunächst müssen wir uns natürlich darüber klar sein, daß auch Betriebsberater dem Peter-Prinzip unterworfen sind. Sie verdanken ihre Position dem gleichen Beförderungsprozeß, der die Organisation, die sie durchleuchten sollen, gelähmt hat. Viele der Experten werden sich schon auf ihrer Stufe der Unfähigkeit befinden. Selbst wenn sie Mängel entdecken, werden sie unfähig sein, sie zu korrigieren.

AKTE RATIONALISIERUNGSGUTACHTEN, FALL NR. 8. Die Bulkeley-Kühltransporte AG beauftragte die Betriebsberaterfirma Speedwell und Trimmer, ihre Organisation unter die Lupe zu nehmen. Speedwell und Trimmer stellten fest, daß Bulkeley nicht schlechter arbeitete als die meisten anderen Firmen in der Branche. Durch diskrete Nachfragen entdeckten sie den wahren Grund für ihren Auftrag: Einige Direktoren waren der Meinung, daß sie nicht genügend Einfluß auf die Geschäftspolitik ihrer Firma hatten.

Was sollten Speedwell und Trimmer tun? Sollten sie etwa sagen: »Meine Herren, bei Ihnen ist soweit alles in Ordnung. Ihr Unternehmen ist ebenso leistungsfähig wie Ihre Konkurrenz«?

Speedwell und Trimmer hatten wahrscheinlich guten Grund zu der Annahme, in diesem Fall werde man auf ihre weitere Mitarbeit verzichten. Sie mußten fürchten, daß sie in den Ruf kämen, unfähige Management-Berater zu sein. Sie mußten damit rechnen, daß Bulkeley sich von einer Konkurrenzfirma beraten ließ.

Angesichts dieses moralischen Drucks fühlten sie sich gezwungen zu erklären: »Meine Herren, Sie verfügen über zu wenig Personal, und Ihre Mitarbeiter sind überdies falsch eingesetzt. Wir schlagen vor, einige neue Aufgabenbereiche zu schaffen und einige Ihrer Angestellten zu befördern.«

Nachdem dann erst einmal genügend Bewegung in die Organisation gekommen war, konnten die opponierenden Direktoren ganz nach Wunsch Günstlinge befördern oder mit den neuen Aufgaben betrauen und dabei gleichzeitig ihren Einfluß auf verschiedenen Ebenen und in verschiedenen Abteilungen der Hierarchie stärken. Der Vorstand war zufrieden, und Speedwell und Trimmer erhielten ihr Honorar.

Bewertung der Management-Gutachten

1. Ein Rationalisierungsgutachten schadet zeitweise dem Dienstalterprinzip in einer Hierarchie oder hebt es sogar auf. Das beschleunigt automatisch den Aufstieg oder erleichtert den Eintritt von Beschäftigten, die Protektion genießen (Günstlinge).

2. Eine beliebte Empfehlung von Betriebsberatern ist die Ernennung eines *Koordinators zwischen zwei unfähigen Stelleninhabern oder zwei unproduktiven Abteilungen.** Ein unter diesen Experten und Klienten weitverbreiteter Irrtum ist nämlich, daß »koordinierte Unfähigkeit gleich Fähigkeit« ist.

3. Die einzige Empfehlung, die tatsächlich zu einer Leistungssteigerung führt, ist die, mehr Leute einzustellen. In einigen Fällen erledigen sie die neuen Aufgaben, die von den alten Mitarbeitern, die ihre letzte Stufe erreicht haben, nicht mehr erfüllt werden.

Der gute Management-Berater weiß das und empfiehlt zahlreiche seitliche Arabesken und geräuschlose Sublimierungen Unfähiger in hohen Rängen und hierarchischen Ausschluß super-unfähiger Angestellter in untergeordneten Positionen. Kompetente Berater geben außerdem nützliche Ratschläge hinsichtlich der Personalpolitik, der Produktionsmethoden, der farblichen Ausgestaltung, der Leistungsanreize usw., die die Produktivität der fähigen Mitarbeiter steigern.

Der Unfähigkeitstrieb

Bei der Durchsicht von Tiefenanalysen einiger Fälle von Befähigung an der obersten Spitze einer Hierarchie fiel mir ein bemerkenswertes psychologisches Phänomen auf, das ich hier beschreiben möchte.

---

* Eine Erhebung bei Rationalisierungsfachleuten hat gezeigt, daß die Ernennung von Koordinatoren sowie die seitliche Arabeske und geräuschlose Sublimierung für das Management immer annehmbar sind.

Fähigkeit am Gipfel ist selten, aber nicht völlig unbekannt. In Kapitel 1 schrieb ich: »Genügend Zeit und genügend Rangstufen in einer Hierarchie vorausgesetzt, steigt jeder Beschäftigte bis zu seiner Stufe der Inkompetenz auf und verharrt dort.«

Siegreiche Feldmarschälle, erfolgreiche Schulräte, fähige Unternehmer und ähnliche Personen hatten einfach nicht *die Zeit*, ihre Stufe der Inkompetenz zu erreichen.

Umgekehrt beweist die unvermutete Existenz eines fähigen Gewerkschafters oder Universitätspräsidenten nur, daß es *in dieser bestimmten Hierarchie nicht genügend Rangstufen gibt*, damit er seine Stufe erreichen kann.

Diese Leute zeigen *Gipfel-Fähigkeit.**

Ich habe festgestellt, daß diese Gipfel-Fähigen häufig nicht damit zufrieden sind, in ihrer Kompetenz-Position zu bleiben. Sie können nicht zur Stufe der Unfähigkeit aufsteigen. Sie sind schon an der Spitze. *Sie haben deshalb einen starken Drang, seitlich in eine andere Hierarchie hinüberzuwechseln* – sei es von der Armee in die Industrie, aus der Politik ins Erziehungswesen, vom Showbusineß in die Politik usw. *In dieser neuen Umgebung finden sie dann die Stufe der Unfähigkeit, die sie in der alten vermißt haben.* Das macht der Unfähigkeitstrieb.

Akte Unfähigkeitstrieb, ausgewählte Fälle
Macbeth, ein erfolgreicher Feldherr, wurde zum unfähigen König.

Sokrates war ein unvergleichlicher Lehrer, fand aber seine Ebene der Unfähigkeit als Strafverteidiger.

---

* Unsere Unterlagen enthalten einige außergewöhnliche Fälle multimodaler Gipfel-Fähigkeit, also von Individuen, die gleichzeitig an der Spitze mehrerer Hierarchien stehen können. A. Einstein ist ein Beispiel für dieses Phänomen. Er war ein höchst kompetenter Denker, der der Wissenschaft eine spezielle und allgemeine Relativitätstheorie bescherte. Außerdem war Einstein offensichtlich höchst kompetent auf dem Gebiet der Herrenmode. Seine Haartracht und seine lässige Kleidung begründeten eine Richtung, der die Jugend bis heute folgt. Bedenkt man, was er in der Modewelt ohne jede Anstrengung erreicht hat, fragt man sich, wie weit er es gebracht hätte, wenn er wirklich darum bemüht gewesen wäre.

Warum tun sie es?
»Der Job füllt mich nicht aus.«

So oder so ähnlich lautet immer wieder die Begründung von Gipfel-Fähigen, wenn sie einen Wechsel planen, der schließlich zur Zwangs-Unfähigkeit führt.

Müssen sie es tun?
In der Tat ist es eine größere und faszinierendere Herausforderung, unterhalb der Stufe der Inkompetenz zu verharren. Ich werde dieses Problem später noch zur Diskussion stellen.

10. Peters Spirale

Wir alle leben zu sehr in einem Kreis.
DISRAELI

Ich habe bereits in Kapitel 9 festgestellt, daß die Hierarchologie hinsichtlich der Inkompetenz nicht moralisiert. Ich möchte sogar betonen, daß in den meisten Fällen von Unfähigkeit sogar der ausdrückliche *Wunsch vorhanden ist, produktiv zu sein.* Der Beschäftigte *wäre eigentlich gern fähig.*

Die meisten Unfähigen begreifen auch irgendwie dunkel, daß der Zusammenbruch der Hierarchie sie arbeitslos machen würde. Sie versuchen deshalb, die Hierarchie funktionsfähig zu erhalten.

Lassen Sie mich ein Beispiel anführen.

Akte Inner-Hierarchische Probleme, Fall Nr. 4

Geld statt Gesundheit
Während der zwanzig Jahre, die Mal D'Mahr im Dienst der Perfect Pewter-Klaviersaiten AG gestanden hatte, war er vom Angestellten im Zinn-Eingangslager zum Vorstandsvorsitzenden aufgestiegen. Kurz nachdem er sein Vorstandsbüro bezogen hatte, machte ihm die Gesundheit zu schaffen. Er litt unter hohem Blutdruck und Magengeschwüren. Der Betriebs-

arzt empfahl ihm, kürzer zu treten und sich in der Kunst der Entspannung zu üben. Der Aufsichtsrat schlug die Ernennung eines stellvertretenden Vorstandsvorsitzenden vor, der Mal entlasten sollte. Obwohl beide Empfehlungen gut gemeint waren, trafen sie nicht den Kern der Sache. Hierarchologisch gesehen war Mal D'Mahr über den Punkt seiner physiologischen Befähigung hinaus befördert worden. Als Vorstandsvorsitzender mußte er sich mit einander widersprechenden Zielen und Werten herumschlagen. Er mußte das Wohlwollen der Aktionäre und des Aufsichtsrates dadurch gewinnen, daß er Profite machte. Die Gunst der Kunden mußte er sich sichern, indem er die hohe Qualität des Produktes aufrechterhielt. Die Beschäftigten des Unternehmens konnte er nur dadurch für sich gewinnen, daß er hohe Löhne zahlte und für angenehme und sichere Arbeitsplätze sorgte. In der Gemeinde, in der er lebte, erwartete man, daß er einige öffentliche Ämter übernahm und ein mustergültiges Familienleben führte. Bei dem Versuch, allen diesen einander zum Teil widersprechenden Verpflichtungen gleichzeitig gerecht zu werden, brach er physisch zusammen. Keine Vermehrung des Personals und kein Rat, sich zu entspannen, konnte diese Verpflichtungen, die das Amt des Vorstandsvorsitzenden mit sich brachte, reduzieren.

Das Unbekannte kalkulieren

Der Vorschlag des Aufsichtsrates wurde ausgeführt und J. Smugly, ein fähiger Ingenieur und mathematisches Genie, zum stellvertretenden Vorsitzenden ernannt. Smugly, fähig im Umgang mit Sachen, war unfähig im Umgang mit Menschen. Er verfügte über keine geeigneten Unterlagen, die ihm Entscheidungen in Personalfragen erleichtert hätten. Da er ohne vollständige Personalakten nichts anordnen wollte, schob er Entscheidungen so weit hinaus, daß er schließlich unter Druck zu einem Entschluß kommen mußte und dann unkluge Augenblicksentscheidungen traf. Smugly erreichte seine Stufe der Unfähigkeit wegen mangelnder Fähigkeiten in der Menschenführung. Man beschloß, daß er durch die Ernennung eines Personalchefs entlastet werden sollte.

Mitleid belohnt sich selbst

Roly Koster wurde zum Personalchef befördert. Er war ein begabter Psychologiestudent gewesen. Nun aber versetzte er sich immer derart stark in die Lage seiner Schützlinge, daß er ständig in Gefühlen schwelgte. Wenn er Smuglys Beschwerden über einen ungenauen Bericht von Miss Count lauschte, war seine Sympathie ganz auf seiten des stellvertretenden Vorstandsvorsitzenden und voller Groll gegen Miss Count und ihre Nachlässigkeit. Wenn er Miss Counts Klagen über Smuglys kaltes, berechnendes und unmenschliches Verhalten ihr und ihren Kollegen gegenüber hörte, kamen ihm fast die Tränen. Smuglys Hartherzigkeit rief Sorge und Abscheu bei ihm hervor. Roly erreichte seine Stufe der Unfähigkeit, weil er gefühlsmäßig ungeeignet war. Um einige der daraus entstehenden personellen Probleme zu lösen, wurde beschlossen, eine neue Stelle für einen Personalbeauftragten zu schaffen. Dieser Posten sollte mit jemandem aus der Fabrik besetzt werden, der das Vertrauen der Belegschaft genoß.

B. Willder war bei den Arbeitern beliebt und hatte sich als Vorsitzender des Betriebsrates ausgezeichnet. In seiner neuen Stellung als Personalbeauftragter mußte er darauf achten, daß die Entscheidungen des Managements beachtet wurden. Da er jedoch die Pläne der Geschäftsleitung nicht ganz begriff, war B. Willder in dieser Rolle wenig erfolgreich. Ihm fehlten die intellektuellen Fähigkeiten, um mit abstrakten Begriffen umzugehen, und er traf deswegen unlogische Entscheidungen. Er hatte seine Stufe der Inkompetenz erreicht, weil er geistig ungeeignet war.

Klassifizierung der Inkompetenz

Ich habe diese Studie, die an der Perfect Pewter-Klaviersaiten AG durchgeführt wurde, hier wiedergegeben, weil sie die vier Grundformen der Unfähigkeit verdeutlicht.

Mal D'Mahr wurde über die Grenzen seiner *physischen Leistungsfähigkeit* hinaus befördert.

J. Smugly wurde über die Grenzen seiner Fähigkeiten in der *Menschenführung* hinaus befördert.

Roly Koster wurde über seine *emotionalen Fähigkeiten* hinaus befördert.

B. Willder wurde über seine *geistigen Fähigkeiten* hinaus befördert.

Vergebliche Mühe
Dieses Beispiel, das für viele ähnliche Fälle steht, zeigt, daß selbst ein ehrliches Bemühen, Inkompetenz auf hoher Ebene zu beseitigen, zu einer vielstufigen Inkompetenz führen kann. In solchen Fällen ist eine Vermehrung des Personals unumgänglich. Bei jeder neuen Umdrehung von Peters Spirale nimmt die Quantität der Inkompetenz zu. Dennoch gibt es keine Verbesserung oder höhere Effektivität.

Die Mathematik der Unfähigkeit

Unfähigkeit plus Unfähigkeit gleich Unfähigkeit.

II. Die Pathologie des Erfolgs

Ein Unglück kommt selten allein.

Inzwischen sollte klargeworden sein, daß ein Angestellter, der seine Stufe der Unfähigkeit erreicht hat, keine nützliche Arbeit mehr leisten kann.

Unfähig, ja! Faul, nein!

Das soll aber in keiner Weise bedeuten, daß nach der abschließenden Beförderung ein ehemals fleißiger Arbeiter plötzlich faul wird. Keineswegs! In den meisten Fällen *will er weiterarbeiten;* er zeigt immer noch große Aktivität; oft glaubt er, er würde etwas schaffen. In Wirklichkeit vollbringt er aber nur wenig Nützliches.

Früher oder später (gewöhnlich früher) werden sich diese Angestellten ihrer Unproduktivität bewußt und leiden darunter.

Ein kühner Schritt

Hier müssen wir auf das Gebiet der Medizin vorstoßen. Ich will den physischen Zustand beschreiben, der weiter vorne schon als *Endplazierungs-Syndrom* bezeichnet wurde.

Ein umfassendes Forschungsprogramm

Einer Anzahl praktischer Ärzte wurden die Fragen vorgelegt:

1. »Welche physischen Anzeichen (wenn überhaupt welche) sind gewöhnlich mit dem Erfolg verbunden?«*
2. »Welchen Rat geben Sie oder wie behandeln Sie (wenn überhaupt) Patienten in der Erfolgsgruppe?«

Ein alarmierender Bericht (1)

Die Auswertung der ärztlichen Antworten ergab, daß folgende Beschwerden bei »erfolgreichen« Patienten am häufigsten auftreten:

 a) Magengeschwüre
 b) Magenkrämpfe
 c) Schleimhautreizung
 d) Erhöhter Blutdruck
 e) Verstopfung
 f) Durchfall
 g) Häufiges Wasserlassen
 h) Alkoholismus
 i) Freßlust und Fettleibigkeit
 j) Appetitlosigkeit
 k) Allergien
 l) Abspannung
 m) Muskelkrämpfe
 n) Schlaflosigkeit
 o) Chronische Müdigkeit
 p) Jagender Puls
 q) Andere Herzbeschwerden
 r) Migräne
 s) Übelkeit und Erbrechen
 t) Weicher, schmerzender Bauch

* Was der gewöhnliche Soziologe oder Mediziner »Erfolg« nennt, erkennt der Hierarchologe selbstverständlich als *Endplazierung*.

u) Schwindelgefühle

v) Verdauungsbeschwerden

w) Ohrensausen

x) Übermäßige Schweißabsonderung an Händen, Füßen, Achseln und anderen Körperstellen

y) Nervöse Hautleiden

z) Sexuelle Impotenz

All das sind typische Erfolgsbeschwerden, die auch ohne das Vorhandensein organischer Krankheiten auftreten können.

Ich beobachtete – und von nun an sind auch Sie in der Lage, dies zu erkennen –, daß diese Symptome die konstitutionelle Unfähigkeit der Patienten für das Maß der Verantwortung, das sie übernommen haben, anzeigen.

EINE TIEFENSTUDIE. Der für den Verkauf verantwortliche Vizepräsident der Clacklow-Büromaschinen-Gesellschaft, T. Throbmore, wird häufig daran gehindert, an der wöchentlichen Vorstandssitzung teilzunehmen. Er leidet unter einer Migräne, die mit ziemlicher Regelmäßigkeit Montag nachmittag um 1 Uhr 30 einsetzt.

TIEFENSTUDIE EINES ANDEREN FALLES. Wegen seines anfälligen Herzens werden C. R. Diack, Präsident der Grindley-Motorenwerke, alle Nachrichten, die ihn aufregen oder irritieren könnten, vorenthalten. Er hat deshalb keine echte Kontrolle mehr über den Geschäftsverlauf. Seine Hauptaufgabe ist, bei den jährlichen Zusammenkünften glanzvolle Berichte über den Erfolg des Unternehmens zu verlesen.

BEACHTEN SIE DIESE WICHTIGE DEFINITION. Die Leiden, die ich genannt habe und die gewöhnlich in Kombination von zwei oder mehreren Symptomen auftreten, bilden das *Endplazierungs-Syndrom.**

---

* In Kapitel 5 wurde auf ein untrügliches Unterscheidungsmerkmal für das Syndrom des Pseudo-Erfolgs und das der Endplazierung hingewiesen.

Ein alarmierender Bericht (2)

Unglücklicherweise hat die medizinische Wissenschaft bis heute die Existenz des Endplazierungs-Syndroms nicht erkannt. Ja, die Vertreter dieses Fachs sind meinen Bemühungen, die Hierarchologie auf die Pseudowissenschaft der Diagnose anzuwenden, mit kalter Ablehnung begegnet. Doch kein Zweifel – die Wahrheit wird sich durchsetzen! Die Zeit und die mit ihr unaufhaltsam fortschreitende Unordnung in der Gesellschaft werden für Erleuchtung sorgen.

Drei medizinische Irrtümer (a)

Patienten mit den typischen Symptomen der Endplazierung (E. P.) finden häufig eine Erklärung: Sie behaupten, daß ihre berufliche Unfähigkeit die Folge ihrer physischen Beschwerden ist. »Wenn ich nur diese Kopfschmerzen loswürde, könnte ich mich ganz auf meine Arbeit konzentrieren.«

Oder: »Wenn ich nur meine Verdauung in Ordnung bringen könnte . . .«

Oder: »Wenn ich nur mit dieser Sauferei Schluß machen könnte . . .«

Oder: »Wenn ich nur einmal ausschlafen könnte . . .«

Manche Mediziner akzeptieren diese Ausreden, wie meine Untersuchung zeigt, und bekämpfen die physischen Symptome, ohne nach ihrer Ursache zu forschen.

Man behandelt die Patienten mit Medikamenten oder chirurgischen Eingriffen, und beides kann zeitweise helfen, *aber nur zeitweise.* Der Patient kann nicht mit Drogen fähig gemacht werden, und es gibt keinen Unfähigkeits-Tumor, der mit einem Skalpell beseitigt werden könnte. *Guter Rat* ist ebenso unnütz.

»Nehmen Sie es nicht so schwer.«

»Arbeiten Sie nicht zuviel.«

»Ruhen Sie sich gelegentlich aus.«

Solche tröstenden Vorschläge sind nutzlos. Viele E.-P.-Kranke sind bedrückt und ängstlich, weil sie wissen, daß sie wenig nützliche Arbeit leisten. Sie werden keinen Rat befolgen, noch weniger zu tun.

Ein anderer vergeblicher Versuch ist der des *freundlichen Philosophen:*

»Versuchen Sie doch nicht immer, die Rätsel der Welt lösen zu wollen.«

»Jeder hat so seinen Ärger. Ihnen geht es nicht schlechter als vielen anderen auch.«

»In Ihrem Alter muß man sich nun mal mit solchen Problemen herumschlagen.«

Die wenigsten E.-P.-Patienten können mit solchen Stammtischweisheiten etwas anfangen. Die meisten sind völlig egozentrisch: Philosophie oder die Probleme anderer Leute interessieren sie nicht, für die mit ihrem Job verbundenen Probleme suchen sie eine Lösung.

Gelegentlich versucht man es auch mit Drohungen:

»Wenn Sie in diesem Stil weitermachen, werden Sie noch im Krankenhaus landen.«

»Wenn Sie nicht kürzer treten, werden Sie bald zusammenklappen.«

So etwas ist sinnlos. Der Patient kann gar nicht anders als »in diesem Stil« weitermachen. Das einzige, was seinen Lebensstil ändern könnte, wäre eine Beförderung, und die wird er nicht schaffen, weil er bereits seine Stufe erreicht hat.

Eine andere beliebte Sorte von Ratschlägen sind die *Ermahnungen zur Selbstbeherrschung.*

»Lebe Diät!«

»Weniger trinken!«

»Das Rauchen einstellen!«

»Hör mit der Nachtschwärmerei auf!«

»Halte dich sexuell mehr zurück!«

So etwas bleibt gewöhnlich ohne Wirkung. Der E.-P.-Patient ist bereits deprimiert, weil ihm die Arbeit keine Freude mehr macht. Warum soll er die wenigen Vergnügen, die ihm außerhalb seiner Arbeit bleiben, auch noch aufgeben?

Im übrigen gibt es viele Männer, die glauben, daß eine gewisse Zügellosigkeit bei körperlichen Freuden sie auch mit einer Aura der Bedeutung umgibt. Das spiegelt sich in solchen Sprüchen wider wie: »Er hat einen Mordsappetit«, »Er ist ein großer Weiberheld« oder »Er kann einen Schluck vertragen«. Solches Lob ist vor allem in den Ohren dessen süß, der sonst wenig hat, wofür er Anerkennung erntet. Er wird also sehr zögern, sein Laster aufzugeben.

Drei medizinische Irrtümer (b)
Eine zweite Gruppe von Ärzten, die keine organischen Schä-
den an ihren E.-P.-Patienten entdecken kann, versucht, sie da-
von zu überzeugen, daß *ihre Symptome überhaupt nicht existieren:*
»Ihnen fehlt wirklich nichts. Nehmen Sie mal dieses Beru-
higungsmittel.«
»Denken Sie nicht soviel über sich nach. Sie bilden sich
Ihre Beschwerden nur ein. Reine Nervensache.«
Solche Ratschläge führen natürlich zu keiner dauerhaften
Besserung. Der Patient *weiß, daß er leidet,* ob der Arzt es nun
bestätigt oder nicht.
Der Erfolg ist meistens, daß der Patient das Vertrauen zu
seinem Arzt verliert und auf der Suche nach jemandem, der
sich in seinem Fall »besser auskennt«, zum nächsten läuft.
Vielleicht verliert er überhaupt den Glauben an die orthodoxe
Medizin und beginnt alle möglichen pseudo-medizinischen
Heilpraktiker aufzusuchen.

Drei medizinische Irrtümer (c)
Nachdem Medikamente und chirurgische Eingriffe versagt
haben, versucht man es gelegentlich mit der Psychotherapie.
Der Erfolg bleibt meistens aus, weil dadurch die Wurzel des
Übels bei den Endplazierungs-Patienten, die berufliche Unfä-
higkeit, nicht bekämpft werden kann.

Mit Fingerspitzengefühl
Meine Umfrage hat ergeben, daß die einzige Behandlung, die
dem E.-P.-Patienten einige Erleichterung bringt, die Ablen-
kungstherapie ist.
»Lernen Sie Bridge.«
»Legen Sie sich eine Briefmarkensammlung an.«
»Machen Sie die Gartenarbeit selber.«
»Malen Sie Bilder mit der Schreibmaschine.«
Der Arzt spürt in diesem Fall, daß sein Patient beruflich
versagt, und versucht sein Interesse auf ein Gebiet zu lenken,
wo er noch etwas leisten kann.

EIN LEHRREICHER FALL. W. Lushmoor, Manager in einem Warenhaus, verbrachte die meisten Nachmittage in seinem Klub,
statt ins Büro zurückzukehren. Er hatte die E.-P.-Krankheit

bereits im fortgeschrittenen Stadium, war schon fast als Alkoholiker zu bezeichnen, hatte außerdem zwei leichte Herzattakken hinter sich, litt stark unter Übergewicht und war chronisch magenkrank.

Auf den Rat seines Arztes begann er Golf zu spielen. Er wurde ein leidenschaftlicher Spieler, widmete dem Golf alle seine Nachmittage und fast seine gesamte Energie und machte rasche Fortschritte. Sein Pech war, daß er beim Hantieren mit dem elektrischen Golfkarren einen furchtbaren Schlag erhielt.

Entscheidend ist, daß Lushmoor zwar von seinem Leiden nicht geheilt wurde, er jedoch nicht länger ein E.-P.-Fall hinsichtlich seines Jobs, über den er sich jetzt keine Gedanken mehr machte, war, sondern, dank dem Golfspiel, das Syndrom des Pseudo-Erfolgs aufwies. Die Behandlung war deshalb erfolgreich.

Ein düsteres Zeichen

Noch eine Bemerkung zum Endplazierungs-Syndrom: Es hat eine ständig wachsende soziologische Bedeutung, weil die Begleiterscheinungen einen hohen Statuswert erreicht haben. Ein E.-P.-Patient brüstet sich mit seinen Symptomen. Er beweist eine pervertierte Kompetenz, indem er ein noch größeres Magengeschwür bekommt oder eine noch ernstere Herzattacke erleidet als seine Freunde. Der Statuswert der E.-P.-Krankheiten ist in der Tat bereits so groß, daß einige Angestellte sie sogar simulieren, nur um den Eindruck zu erwecken, sie hätten die Endplazierung bereits erreicht.

12. Nicht-medizinische Merkmale der Endplazierung

Wie soll ich die Zeichen und Signale deuten?
H. W. Longfellow

Ein lang gehegter Wunsch

Oft ist es nützlich, zu wissen, wer in einer Hierarchie die Endplazierung erreicht hat und wer nicht. Unglücklicherweise kann man nicht immer die Krankheitsgeschichte jedes Beschäftigten einsehen, um festzustellen, ob er ein Endplazierungs-Fall ist oder nicht. Deshalb sollen hier noch einige Merkmale angeführt werden, die Ihnen helfen könnten.

Abnorme Tabulogie

Dies ist ein wichtiger und bedeutsamer Zweig der Hierarchologie.

Der kompetente Mitarbeiter hat auf seinem Schreibtisch normalerweise nur die Bücher, Papiere und Geräte, die er für seine Arbeit braucht. Nach der Endplazierung neigen Angestellte dazu, einige ungewöhnliche und höchst aufschlußreiche Arrangements auf ihrem Schreibtisch zu treffen.

Phonophilie
Der Mitarbeiter erklärt seine Unfähigkeit damit, daß er unter mangelndem Kontakt zu Kollegen und Untergebenen leidet. Um dem abzuhelfen, installiert er mehrere Telefone auf seinem Schreibtisch, eine oder mehrere Gegensprechanlagen mit Knöpfen, Blinklichtern und Lautsprechern sowie ein oder mehrere Tonbandgeräte. Der Phonophilitiker macht es sich bald zur Gewohnheit, zwei oder mehr dieser Geräte zur gleichen Zeit zu benutzen. Das ist dann ein untrügliches Zeichen galoppierender Phonophilie. In diesen Fällen geht es meist rapide bergab, und man muß sie als unheilbar ansehen.

(Phonophilie wird übrigens heute in wachsendem Maße bei Frauen beobachtet, die ihre Stufe der Inkompetenz als Hausfrauen erreicht haben. Typisch ist die Installierung eines Mikrofon-Lautsprecher-Schalttafel-Telefonsystems in der Küche. Es erlaubt der Hausfrau, mit ihren Nachbarn, ihrem Eßzimmer, der Waschküche, dem Kinderzimmer, der Terrasse und ihrer Mutter gleichzeitig in ständigem und engem Kontakt zu sein.)

Papyrophobie
Der Papyrophobe kann keine Papiere oder Bücher auf seinem Schreibtisch oder – in schlimmen Fällen – überhaupt in seinem Büro ertragen. Wahrscheinlich erinnert ihn jedes Stück

Papier an die Arbeit, die zu erledigen er außerstande ist. Kein Wunder, daß er ihren Anblick haßt!

Er macht natürlich aus seiner Abneigung eine Tugend und hofft, dadurch, daß er, wie er es nennt, »den Schreibtisch immer aufgeräumt« hat, den Eindruck zu erwecken, daß er all seine Aufgaben unglaublich prompt erledigt.

Papyromanie

Papyromanie, das genaue Gegenteil der Papyrophobie, zwingt den Angestellten, seinen Schreibtisch mit Bergen völlig überflüssiger Papiere und Bücher zu bedecken. Bewußt oder unbewußt versucht er so, seine Unfähigkeit dadurch zu verbergen, daß er den Eindruck erweckt, er habe *zuviel zu tun* – mehr, als jedes menschliche Wesen bewältigen könnte.

Ordnungswahn

Hier liegt die Manie vor, die Papiere genauestens zu ordnen und zu sortieren. Gewöhnlich ist dies mit einer tödlichen Angst verbunden, irgendwelche Dokumente zu verlieren. Indem der Ordnungsfanatiker erledigte Vorgänge immer von neuem sichtet und ordnet, hindert er andere Leute (und sich selbst) an der Erkenntnis, daß er wenig oder nichts zur Erledigung der laufenden Geschäfte beiträgt. Seine Beschäftigung mit alten Akten fixiert seinen Blick auf die Vergangenheit, so daß er widerstrebend und rückwärts in die Zukunft geht.

Tabula-Gigantismus

Das zwanghafte Bemühen, stets einen größeren Schreibtisch als die Kollegen zu haben.

Tabulaphobia privata

Völlige Verbannung aller Schreibtische aus dem Büro. Dieses Symptom ist nur in den allerhöchsten Rängen einer Hierarchie zu beobachten.

Psychologische Merkmale

Während meiner Forschungsarbeit verbrachte ich viel Zeit in Vorzimmern und interviewte Kunden und Arbeitskollegen, die aus den Zimmern von Vorgesetzten kamen. Auf diese Art entdeckte ich verschiedene interessante psychologische Merkmale der Endplazierung.

Selbstmitleid
Viele dieser Besprechungen bei Spitzenmanagern bestanden vor allem darin, daß der Chef mitleiderregende Geschichten über die Umstände erzählte, unter denen er gegenwärtig arbeiten müsse.

»Niemand zollt mir wirklich Anerkennung.«
»Niemand arbeitet sinnvoll mit mir zusammen.«
»Niemand versteht, daß der ständige Druck von oben und die hoffnungslose Unfähigkeit unten es mir unmöglich machen, meinen Aufgaben angemessen nachzukommen und mit der Arbeit auf dem laufenden zu bleiben.«

Dieses Selbstmitleid ist oft mit wehmütigen Erinnerungen an die »gute alte Zeit« verbunden, als der Klagende noch einen geringeren Rang innehatte und auf einer Stufe seiner Fähigkeit arbeitete.

Diesen Gefühlskomplex – sentimentales Selbstmitleid, Verunglimpfung der Gegenwart und irrationales Lob der Vergangenheit – nenne ich den *Gute-alte-Zeit-Komplex*.

Ein interessanter Zug dieses Komplexes ist, daß der typische Patient niemals und unter keinen Umständen andeutet, daß ein anderer seinen Platz besser ausfüllen würde, obgleich er doch behauptet, daß seine gegenwärtige Position ein Martyrium sei.

Rigor cartis
Bei Angestellten auf der Stufe der Unfähigkeit habe ich häufig die Rigor cartis beobachtet, ein abnormes Interesse am Entwurf von Organisations- und Ablaufplänen. Hinzu kommt ein engstirniges Bestreben, jeden kleinsten Geschäftsvorgang ohne Rücksicht auf Verzögerungen in strikter Übereinstimmung mit den Linien und Pfeilen auf einer solchen Karte abzuwickeln. Der Rigor-cartis-Patient hängt seine Kar-

ten meist an bevorzugter Stelle an die Wände seines Büros, und man kann ihn oft dabei beobachten, wie er unter Vernachlässigung seiner Arbeit in wortloser Anbetung vor seiner Graphik steht.

Der Änderungszwang

Manche Angestellte, die ihre Endplazierung erreicht haben, versuchen ihre Unsicherheit dadurch zu verbergen, daß sie ihre Untergebenen ständig aus dem Gleichgewicht bringen.

Ein leitender Angestellter dieses Typs erhält einen schriftlichen Bericht, schiebt ihn beiseite und sagt: »Ich habe nicht die Zeit, mich durch diesen Wust hindurchzuarbeiten. Sagen Sie es mir bitte mündlich – und möglichst kurz.«

Wenn der Untergebene dagegen einen mündlichen Vorschlag macht, unterbricht ihn so ein Typ mitten im Satz: »Ich kann mich erst damit befassen, wenn Sie es schriftlich niedergelegt haben.«

Einem Untergebenen, der Vertrauen zu ihm hat, setzt solch ein Vorgesetzter durch einen Anschnauzer einen Dämpfer auf; einen schüchternen macht er durch familiäres Getue nervös. Man könnte den Zwang zur Änderung zunächst mit Potters »Eins-Hochkommen«-Prinzip verwechseln, aber beide sind grundverschieden. Potters Methode dient dazu, ihren Benutzer auf seine Stufe der Unfähigkeit zu befördern. Der Zwang zur Änderung dagegen ist vor allem eine Abwehrtechnik, die ein Boß anwendet, der seine Stufe der Inkompetenz erreicht hat.

»Man weiß nie, wie man ihm kommen soll«, urteilt der Untergebene dieses Mannes.

Wanken und Wackeln

Beim Wanken-und-Wackeln-Syndrom stößt man auf die völlige Unfähigkeit, Entscheidungen zu treffen, die dem Rang des Betreffenden angemessen sind. Ein Angestellter dieses Typs kann die Pros und Kontras einer Frage endlos und minuziös gegeneinander abwägen, ohne sich jedoch für die eine oder andere Seite entscheiden zu können. Er wird seine Entschlußlosigkeit mit ernsten Hinweisen auf den »demokratischen Prozeß« oder »langfristige Überlegungen« begründen. Gewöhnlich läßt er alle Probleme, die auf ihn zukommen, so lange schmoren, bis jemand anders die Entscheidung trifft oder es zu spät für eine Lösung ist.

Ich habe übrigens festgestellt, daß die Opfer des Wankens und Wackelns häufig auch Papyrophoben sind. Sie müssen deshalb ausfindig machen, wie sie das Papier loswerden können. Dabei wird gewöhnlich der *Abwärts-, Aufwärts- oder Auswärtspaß* angewendet.

Beim Abwärtspaß werden die Papiere an einen Untergebenen mit der Bemerkung »Behelligen Sie mich bitte nicht mit solchen Lappalien« zurückgeschickt. Der Untergebene wird so gezwungen, eine Entscheidung zu treffen, die über seinen Verantwortungsbereich hinausgeht.

Beim Aufwärtspaß kommt es auf Einfallsreichtum an. Der Wanken-und-Wackeln-Kranke muß den Fall so lange prüfen, bis sich ein winziger Punkt findet, bei dem eine Abweichung von der Norm festzustellen ist. Das rechtfertigt dann die Weiterleitung an eine höhere Instanz.

Beim Auswärtspaß beruft der Leidende eine Konferenz von Kollegen gleichen Ranges ein. Hier beugt er sich dann der Mehrheitsentscheidung. Eine Variante davon ist das öffentliche *John-Q.-Ablenkungsmanöver:* Man sendet die Papiere an irgend jemand, der eine Umfrage veranstaltet, um herauszufinden, was der Normalbürger über die Sache denkt.

Ein Wanken-und-Wackeln-Opfer im Regierungsdienst löste das Problem auf originelle Weise. Wenn ihm ein Fall vorlag, den er nicht entscheiden konnte, ließ er das Aktenstück einfach nachts aus dem Büro verschwinden und warf es weg.

Ein klassischer Fall
William Shakespeare beschreibt ein interessantes Symptom der Endplazierung: ein irrationales Vorurteil gegen Untergebene oder Kollegen auf Grund irgendwelcher Merkmale, die in keiner Weise zu der beruflichen Leistung in Beziehung stehen. So läßt er Julius Caesar sagen:

> Laßt wohlbeleibte Männer um mich sein ...
> Der Cassius dort hat einen hohlen Blick;
> Er denkt zu viel: die Leute sind gefährlich.

Es ist verläßlich überliefert, daß Napoleon Bonaparte gegen Ende seiner Laufbahn Männer nach der Größe ihrer Nase beurteilte und nur solchen mit großer Nase ein höheres Amt übertrug.

Manche Opfer dieses Wahns knüpfen ihre grundlose Ablehnung an solche Nebensächlichkeiten wie die Form des Kinns, einen Dialekt oder die Breite der Krawatte. Die tatsächliche Kompetenz oder Inkompetenz im Beruf bleibt außer acht. Dieses Vorurteil nenne ich die *Caesarianische Schlußfolgerung*.

Versteckte Trägheit

Ein sicheres Kennzeichen der Endplazierung ist die Gewohnheit, *Witze zu erzählen*, statt die anfallende Arbeit zu erledigen.

Structurophilie

Die Bauwut (Structurophilie) ist eine zwanghafte Beschäftigung mit Gebäuden (ihrer Planung, dem Bau, der Pflege und dem Umbau), verbunden mit einem wachsenden Desinteresse an der Arbeit, die im Innern des Gebäudes erledigt wird (oder erledigt werden sollte). Structurophilie habe ich auf allen hierarchischen Stufen beobachtet. Ihre feinste Ausprägung findet sie unzweifelhaft bei Politikern und Universitätspräsidenten. In ihrer extremen pathologischen Erscheinungsform *(gargantua monumentalis)* erreicht sie ein Stadium, wo das Opfer unter dem Zwang steht, riesige Grabstätten oder Denkmäler zu errichten. Die alten Ägypter und moderne Südkalifornier scheinen schwer unter dieser Krankheit gelitten zu haben.

Structurophilie ist von uninformierten Beobachtern auch als Bau-Komplex bezeichnet worden. Wir müssen jedoch genau zwischen der einfachen Beschäftigung mit Bauwerken und dem Bau-Komplex unterscheiden, der eine Anzahl eng verbundener, zusammenhängender und zueinander in Beziehung stehender Geistesrichtungen betrifft. Der Bau-Komplex erfaßt leicht Philanthropen, die das Erziehungssystem, das Gesundheitswesen oder das kirchliche Leben verbessern wollen. Sie ziehen Experten auf diesen Gebieten zu Rate und stoßen dabei auf so viele, die ihre jeweilige Stufe der Unfähigkeit erreicht haben, daß die Aufstellung eines brauchbaren Programms unmöglich wird. Das einzige, worüber man sich einigen kann, ist die Errichtung eines neuen Gebäudes. Häufig leidet der als Berater hinzugezogene Erzieher, Mediziner oder Kirchenmann an Structurophilie. Deshalb lautet seine Empfehlung an den Spender: »Errichten Sie ein neues Gebäude.« Gemeindekomitees, Schulbeiräte und Gründungsausschüsse befinden sich in der gleichen schwierigen Lage. Sie stehen jeweils vor so viel Unfähigkeit, daß sie ihr Geld lieber in Gebäude als in Menschen oder Programme investieren. Ebenso wie bei anderen psychologischen Komplexen führt dies zu einem seltsamen Verhalten.

AKTE KIRCHLICHE VORHABEN, FALL NR. 64. Der Kirchenrat der Ersten Euphorischen Kirche in Excelsior machte sich Sorgen wegen des rückläufigen Kirchenbesuchs. Viele Vorschläge, wie man dem abhelfen könnte, wurden geprüft. Eine Gruppe empfahl, den Geistlichen auszuwechseln. Sie hatte genug von den hergebrachten Predigten des Pfarrers Theo Log, der wenig zu den Problemen des modernen Menschen zu sagen wußte. Man lud also Gastprediger ein, die sich mit aktuellen Themen wie: die sexuelle Revolution, das Generationsproblem, die Sinnlosigkeit des Krieges und die neue Moral beschäftigten. Nun drohten einige der konservativ denkenden Gemeindemitglieder mit Austritt aus der Kirche, falls weiter solche »abseitigen Predigten« gehalten würden. Innerhalb des Komitees kam man schließlich zu dem Ergebnis, daß eine Spendenaktion zum Bau einer neuen Kirche die akzeptabelste Lösung sei. Der alte Prediger mit seinem bescheidenen Gehalt wurde wieder eingestellt. Nach Fertigstellung des neuen Gebäudes dämmerte es dem Kirchenrat, daß die kleine Gemeinde in der neuen großen Kirche noch kleiner wirkte. Die Empfehlung, einen tatkräftigen, dynamischen Geistlichen einzustellen, wurde erwogen und wieder verworfen, weil man es für unmöglich hielt, für ein so niedriges Gehalt einen besseren Mann zu finden. Außerdem, so fürchtete man, könnte ein Wechsel auch die Sammelaktion für eine neue Orgel und den Bau eines neuen Gemeindezentrums negativ beeinflussen.

Wer ist was
Gewöhnlich hat das Structurophilie-Opfer den krankhaften Wunsch, daß ein Gebäude oder Monument nach ihm benannt

wird. Der Bau-Komplex macht dagegen denjenigen zu schaffen, die in irgendeinem Bereich des menschlichen Lebens Verbesserungen durchsetzen möchten, dabei aber nicht mehr bewerkstelligen als die Errichtung eines neuen Gebäudes.

Ticks und seltsame Gewohnheiten

Kurz nach der Endplazierung stellen sich meist ausgefallene körperliche Angewohnheiten und der eine oder andere Tick ein. Ein bemerkenswertes Beispiel dafür ist *Heeps Reiben der Handflächen,* das von Charles Dickens so genau beschrieben und lebendig geschildert worden ist.

Erwähnen möchte ich in diesem Abschnitt auch solche Angewohnheiten wie Nägelkauen, mit den Fingerspitzen oder mit Bleistiften auf Tischplatten trommeln, Knöchelknacken, mit Federhaltern und Heftklammern spielen, sinnloses Spannen und Loslassen von Gummibändern und tiefes Seufzen ohne ersichtlichen Grund.

Gelegentlich bleibt das Endplazierungs-Syndrom nur deshalb unbemerkt, weil der mit diesem Leiden Behaftete sich angewöhnt, endlos ins Leere zu starren. Ungeübte Beobachter neigen oft zu der Annahme, der Kranke grüble über die drückende Last der Verantwortung nach, die ihm sein Amt auferlegt. Hierarchologen wissen es besser.

Verräterische Sprachgewohnheiten

Den Zuhörer narren
Die *Initial- und Zahlencodophilie* ist der Zwang, sich mit Hilfe von Buchstaben und Zahlen statt mit Wörtern auszudrücken. Ein Beispiel: »F. O. B. ist in N. Y. als K. O. im L. I. der B. U. bei 802.«

Nach einiger Zeit (wenn überhaupt) dämmert dem Zuhörer, daß von Frederick Orville Blamesworthy die Rede ist, der in New York als Koordinator im Lehrmittelinstitut der Boondock-Universität arbeitet und sich gerade mit dem Gesetz 802 beschäftigt. Doch die Entschlüsselung dauert so lange, daß der Gesprächspartner gar nicht bemerkt, wie wenig der Redner über die ganze Geschichte im Grunde weiß. Codophilisten gelingt es auf diese Art, Triviales bedeutsam klingen zu lassen. Genau das wollen sie auch.

Viele Worte, wenig Gedanken

Viele Arbeitskräfte, die die Endplazierung erreicht haben, hören auf zu denken oder schränken es zumindest stark ein. Um dies zu verbergen, entwickeln sie eine Allzweckkonversation. Männer, die in der Öffentlichkeit stehen, arbeiten Allzweckreden aus. Diese Reden bestehen aus Phrasen, die zwar eindrucksvoll klingen, aber so vage sind, daß sie sich für jede Situation eignen. Um sich der jeweiligen Zuhörerschaft anzupassen, können von Fall zu Fall einige Worte ausgewechselt werden.

Meine »Management-Papierkorb-und-Abfalleimer-Studie«* führte zur Entdeckung folgender Notizen, bei denen es sich offensichtlich um die Fragmente des Rohentwurfs zu einer Allzweckrede handelt. Den Namen des Verfassers will ich verschweigen, denn der Autor hat schon Schwierigkeiten genug. Mein Ziel ist Erziehung, nicht Erniedrigung. Hier sind seine Notizen:

Meine Damen und / oder Herren,

in diesen unruhigen Zeiten ist es mir eine Ehre, zu Ihnen über die so bedeutsame ... zu sprechen. Es handelt sich um einen Bereich, in dem großartige Fortschritte erzielt wurden. Wir sind natürlich – und zu Recht – auf die auf unserem Gebiet erzielten Erfolge stolz. Doch wir müssen auch an jene Persönlichkeiten und Gruppen denken, die, in größerem Zusammenhang gesehen, so Außerordentliches dazu beigetragen haben, sei es im regionalen, nationalen und – darf ich es sagen? – im internationalen Rahmen.

Wir sollten die Wunder, die durch persönlichen Einsatz, Entschlußfreudigkeit und Beharrlichkeit verwirklicht werden können, niemals unterschätzen. Doch ich glaube, es wäre vermessen, wenn wir erwarten wollten, daß wir die Probleme, mit

---

* Die Untersuchung mußte leider abgebrochen werden. Einige Firmen stellten verschlossene Abfalleimer in ihren Büros auf, um einen Ideendiebstahl durch die Konkurrenz zu verhindern. Müllverwertungsfirmen laden den Inhalt jeden Tag in einen Spezialwagen, wo er sofort zu einer grauen, unentwirrbaren Masse zermahlen wird.

denen die besten Köpfe der verflossenen und gegenwärtigen Generation vergeblich gerungen haben, kurzerhand lösen könnten. Lassen Sie mich zusammenfassend meine Haltung wertfrei, aber auch unmißverständlich darlegen. Ich unterstütze den Fortschritt; ich wünsche den Fortschritt; ich hoffe, den Fortschritt zu erleben! Doch was ich verlange, ist ein echter Fortschritt, nicht eine bloße Veränderungssucht um der Veränderung willen. Meine Freunde, dieser tatsächliche Fortschritt wird nach meiner Meinung nur dann verwirklicht, wenn und solange wir uns innerlich unverbrüchlich unserem großen geschichtlichen Erbe verpflichtet fühlen, diesen großen Traditionen, auf denen jetzt und für immer unsere wahre Stärke beruht.

Ein Wort an die Kenner

Achten Sie in Ihrer Umgebung auf die oben beschriebenen Merkmale. Sie werden Ihnen bei der Analyse Ihrer Mitarbeiter eine große Hilfe sein. Ihre schwierigste Aufgabe ist jedoch die Selbstanalyse. Hierachologe, heile dich selbst!

13. Gesundheit & Glück bei Null BQ – Möglichkeit oder Wunschtraum?

Für die kommenden Plagen haben sie keinen Blick, sie denken nicht über den Tag hinaus.
T. Gray

Wenn ein Angestellter seine Stufe der Unfähigkeit erreicht (*Peters Plateau*), bedeutet das, daß er einen Beförderungs-Quotienten (BQ) von Null* hat. In diesem Kapitel werde ich zei-

---

* Beförderungs-Quotient: der numerische Ausdruck für die Beförderungschancen eines Mitarbeiters. Wenn der BQ bis auf Null absinkt, kommt eine Beförderung nicht mehr in Betracht. Ausführlich behandelt wird der BQ in ›Das Peter-Profil‹, einer unveröffentlichten Studie über die mathematischen Aspekte der Unfähigkeit.

gen, wie unterschiedlich Angestellte in dieser Situation reagieren.

Der nackten Wahrheit ins Auge sehen
(Nicht empfehlenswert)

Der Angestellte ist sich völlig darüber im klaren, daß er seine Endplazierung erreicht und seine Stufe der Inkompetenz erklommen hat. Er weiß, daß er mehr gegessen hat, als er verdauen kann, daß er »oben« ist oder »es geschafft« hat. (Diese Begriffe sind synonym.)

Wer fähig ist, solche Wahrheiten zu akzeptieren, neigt dazu, Unfähigkeit mit Nachlässigkeit zu verwechseln. Er glaubt, daß er nicht hart genug arbeitet, und fühlt sich schuldig.

Er glaubt, daß er durch harte Arbeit die Anfangsschwierigkeiten in seiner neuen Position überwinden kann und dann kompetent wird. Deshalb treibt er sich selber gnadenlos an, läßt Kaffeepausen ausfallen, arbeitet auch während der Mittagszeit und nimmt abends und am Wochenende noch Arbeit mit nach Hause.

Er fällt nach kürzester Zeit der Endplazierungs-Krankheit zum Opfer.

Unwissenheit ist ein Segen

Viele Angestellte und Beamte erkennen nie, daß sie ihre Stufe der Unfähigkeit erreicht haben. Sie sind stets emsig an der Arbeit, verlieren nie ihren Glauben an eine weitere Beförderung und bleiben deshalb *glücklich und gesund*.

Natürlich werden Sie fragen: »Wie schafft man das?«

Ersatzhandlung: Der Lebensretter

Anstatt den eigentlichen Aufgaben seines Amtes nachzukommen, ersetzt man sie durch andere Pflichten, die dann bis zur Perfektion erfüllt werden.

Ich werde verschiedene Substitutionstechniken beschreiben.

Technik Nr. 1: Ständige Vorbereitung

Wenn ein kompetenter Mitarbeiter vor einer wichtigen Aufgabe steht, beginnt er einfach mit der Arbeit. Der Mann des Ersatzes dagegen zieht es vor, sich mit vorbereitenden Maßnahmen zu beschäftigen. Hier einige wohlerprobte Methoden:

a) *Sich von der Notwendigkeit der Tätigkeit überzeugen.* Der wahre Ersatz-Mann kann niemals genügend Beweismaterial zusammentragen. »Vorsicht ist die Mutter der Porzellankiste« und »Eile mit Weile« sind seine bevorzugten Sprüche.

Verwende genügend Zeit darauf, die Notwendigkeit zu prüfen, und die Notwendigkeit, etwas zu tun, wird verschwinden (Peters Prognosen).

Wenn beispielsweise eine Hilfsaktion zur Bekämpfung einer Hungersnot organisiert werden soll, braucht man nur lange genug zu prüfen, ob ein echtes Bedürfnis für eine solche Aktion vorliegt. Dann wird man schon nach einiger Zeit feststellen, daß gar kein Bedarf mehr vorhanden ist.

b) *Prüfe Alternativmöglichkeiten* für das, was getan werden soll. Nehmen wir an, eine langwierige Prüfung bestätigt die Notwendigkeit, etwas zu unternehmen. Der Ersatz-Mann will dann ganz sichergehen, daß er auch wirklich den erfolgreichsten Weg einschlägt, gleichgültig, wie lange es dauert, bis er ihn gefunden hat. Die Technik der Alternativsuche ist in sich eine Ersatzhandlung und eine weniger beunruhigende Erscheinung als das Wanken-und-Wackeln-Syndrom.

c) *Den Rat eines Experten einholen,* damit die schließlich ausgewählte Methode auch möglichst rationell und wirkungsvoll angewendet wird. Komitees werden gebildet, um das Problem zu studieren. Bei einer Variante dieser Technik, der Suche nach *Präzedenzfällen,* wendet man sich an verblichene, statt an lebende Experten.

d) *Eins nach dem andern.* Zu dieser Technik gehören exakte, sorgfältig ausgearbeitete, zeitraubende Vorbereitungen jeder Einzelheit: Der Aufbau reichlich bemessener Reserven an überflüssigen Formularen, überflüssigen Geräten, überflüssigem Vorrat, überflüssigem Geld etc. Damit soll erst einmal die *gegenwärtige Position konsolidiert werden,* ehe man sich neuen Zielen zuwendet.

Ständige Vorbereitung: Ein lehrreiches Beispiel

Hier ein interessanter Fall, der die Anwendung einiger dieser Techniken demonstriert. Grant Swinger, Chef der Sozialbehörde von Deeprest, stand im Ruf großer Fähigkeiten, weil er über eine ungewöhnliche Begabung verfügte, Regierungsbehörden und gemeinnützige Stiftungen dazu zu bewegen, sich finanziell an ehrenwerten örtlichen Vorhaben zu beteiligen.

Eines Tages wurde der Armut der Krieg erklärt. Swinger wurde zum Koordinator des Anti-Elend-Programms von Deeprest ernannt. Man ging davon aus, daß jemand, der so gut mit den Mächtigen umzugehen verstand, auch besonders befähigt sein müsse, den Schwachen zu helfen.

Während dieses Buch gedruckt wird, ist Swinger noch emsig damit beschäftigt, ein prunkvolles Bürogebäude hochzuziehen. Es soll ihn und seine Mannschaft beherbergen und gleichzeitig ein Monument des heroischen Kampfes gegen die Not werden. (Eins nach dem andern.)

»Die Armen sollen sehen, daß ihre Regierung sie nicht vergessen hat«, erklärt Swinger.

Als nächsten Schritt plant er, ein beratendes Gremium für das Anti-Elend-Programm ins Leben zu rufen. (Expertenrat einholen.) Dann sollen Mittel für eine Studie über die Probleme der Armut beschafft werden. (Die Notwendigkeit bestätigen.) Später ist eine Studienreise durch die westliche Welt geplant, die Erkenntnisse über Vorbereitung und Durchführung ähnlicher Projekte vermitteln soll. (Alternativlösungen studieren.)

Man muß darauf hinweisen, daß Swinger vom Morgen bis in den Abend hinein beschäftigt ist, daß ihm seine neue Aufgabe Freude macht und daß er fest davon überzeugt ist, seine Sache gut zu machen. Bescheiden weist er den Vorschlag zurück, seinen guten Ruf zu nutzen und bei den nächsten Wahlen zu kandidieren. Kurz, er hat sehr erfolgreich für *Ersatzhandlungen* gesorgt.

Technik Nr. 2: Spezialisierung auf Nebensächliches

P. Gladman wurde zum Chef eines heruntergewirtschafteten, unrentabel arbeitenden Zweigwerkes der Sagamor-Sofafabrik ernannt. Sein Auftrag war, die Produktion zu steigern und endlich wieder Gewinne zu erwirtschaften.

Er war unfähig für diese Aufgabe, erkannte das sofort und gab es deshalb rasch auf, sich Gedanken über die Produktivität zu machen. Er *ersetzte* sie durch großen Eifer bei der inneren Organisation der Fabrik und der Verwaltung.

Den größten Teil seiner Zeit verbrachte er damit, sich zu vergewissern, daß es keine Reibungen zwischen Belegschaft und Management gab, daß die Arbeitsbedingungen zufriedenstellend waren und daß alle Beschäftigten des Werkes sich wie eine »große, glückliche Familie fühlen«, wie er es nannte.

Zu seinem Glück hatte Gladman als stellvertretenden Werksleiter D. Dominy mitgebracht, einen jungen Mann, der seine Stufe der Unfähigkeit noch nicht erreicht hatte. Dank Dominys energischen Maßnahmen wurde das Zweigwerk wieder zu neuem Leben erweckt und erwirtschaftete einen netten Profit.

Gladman erntete dafür die Anerkennung und war auf »seinen Erfolg« stolz. Er hatte in geeigneter Weise für Ersatz gesorgt und war glücklich dabei geworden.

»Kümmere dich um die Maulwurfshügel, die Berge sorgen für sich selbst«, lautet der Merkspruch der Nebensächlichkeitsspezialisten.

U. Tredwell war ein fähiger Konrektor in einer Volksschule von Excelsior. Er war seiner Aufgabe intellektuell gewachsen, sorgte für Disziplin bei den Schülern und gute Stimmung unter den Lehrern. Nach der Beförderung erreichte er als Rektor seine Stufe der Inkompetenz. Ihm fehlte das Fingerspitzengefühl im Umgang mit Elternorganisationen, Zeitungsreportern, dem zuständigen Schulrat und den gewählten Mitgliedern des Schulbeirates. Er fiel bei den Behörden in Ungnade, und das öffentliche Ansehen seiner Schule litt.

Tredwell entwickelte eine bemerkenswerte Form der Spezialisierung auf Nebensächlichkeiten. Er zeigte ein leidenschaftliches Interesse für ein bestimmtes Verkehrsproblem – die Stöße, Erschütterungen und Schwingungen, die durch das Hin- und Herlaufen von Schülern und Personal in Klassenzimmern, Fluren und Treppen hervorgerufen wurden.

Auf großformatigen Planskizzen des Gebäudes arbeitete er ein ausgeklügeltes System der Verkehrsströme aus. Er ließ in verschiedenen Farben Linien und Pfeile auf Wände und Fußböden pinseln und bestand auf strikter Einhaltung seiner Verkehrsregeln. Kein Kind durfte die weißen Linien überschreiten. Man stelle sich vor, was geschah, wenn ein Schüler während der Unterrichtszeit mit einem Auftrag von einem Klassenzimmer in einen anderen Raum auf der gegenüberliegenden Seite des Korridors geschickt wurde: Er mußte erst bis zum Ende des Gangs, dann um das Ende der weißen Linie herumgehen und schließlich auf der anderen Seite an ihr entlang zurücklaufen.

Tredwell verbrachte viel Zeit damit, durch das Gebäude zu streifen, um auf die Einhaltung seines Systems zu achten. Er schrieb Artikel darüber für Fachzeitschriften und begleitete Besuchergruppen von Nebensächlichkeitsspezialisten aus dem Erziehungsbereich bei Rundgängen durch das Gebäude. Im Augenblick arbeitet er an einem Buch über dieses Gebiet, das mit vielen Plänen und Fotografien ausgestattet sein wird.

Tredwell ist aktiv und zufrieden, erfreut sich bester Gesundheit und weist nicht das geringste Anzeichen des Endplazierungs-Syndroms auf. Ein weiterer Triumph der *Spezialisierung auf Nebensächlichkeiten*!

Technik Nr. 3: Einbildung statt Leistung

Mrs. Vender, die an einem Gymnasium in Excelsior Mathematik unterrichtet, verbringt einen großen Teil der Unterrichtszeit damit, ihren Schülern zu erzählen, wie interessant und wichtig Mathematik ist. Sie spricht über die Geschichte, den gegenwärtigen Stand und die vermutliche zukünftige Entwicklung der Mathematik. Das eigentliche Pensum gibt Mrs. Vender den Schülern als Hausaufgabe auf.

Mrs. Venders Unterricht ist geistvoll und interessant. Die meisten Schüler halten sie für eine gute Lehrerin. Sie kommen in diesem Fach zwar nicht so recht voran, glauben aber, das liege einfach daran, daß es so schwierig sei.

Mrs. Vender glaubt ebenfalls fest daran, daß sie eine gute Lehrerin ist. Sie meint, daß nur die Eifersucht anderer, weniger fähiger Lehrer, die in der Hierarchie über ihr stehen, ihre Beförderung verhindert. So genießt sie das angenehme Gefühl einer ständigen Selbstbestätigung.

Mrs. Vender leistet Ersatzhandlungen. Ihre Technik ist keineswegs ungewöhnlich und kann bewußt oder unbewußt angewendet werden. Das Rezept: Um persönliche Befriedigung zu erlangen, ist *eine Unze Einbildung soviel wert wie ein Pfund Leistung (Peters Placebo).*

Merke: Obwohl diese Technik dem Benutzer Befriedigung verschafft, befriedigt sie nicht notwendigerweise auch den Arbeitgeber!

Politiker aller Grade sind Meister in Peters Placebo. Sie sprechen über die Bedeutung, die Unantastbarkeit und die faszinierende Geschichte des demokratischen Systems (oder des monarchistischen, des kommunistischen oder des Stammessystems, je nachdem), tun aber wenig oder nichts, um die eigentlichen Pflichten ihres Amtes zu erfüllen.

Beliebt ist diese Technik auch bei Künstlern. A. Fresco, ein Maler in Excelsior, schuf einige erfolgreiche Gemälde, ging dann aber wohl der künstlerischen Inspiration verlustig. Er verlegte sich darauf, Reden über die Bedeutung der Kunst zu halten.

Typisch ist auch der Kaffeehausschreiber, der daheim oder in Übersee den ganzen Tag in einem Lokal sitzt und über den Sinn der Schriftstellerei philosophiert, anderen Autoren ihre Fehler ankreidet und von den großen Werken berichtet, die er selber eines Tages schreiben wird.

Technik Nr. 4: Völlige Belanglosigkeit
Diese Technik ist kühn und hat oft gerade deswegen Erfolg.

Wie wir gesehen haben, vollbringen der ständig mit Vorarbeiten Beschäftigte, der Spezialist für Nebensächliches und der Schönredner keine nützliche Arbeit – zumindest nicht die, die sie eigentlich erledigen sollten. Aber sie tun etwas oder reden über etwas, das irgendwie noch mit ihrem Job zusammenhängt. Manchmal bemerken zufällige Beobachter – oft sogar Kollegen – nicht einmal, daß diese Leute Ersatzhandlungen vollbringen, statt nützliche Arbeit zu leisten.

Der völlig Irrelevante dagegen versucht in keiner Weise zu verbergen, daß er sich nicht um seine Aufgaben kümmert.

F. Helps, Präsident der Rad und Achsen AG, verbringt seine ganze Zeit damit, sich im Vorstand wohltätiger Organisationen nützlich zu machen. Er führt Sammelaktionen durch, plant Hilfsmaßnahmen, spornt die freiwilligen Mitarbeiter an und überwacht die hauptamtlichen Helfer. Sein eigenes Büro betritt er nur, um ein paar wichtige Papiere zu unterschreiben.

Während seiner irrelevanten Tätigkeit arbeitet Helps Schulter an Schulter mit T. Merritt zusammen. Dieser ehemalige Konkurrent, Vizepräsident der Rad-und-Achsen-Union auf Lebenszeit, ist inzwischen ein guter Freund. Merritt sitzt in den meisten Wohltätigkeitskomitees, denen auch Helps angehört, und leistet in seinem Büro ebenfalls keine nützliche Arbeit mehr.

Messebeiräte, beratende Komitees bei Regierungsbehörden und Untersuchungsausschüsse sind ideale Jagdreviere für die *völlig Irrelevanten.*

In industriellen und anderen kommerziellen Hierarchien findet man diese Technik normalerweise nur in den oberen Rängen. In den familiären Hierarchien ist sie dagegen außerordentlich häufig bei Hausfrauen anzutreffen. Viele Frauen, die ihre Stufe der Unfähigkeit als Ehefrau und/oder Mutter erreicht haben, bringen es zu glücklichen und erfolgreichen Ersatzhandlungen. Sie widmen ihre Zeit und Energie völligen Belanglosigkeiten und überlassen Mann und Kinder sich selbst.

Technik Nr. 5: Zeitweise Verwaltung
Vor allem in großen, umfassenden Hierarchien kann ein unfähiger Mitarbeiter manchmal eine Ernennung auf Zeit erhalten. Er wird vorübergehend leitender Direktor einer anderen Abteilung oder Vorsitzender eines Komitees. Diese zeitlich begrenzte Tätigkeit unterscheidet sich grundlegend von der regulären Arbeit des Angestellten.

Sehen wir uns den Vorgang genauer an. Der Angestellte braucht nicht mehr länger zu versuchen, seine eigene Arbeit zu bewältigen (was er ohnehin nicht kann, da er seine Stufe der Unfähigkeit erreicht hat). Außerdem kann er sich in seiner neuen Position mit guter Begründung vor jeder Verantwortung drücken.

»Diese Entscheidung kann ich leider nicht treffen. Wir müssen sie dem neuen Direktor überlassen, wann auch immer er ernannt wird.«

Ein geschickter *Verwalter auf Zeit* kann damit auf Jahre hinaus fortfahren. Er übernimmt einen vorübergehenden Posten nach dem anderen und genießt echte Befriedigung auf Grund seiner Ersatzhandlungen.

Technik Nr. 6: Konvergente Spezialisierung

Wer feststellt, daß er unfähig ist, sämtliche Verpflichtungen, die ihm aus seiner Stellung erwachsen, zu erfüllen, ignoriert einfach die meisten und konzentriert seine Aufmerksamkeit und Energie auf eine bestimmte kleine Aufgabe. Wenn der Konvergenzspezialist für sie kompetent ist, bleibt er dabei. Andernfalls wird er sich noch enger spezialisieren.

F. Naylor, Direktor der Kunstgalerie der Stadt Excelsior, kümmerte sich nicht um Neuerwerbungen, Ausstellungen, Finanzierungsprobleme oder die Erhaltung des Gebäudes. Er verbrachte seine gesamte Zeit damit, entweder in der Rahmenwerkstatt der Galerie zu arbeiten oder Forschungsmaterial für seine ›Geschichte des Bilderrahmens‹ zu sammeln. Nach meiner letzten Information ist Naylor zu der Erkenntnis gekommen, daß er niemals das gesamte Gebiet der Rahmenkunde beherrschen wird. Deshalb hat er sich entschlossen, sich auf das Studium der verschiedenen Leimarten zu beschränken, die für Bilderrahmen benutzt wurden oder benutzt werden könnten.

Ein Historiker wurde zur führenden Autorität hinsichtlich der ersten dreißig Minuten der Reformation.

Viele Mediziner haben sich dadurch einen Ruf erworben, daß sie sich dem Studium von Leiden widmeten, von denen es nur drei oder vier bekannte Fälle gibt. Andere sind zu Spezialisten geworden, indem sie sich nur mit einem winzigen Teilgebiet des Organismus beschäftigten.

Ein Akademiker, der unfähig ist, Sinn und Wert literarischer Arbeiten zu erfassen, verfaßt vielleicht eine Untersuchung mit dem Titel: »Eine vergleichende Studie über die Verwendung des Kommas in den Werken Otto Scribblers«.

Substitution wird empfohlen

Die Beispiele, die ich erwähnte, zeigen ebenso wie andere, die Sie vielleicht selbst beobachtet haben, daß vom Standpunkt des Arbeitnehmers aus Ersatzhandlungen bei weitem die befriedigendste Art sind, sich mit dem Ende der Karriere abzufinden.

Wirkungsvolle Ersatzhandlungen werden normalerweise die

Entwicklung des Endplazierungs-Syndroms verhindern. Sie erlauben dem Angestellten, für den Rest seiner Berufsjahre gesund und glücklich auf seiner Stufe der Inkompetenz zu arbeiten.

14. Schöpferische Unfähigkeit

Tue nie soviel, wie du glaubst, tun zu können.
BARUCH

Erscheint Ihnen meine Darlegung des Peter-Prinzips als eine Philosophie der Verzweiflung? Erschreckt Sie der Gedanke, daß die Endplazierung mit ihren unangenehmen physischen und psychologischen Folgen das Ende Ihrer Karriere bedeutet? Angesichts solcher Fragen möchte ich dem Leser ein Messer geben, mit dem er den gordischen Knoten dieser Philosophie durchschneiden kann.

Es ist besser, eine Kerze anzuzünden, als das Elektrizitätswerk zu verfluchen

Sie werden jetzt vielleicht sagen, daß man eine Beförderung natürlich einfach ablehnen kann und dann glücklich eine Tätigkeit beibehält, für die man kompetent ist.

Ein interessantes Beispiel
Die direkte Ablehnung einer Beförderung bezeichnet man als *Peters Abwehr*. Sie scheint sehr einfach, doch habe ich lediglich *ein* Beispiel für ihre erfolgreiche Anwendung gefunden.

T. Sawyer, ein Anstreicher der Beamish-Baugesellschaft, arbeitete so fleißig, tüchtig und zuverlässig, daß ihm mehrfach der Posten des Vorarbeiters angeboten worden war.

Sawyer schätzte seinen Chef und hätte gern seinen Wunsch erfüllt. Doch er war glücklicher als einfacher Anstreicher. Er hatte keine Sorgen und konnte jeden Tag um halb fünf seinen Job an den Nagel hängen.

Er wußte, daß er als Vorarbeiter seine Abende und Wochenenden damit verbringen müßte, über die Arbeiten, die am nächsten Tag oder in der folgenden Woche zu erledigen wären, nachzugrübeln. Deshalb lehnte er eine Beförderung standhaft ab.

Sawyer, das muß man hier anmerken, ist unverheiratet, hat keine nahen Verwandten und nur ein paar Freunde. Deshalb kann er tun und lassen, was er will.

Für viele von uns ist das nicht so leicht

Für die meisten ist Peters Abwehr undurchführbar. Das zeigt beispielsweise der Fall des B. Loman, eines ganz gewöhnlichen Bürgers und Familienvaters, der eine Beförderung ablehnte.

Seine Frau überhäufte ihn sofort mit Vorwürfen: »Denk an die Zukunft deiner Kinder! Was werden die Nachbarn dazu sagen, wenn sie es erfahren? Wenn du mich wirklich lieben würdest, würdest du auch versuchen, vorwärtszukommen!« Und so ging das immer weiter.

Um nun auch wirklich herauszufinden, was die Nachbarn dazu sagen würden, vertraute Mrs. Loman die Ursache ihres Kummers einigen vertrauenswürdigen Freundinnen an. Die Neuigkeit verbreitete sich denn auch prompt in der ganzen Gegend. Lomans jüngster Sohn wollte die Ehre seines Vaters retten, prügelte sich mit einem Klassenkameraden und schlug ihm dabei zwei Zähne aus. Der nachfolgende Prozeß und die Zahnarztrechnungen kosteten Loman 1100 Dollar.

Lomans Schwiegermutter schürte Mrs. Lomans Empörung so lange, bis diese ihren Mann verließ und die Scheidung durchsetzte. In seiner Einsamkeit, seiner Enttäuschung und Verzweiflung beging Loman Selbstmord.

Nein, die Ablehnung einer Beförderung ist kein leichter Weg zu Glück und Gesundheit. Bereits zu Beginn meiner Forschungsarbeit stellte ich fest, daß sich für die meisten Leute *Peters Abwehr nicht auszahlt.*

Eine erhellende Beobachtung

Als ich die hierarchische Struktur und die Aufstiegsmöglichkeiten der Arbeiter und Angestellten bei der Ideal Trivet-Gesellschaft studierte, fielen mir die sehr hübschen und gepflegten Parkanlagen rings um das Verwaltungsgebäude auf. Die samtartigen Rasenflächen und leuchtenden Blumenbeete verrieten einen hohen Grad gärtnerischer Begabung. Ich stellte fest, daß P. Greene, der Gärtner, ein glücklicher, sympathischer Mann war, der seine Blumen wirklich liebte und sein Werkzeug pfleglich behandelte. Er tat genau das, was ihm am meisten Spaß machte – nämlich Gartenpflege.

Er war dazu in jeder Beziehung befähigt – mit einer Ausnahme. Er verlor oder verlegte fast regelmäßig die Bestell- und Lieferscheine für das Material, das er von seiner Abteilung erhalten hatte. Dennoch kam er mit seinem Arbeitsmaterial gut zurecht.

Das Fehlen der Lieferscheine versetzte die Buchhaltung immer wieder in helle Aufregung, und Greene war schon mehrmals von dem Abteilungsleiter zur Rede gestellt worden. Seine Antworten waren vage.

»Vielleicht habe ich die Papiere zusammen mit den Büschen eingegraben.«

»Vielleicht haben die Mäuse im Geräteschuppen die Papiere gefressen.«

Wegen seiner Unfähigkeit im Umgang mit Papieren kam Greene nicht in die engere Wahl, als ein neuer Leiter für die Hausverwaltung gesucht wurde.

Ich habe mich mehrmals mit Greene unterhalten. Er war höflich und entgegenkommend, behauptete aber immer wieder, daß er die Unterlagen zufällig verlor. Dann sprach ich mit seiner Frau. Sie erzählte mir, daß er über die Arbeiten in seinem eigenen Garten streng Buch führte und die Kosten aller Obst- und Gemüsesorten, die er im Gewächshaus oder im Freien aufzog, genau zu kalkulieren imstande war.

Ein Parallelfall?
Ich befragte A. Messer, Meister in einer Eisengießerei. Sein kleines Büro schien in völliger Unordnung zu sein. Trotzdem zeigte meine Arbeitszeitstudie, daß die Stöße alter Rechnungs- und Auftragsbücher, die Kästen voller Arbeitszettel, die mit unsortierten Akten vollgestopften Regale und die vielen seit langem überholten Pläne an den Wänden mit Messers eigentlicher und sehr effektiver Arbeit im Grunde nichts zu tun hatten.

Ich weiß nicht, ob er seine Unordentlichkeit bewußt oder

unbewußt benutzte, um seine Kompetenz zu tarnen und so eine Beförderung zum Werksleiter zu hintertreiben.

Unfug mit Methode?

J. Spellman war ein fähiger Lehrer. Sein berufliches Ansehen war groß, dennoch wurde ihm nie die Beförderung zum stellvertretenden Rektor angeboten. Das fiel mir auf, und ich zog Erkundigungen ein.

Ein höherer Beamter erzählte mir, daß Spellman seine Gehaltsschecks nie einlöst. »Alle drei Monate müssen wir ihn daran erinnern, wie nett es wäre, wenn er seine Schecks einlösen würde, damit wir unsere Abrechnungen fertigstellen können. Ich begreife einfach nicht, wie jemand es zuwege bringt, seine Schecks nicht zu kassieren.«

Ich fragte weiter.

»Nein, nein! Wir haben keinen Grund, ihm zu mißtrauen«, war die Antwort. »Aber man fragt sich natürlich, ob er nicht irgendwelche privaten Einnahmequellen hat.«

»Hegen Sie den Argwohn, daß er in irgendwelche illegalen Geschäfte verwickelt sein könnte?« wollte ich wissen.

»Sicherlich nicht! Wir haben nicht die Spur eines Beweises in dieser Richtung. Ein guter Lehrer! Ein ausgezeichneter Mann! Glänzender Leumund!«

Trotz dieser Dementis zog ich den Schluß, daß die Hierarchie einem Mann nicht vertrauen kann, der seine Finanzen so in Ordnung hält, daß er nicht immer sofort zur Bank laufen und seine Schecks einlösen muß, um seine Rechnungen zu bezahlen. Kurz, Spellman war unfähig, sich so aufzuführen, wie man es von einem typischen Arbeitnehmer erwartet. Er hatte sich selber damit für eine Beförderung unmöglich gemacht.

War es nur ein blinder Zufall, daß Spellman gern Lehrer war und gar kein Interesse daran hatte, sich in die Verwaltung befördern zu lassen?

Ist das ein Modell?

Ich habe viele ähnliche Fälle untersucht, Fälle scheinbar absichtlicher Unfähigkeit. Nie konnte ich mit Sicherheit feststellen, ob die Verhaltensweise bewußt war oder unbewußten Motiven entsprang.

Doch eines war klar: Diese Angestellten oder Beamten hatten den Aufstieg nicht dadurch vermieden, daß sie eine Beförderung ablehnten – wir haben bereits gesehen, welche verheerenden Folgen das haben kann –, sondern indem sie erreichten, daß ihnen niemals eine Beförderung angeboten wurde.

Heureka!

Dies ist ein unfehlbarer Weg, *die letzte Beförderung zu vermeiden; er ist der Schlüssel zu Glück und Gesundheit* bei der Arbeit und im Privatleben; er bedeutet *schöpferische Unfähigkeit*.

Eine erprobte Methode

Es spielt keine Rolle, ob Greene, Messer oder Spellman und andere Arbeitskräfte, die sich in einer ähnlichen Situation befinden, bewußt oder unbewußt die letzte Beförderung vermeiden. Was wirklich zählt, ist, daß wir von ihnen lernen können, wie man dieses so lebenswichtige Ziel erreicht. (»Lebenswichtig« ist nicht nur eine sprachliche Floskel; denn die korrekte Technik könnte Ihnen das Leben retten.)

Kurzgefaßt sagt die Regel: *Verbreiten Sie den Eindruck, daß Sie Ihre Stufe der Unfähigkeit bereits erreicht haben.*

Sie können das tun, indem Sie ein oder mehrere nichtmedizinische Symptome der Endplazierung simulieren.

Bei Gärtner Greene war eine milde Form der Papyrophobie festzustellen. Messer, der Meister in der Gießerei, konnte einem zufälligen Beobachter als fortgeschrittener Papyromane erscheinen. Der Lehrer Spellman, der mit der Einlösung seiner Gehaltsschecks zauderte, zeigte eine ernste – wenn auch ungewöhnliche – Art des Wanken-und-Wackeln-Syndroms.

Schöpferische Unfähigkeit erreicht die besten Resultate dann, wenn Sie den Bereich der Inkompetenz so wählen, *daß Sie bei der Erledigung der wichtigsten Aufgaben, die sich aus Ihrer gegenwärtigen Stellung ergeben, nicht ernsthaft behindert werden.*

Subtile Techniken

Bei Verwaltungsangestellten kann eine so wenig spektakuläre Gewohnheit wie die, am Feierabend stets die Schreibtischschubladen offenzulassen, in einigen Hierarchien schon den gewünschten Effekt haben.

Auch die Zurschaustellung einer kleinlichen, aufdringlichen Sparsamkeit kann ein wirksames Mittel sein. Dazu gehört, daß man ständig das Licht ausschaltet, Wasserhähne zudreht, Heftklammern und Gummibänder vom Boden aufhebt und aus Papierkörben herausholt, während man sich ständig halblaut und in belehrendem Ton über die Tugend der Sparsamkeit verbreitet.

Abseits der Masse

Auch die Weigerung, einen Beitrag zum Sozialfonds der Firma oder der Abteilung zu leisten oder während der offiziellen Pausen Kaffee zu trinken, reicht aus, unliebsam aufzufallen. Man kann auch Butterbrote mitbringen und im Büro verzehren, obgleich alle anderen in der Kantine essen; oder ständig den Ventilator abdrehen oder das Fenster öffnen; oder sich weigern, etwas zu Hochzeits- und Abschiedsgeschenken beizusteuern. Wer sich durch eine Vielzahl solcher exzentrischer Handlungen absondert (der Diogenes-Komplex), wird genau die Atmosphäre von Ablehnung und Mißtrauen schaffen, die ihn für eine Beförderung disqualifiziert.

AUTOMOBIL-TAKTIK. Ein sehr erfolgreicher Abteilungsleiter vermied eine Beförderung, indem er sein Auto gelegentlich auf den für den Firmenchef reservierten Parkplatz stellte.

Ein anderer leitender Angestellter fuhr stets ein Auto, das ein Jahr älter und 500 Dollar billiger war als die Autos seiner Kollegen.

PERSÖNLICHES AUFTRETEN. Die meisten Leute stimmen dem Spruch, daß Kleider noch lange keine Leute machen, *in der Theorie* zu, *in der Praxis* jedoch wird ein Mitarbeiter nach seinem Äußeren beurteilt. Hier gibt es also ein weites Feld für schöpferische Unfähigkeit.

Das Tragen unkonventioneller oder *ein wenig* schäbiger Kleidung, unregelmäßiges Baden oder *gelegentlich* ein verspäteter Gang zum Friseur und eine gewisse Nachlässigkeit beim Rasieren (eine *kleine*, aber auffallende Wunde mit einem *kleinen*, aber deutlich sichtbaren Flecken geronnenen Blutes oder ein paar übriggebliebene Bartstoppeln) sind wirkungsvolle Techniken.

Damen können eine *Spur zuviel oder zuwenig* Make-up tragen, *gelegentlich* kombiniert mit einer Frisur, die ihnen nicht steht oder die unpassend ist. Reichlicher Gebrauch eines starken Parfums und zuviel Schmuck leisten in vielen Fällen gute Dienste.

Weitere Beispiele aus dem täglichen Leben. Als Richtschnur und Anregung sollen noch einige hervorragende Beispiele schöpferischer Unfähigkeit angeführt werden, die ich während meiner Studien beobachtet habe.*

Herr F. machte der Tochter des Firmenchefs während der Jubiläumsfeier des Unternehmens einen Heiratsantrag. Das Mädchen hatte gerade ihr Abschlußexamen an einem europäischen Internat hinter sich, und F. hatte sie nie zuvor gesehen. Sebstverständlich bekam er die Tochter nicht, und ebenso selbstverständlich hatte er sich für jede weitere Beförderung unmöglich gemacht.

Fräulein L. schaffte es während derselben Party, die Frau des Chefs zu beleidigen, indem sie das etwas seltsame Lachen der alten Dame so nachäffte, daß diese es hören konnte.

Herr P. brachte einmal – und das genügte – einen Freund dazu, ihn im Büro anzurufen und ihm, P., mit fingierten Drohungen zuzusetzen. Unter den Augen und Ohren seiner Kollegen bat P. dramatisch um »Mitleid« und »etwas Zeit«. »Sagen Sie meiner Frau nichts. Es würde sie töten, wenn sie es erführe.« War es nur einer der üblichen blöden Witze von P. oder ein inspiriertes Beispiel schöpferischer Unfähigkeit?

Wiedersehen mit einem alten Freund
Kürzlich befaßte ich mich erneut mit dem Fall von T. Sawyer, dessen erfolgreiche Anwendung von Peters Abwehr ich zu Beginn dieses Kapitels beschrieben habe.

In den letzten Monaten hat er billige broschierte Exemplare von ›Walden‹** gekauft und sie an Arbeitskollegen und

* Ich nehme jedenfalls an, daß ich sie beobachtet habe. Das Kennzeichen der *perfekten* schöpferischen Unfähigkeit ist, daß niemand – selbst der *geübte Hierarchologe* nicht – jemals *sicher* sein kann, daß es sich nicht einfach um echte Inkompetenz handelt.
** Thoreau, Henry D. (1817-62): ›Walden oder Leben in den Wäldern‹.

Vorgesetzte verschenkt. Dabei hat er jeweils einige Bemerkungen darüber gemacht, daß es ein Vergnügen sei, keine Verantwortung zu tragen, und welche Freuden die tägliche Arbeit bereiten könne.

Bald darauf verfolgte er die Beschenkten mit eindringlichen Fragen, ob sie das Buch gelesen und was sie davon verstanden hätten. Diese zudringliche Form der Belehrung nenne ich den *Sokrates-Komplex*.

Sawyer berichtet, daß ihm niemand mehr eine Beförderung anbiete. Ich war natürlich enttäuscht, daß ich das einzige lebende Beispiel für eine *erfolgreiche* Ablehnung verloren hatte (erfolgreich in dem Sinne, daß eine naheliegende Beförderung abgelehnt worden war, ohne daß der Betroffene dadurch unglücklich wurde). Doch diese Enttäuschung wurde wettgemacht durch das Vergnügen, einen eleganten Beweis dafür gefunden zu haben, daß

schöpferische Unfähigkeit stets Peters Abwehr überlegen ist.

Eine wichtige Vorsichtsmaßnahme
Ein genaues Studium von Kapitel 12 gibt Ihnen viele Ideen zur Entwicklung Ihrer eigenen schöpferischen Unfähigkeit. Ich muß jedoch die ungeheure Bedeutung des Umstandes betonen, daß Sie dabei *niemals zeigen dürfen, daß Sie eine Beförderung vermeiden wollen*.

Als Tarnung könnten Sie sogar gelegentlich in das Murren einstimmen: »Höchst seltsam, wie *manche* Leute hier befördert werden und andere nicht!«

Wagen Sie es?

Wenn Sie die Endplazierung auf *Peters Plateau* noch nicht erreicht haben, können Sie eine Form der irrelevanten Unfähigkeit entwickeln.

Suchen Sie eine Methode und wenden Sie sie emsig an. Sie bleiben dadurch auf Ihrer Stufe der Fähigkeit und können das befriedigende Gefühl genießen, eine nützliche Tätigkeit auszuüben.

Kein Zweifel, die schöpferische Unfähigkeit stellt ebenso hohe Anforderungen wie der traditionelle Wettlauf um einen höheren Posten!

15. Erweiterung der Darwinschen Lehre

Selig sind die Sanftmütigen,
denn sie werden das Erdreich besitzen.
MATTH. 5,5

Bei der Untersuchung von Fähigkeit und Unfähigkeit haben wir uns bisher hauptsächlich mit beruflichen Problemen beschäftigt – jenen Mühen und Listen, mit deren Hilfe sich die Menschen in einer komplexen Industriegesellschaft durchs Leben schlagen.

Im folgenden Kapitel soll das Peter-Prinzip auf ein allgemeineres Problem angewendet werden, auf die Frage der *Lebensfähigkeit*. Kann die menschliche Rasse ihre Stellung behaupten oder in der Hierarchie der Entwicklung womöglich noch weiter nach oben vordringen?

Peters Geschichtsdeutung

Der Mensch hat in der Hierarchie des Lebens viele Beförderungen erfahren. Bisher hat jeder Aufstieg – vom Baumbewohner zum Höhlenmenschen, Feuermacher, Steinpolierer, Bronzeschmelzer, zum Eisenschmied usw. – seine Überlebenschance als Spezies erhöht.

Die dünkelhafteren Mitglieder dieser Rasse glauben an einen endlosen Aufstieg, an eine Beförderung *ad infinitum*. Ich dagegen *möchte behaupten, daß der Mensch früher oder später seine Stufe der Lebensunfähigkeit erreichen muß.*

Zwei Dinge könnten dies verhindern: ein Mangel an Zeit oder zu wenige Rangstufen in der Hierarchie. Aber soweit wir übersehen können, ist die Zeit, die vor uns liegt, unbegrenzt (ob wir sie nun nutzen oder nicht). Auch gibt es wohl eine unendliche Zahl von existierenden oder denkbaren Rängen (verschiedene Religionen haben ganze Hierarchien von Engeln, Halbgöttern und Göttern oberhalb der heutigen Stufe der Menschheit beschrieben).

Auch andere Gattungen haben Aufwärtsentwicklungen erlebt und schließlich ihre Stufe der Lebensunfähigkeit erreicht. Der Dinosaurier, der Säbelzahn-Tiger und das Mammut entwikkelten sich und gediehen auf Grund gewisser Fähigkeiten — Größe, Fangzähne, Flügel, Hauer. Doch gerade die Eigenschaften, die ihnen zunächst den Aufstieg ermöglichten, wurden später zur Ursache ihrer Inkompetenz. Man könnte sagen, daß die Fähigkeit stets schon den Keim der Unfähigkeit in sich trägt. General Goodwins hemdsärmelige Leutseligkeit, Miss Dittos Mangel an Phantasie, Mr. Drivers bestechendes Auftreten — *das alles waren Eigenschaften, die ihnen zur Beförderung verhalfen. Die gleichen Eigentümlichkeiten hinderten sie später jedoch am weiteren Aufstieg.* Ebenso haben viele Tiergattungen nach Äonen stetiger Entwicklung ihre Stufe der Unfähigkeit erlangt und sind statisch geworden oder haben ihre Super-Unfähigkeit erreicht und sind ausgestorben.

Das ist auch mit vielen menschlichen Gesellschaften und Kulturen geschehen. Einige Völker, die unter kolonialer Herrschaft aufblühten, unter der Vormundschaft stärkerer Nationen, erwiesen sich als unfähig, sobald sie ihre Autonomie erreichten. Andere Nationen, die sich als Stadtstaaten, Republiken oder Monarchien kompetent selbst regierten, zeigten sich unfähig, als imperialistische Mächte zu überleben. Zivilisationen, die unter Anfeindungen und Not gediehen, erwiesen sich als unfähig, mit den durch Erfolg und Überfluß entstandenen Belastungen fertig zu werden.

Und die menschliche Rasse als Ganzes? Es war die *Erfindungskraft,* die der Menschheit eine Beförderung nach der anderen beschert hat. Wird dieselbe Erfindungskraft sich eines Tages als Hemmnis für den weiteren Fortschritt erweisen? Oder wird sie die Menschheit sogar in den Zustand der Super-Unfähigkeit versetzen (vgl. Kapitel 3) und so für ihre rasche Entlassung aus der Lebens-Hierarchie sorgen?

Zwei unheilvolle Zeichen

1. *Hierarchische Regression*

Die Aufgabe, die neuen Mitglieder der menschlichen Rasse zu formen und vorzubereiten, erfüllt die Gesellschaft durch die Schule. Ich habe das typische Schulsystem hinsichtlich der Lehrer, die in ihm arbeiten, bereits untersucht. Nun wollen wir sehen, wie die Schule die Kinder beeinflußt.

Das alte Schulsystem war ein Musterbeispiel für das Peter-Prinzip. Ein Schüler wurde so lange von Klasse zu Klasse versetzt, bis er seine Stufe der Unfähigkeit erreicht hatte. Dann hieß es, er sei sitzengeblieben, und er mußte das Schuljahr wiederholen. Er mußte also auf seiner Stufe der Unfähigkeit bleiben. In manchen Fällen wuchs seine Kompetenz in dem Wiederholungsjahr, weil seine geistigen Fähigkeiten zunahmen. Dann war eine Versetzung möglich. In anderen Fällen blieb er wieder sitzen und mußte die Klasse von neuem durchmachen.

(Hier muß man anmerken, daß dieses »Versagen« das gleiche ist, was wir im Berufsleben »Erfolg« nennen – nämlich das Erreichen der Endplazierung auf der Stufe der Unfähigkeit.)

Den Vertretern der Schulbehörde gefällt dieses System ganz und gar nicht. Sie glauben, daß die Vielzahl unfähiger Schüler das Niveau der Schule drückt. Ein Verwaltungsbeamter sagte mir: »Am liebsten würde ich alle schlechten Schüler versetzen und die guten durchfallen lassen. Dann würden die Leistungen steigen, und wir würden bessere Prüfungsergebnisse erzielen. Die Ansammlung unbegabter Schüler senkt die Durchschnittsleistungen.«

Eine so extreme Ansicht würde wohl kaum allgemein akzeptiert werden. Um trotzdem eine Anhäufung von Unfähigen zu vermeiden, haben die Schulbehörden die Taktik entwickelt, alle zu versetzen – die unfähigen Schüler ebenso wie die fähigen. Die psychologische Rechtfertigung dafür finden sie in der Erkenntnis, daß man den Schülern damit das schmerzliche Erlebnis des Versagens erspart.

Was sie wirklich tun, ist die Anwendung der geräuschlosen Sublimierung auf unfähige Schüler.

Das Ergebnis dieser allgemein angewandten geräuschlosen

Sublimierung ist, daß das Abitur heute denselben schulischen Leistungen entspricht, die früher in der Unterprima erreicht wurden. Im Laufe der Zeit wird das Niveau auf die Leistungen in der Obersekunda, Untersekunda usw. absinken.

Dieses Phänomen bezeichne ich als *hierarchische Regression*.

Die Folgen der hierarchischen Regression

Examen, Diplome und Universitätsgrade verlieren ihren Wert als Maßstab für die Kompetenz. Unter dem alten System wußten wir, daß ein Schüler, der die achte Klasse nicht geschafft hatte, wenigstens bis zur siebten erfolgreich war. Wir wußten, daß ein Student, der im ersten Semester »gescheitert« war, zumindest das Abitur besaß usw.

Heute kann man das nicht mehr voraussetzen. Die heutigen Zeugnisse beweisen nur noch, *daß ein Schüler fähig war, eine gewisse Anzahl von Schuljahren über sich ergehen zu lassen.*

Das Abitur, früher ein weithin anerkanntes Zeugnis der Kompetenz, ist heute nur noch ein Dokument der Inkompetenz für die verantwortungsvollsten, gutbezahlten Posten.[*]

Nicht anders steht es mit der Universität. Staatsexamen und Diplome haben an Wert verloren. Lediglich die Promotion verleiht noch die Aura der Kompetenz. Aber ihr Wert wird durch die Einführung von Examen, die über den Doktorgrad hinausgehen, fortwährend vermindert. Wie lange wird es dauern, bis auch die Nach-Doktorate als Zeugnis der Unfähigkeit betrachtet werden und der ernsthafte Streber sich durch Nach-nach- und Nach-nach-nach-Doktorprüfungen hindurchkämpfen muß?

Die Eskalation erzieherischer Bemühungen steigert das Tempo des Abstiegs. Viele Universitäten arbeiten heute beispielsweise nach dem gleichen Schüler-Lehrer-System (ältere Studenten unterrichten jüngere), das vor fünfzig Jahren in den Gymnasien verdammt wurde!

[*] Es muß angemerkt werden, daß die hierarchische Regression kein Problem ist, das erst in der Gegenwart existiert. Vor langer Zeit wurde jeder, der lesen und schreiben konnte, für die wichtigsten Stellungen als geeignet angesehen. Dann entdeckte man, daß es eine wachsende Zahl schreibkundiger Narren gab, und die Arbeitgeber schraubten ihre Anforderungen an das Bildungsniveau höher. Alle neuen Examen galten zunächst als Befähigungsausweis, bis sie schließlich in den Ruf gerieten, nur noch den Grad der Unfähigkeit zu bescheinigen.

Die gesteigerten Bemühungen führen in den anderen Bereichen zu ähnlichen Ergebnissen. Unter dem Zwang, die Zahl der Ingenieure, Wissenschaftler, Priester, Lehrer, Autos, Äpfel, Raumfahrer, oder was man sonst noch braucht, zu vermehren und sie rascher zu bekommen, sinken die Anforderungen: Die hierarchische Regression setzt ein.

Sie als Verbraucher, Arbeitgeber, Handwerker oder Lehrer bemerken ohne Zweifel die Ergebnisse der hierarchischen Regression. Ich werde auf diese Frage noch einmal zurückkommen und Möglichkeiten erwähnen, wie man sie eventuell kontrollieren könnte.

2. Inkompetenz per Computer

Ein Betrunkener ist zeitweise unfähig, einen geraden Kurs zu steuern. Solange er zu Fuß geht, ist er vor allem eine Gefahr für sich selber. Setzt man ihn dagegen ans Steuer eines Autos, tötet er vielleicht noch eine Anzahl anderer Menschen, ehe er sich selber den Hals bricht.

Es bedarf eigentlich keiner ausführlichen Beweise. Je größer die Mittel sind, über die ich verfügen kann, um so größer ist der Nutzen oder Schaden, den ich durch meine Fähigkeiten oder Unfähigkeiten verursachen kann.

Buchdruckerkunst, Radio und Fernsehen haben jeweils die Fähigkeit des Menschen gesteigert, seine Unfähigkeit zu multiplizieren. Jetzt kommt noch der Computer hinzu.

Akte Computereinsatz: Fall Nr. 11

R. Fogg, Gründer und Chef der AG, AH, war ein Entwicklungsingenieur, der als Unternehmer schließlich seine Stufe der Unfähigkeit erreicht hatte. Fogg beklagte sich ständig über seinen schlechten Geschäftsführer, über miserable Angestellte und Buchhalter. Er sah nicht, daß sie eigentlich genauso tüchtig waren wie die Angestellten in anderen Betrieben. Einige hatten ihre Stufe der Unfähigkeit noch nicht einmal erreicht, leisteten deshalb sogar etwas und sorgten dafür, daß der Betrieb lief. Sie schafften es, aus Foggs wirren Instruktionen das herauszusieben, was für die Firma nützlich war, und die Anweisungen zu ignorieren, die ihr schaden mußten.

Ein Vertreter überzeugte Fogg, daß ein Computer so programmiert werden könne, daß er imstande sei, die meisten Büroarbeiten zu übernehmen und außerdem die Leistung im Produktionsbereich zu erhöhen. Fogg gab den Auftrag, der Computer wurde installiert und das nun »überflüssige« Personal entlassen.

Doch bald mußte Fogg feststellen, daß die Arbeit nicht mehr so schnell und so gut wie vorher erledigt wurde. Computer haben zwei Eigenschaften, die Fogg nicht einkalkuliert hatte. (Zumindest hatte er nicht begriffen, daß sie für ihn von Bedeutung waren.)

a) Ein Computer streikt, sobald er unklare Anweisungen erhält. Es leuchten einfach ein paar Blinklichter auf, und das Gerät steht so lange still, bis es Informationen bekommt, die es verarbeiten kann.

b) Ein Computer kennt kein Taktgefühl. Er schmeichelt nicht. Er hat kein Urteilsvermögen. Er sagt nicht: »Selbstverständlich Herr . . ., sofort, Herr . . .«, wenn er falsche Instruktionen erhält, und tut später dann doch das Richtige. Solange die falschen Anweisungen korrekt gegeben werden, befolgt er sie.

Mit Foggs Firma ging es steil bergab, und bereits nach einem Jahr war sie bankrott. Sie war der *computerisierten Inkompetenz* zum Opfer gefallen.

WEITERE ABSCHRECKENDE BEISPIELE. Das Erziehungsministerium in Quebec zahlte irrtümlicherweise 275864 Dollar Stipendien aus. Der Fehler wurde von einem falsch programmierten Computer gemacht.

In einer New-Yorker Bank setzte ein Computer aus. Konten mit einem Bestand von drei Milliarden Dollar blieben vierundzwanzig Stunden lang unbearbeitet.

Der Computer einer Luftfahrtgesellschaft druckte 6000 statt zehn Nachbestellungen. Die Gesellschaft sah sich plötzlich einer Lieferung von 5990 Paketen Pfefferminzschokolade zuviel gegenüber.

Eine Studie aus dem Jahre 1966 zeigt, daß 70 Prozent der in England zu diesem Zeitpunkt installierten Computer ein kommerzieller Mißerfolg waren.

Ein Computer erwies sich gegenüber statischer Elektrizität so anfällig, daß er jedesmal Fehler machte, wenn sich ihm eine Angestellte näherte, die Nylonstrümpfe trug.

Drei Beobachtungen

1. Der Computer selber kann inkompetent sein. Er ist dann nicht imstande, die Arbeiten, für die er gebaut wurde, exakt und regelmäßig durchzuführen. Diese Art der Unfähigkeit kann überhaupt nicht beseitigt werden, weil das Peter-Prinzip auch in den Fabriken gilt, wo Computer konstruiert und gebaut werden.

2. Auch wenn der Computer selber fähig ist, vervielfältigt er die Fehler, die infolge der Unfähigkeit seines Eigentümers oder der Bedienungsmannschaft gemacht werden.

3. Der Computer unterliegt dem Peter-Prinzip ebenso wie jedes menschliche Wesen im Betrieb. Wenn er am Anfang gute Arbeit leistet, versucht man ihm immer schwierigere Aufgaben zu übertragen, und schließlich erreicht der Apparat seine Stufe der Unfähigkeit.

Interpretation der Symptome

Diese beiden Erscheinungen – die rasche Ausbreitung der hierarchischen Regression und die computerisierte Inkompetenz – entsprechen einem allgemeinen Trend, der, wenn er fortdauert, unvermeidlich zur allgemeinen Lebensunfähigkeit führen muß. Im dritten Kapitel sahen Sie, daß das zwanghafte Bestreben, einen *input* zu erzeugen (also mit großem Aufwand zu arbeiten), unter Umständen dazu führt, daß die eigentlichen Aufgaben der Hierarchie *(output)* nicht mehr erfüllt werden können. Nun sehen wir, daß der gedankenlose Ausbau des Erziehungssystems und die Automatisierung altmodischer oder irriger Methoden ebenfalls Beispiele für diese geistlose Steigerung des *input* sind. Unsere politischen, wissenschaftlichen, pädagogischen, industriellen und militärischen Führer betonen immer wieder, daß wir so schnell und so weit wie möglich vorwärtsschreiten. Dabei beflügelt uns allein der blinde Glaube, daß großer Aufwand auch großen Ertrag bringt.

Als Student der Hierarchologie erkennen Sie nun, daß die unermüdlichen Bemühungen der Gesellschaft, den Aufwand zu steigern, nichts anderes als eine *Peters Inversion* in großem Maßstab sind.

Der erste Fehler des Menschen:
Das Rad

Sehen Sie sich die Ergebnisse an. Begreiflicherweise sind wir alle von unserer eigenen Klugheit und unserem Fortschrittstreben tief beeindruckt. Noch vor wenigen Jahrzehnten war Amerika übersät mit kristallklaren Seen und durchzogen von Strömen kalten, klaren Wassers. Der Boden spendete gesunde Nahrung. Ruhe und Schönheit der Natur waren dem Städter leicht zugänglich.

Heutzutage sind Seen und Flüsse Jauchegruben. Die Luft ist ungesund, weil sie von Rauch, Ruß und Abgasen verpestet ist. Land und Wasser sind von Pestiziden vergiftet. Vögel, Bienen, Fische und das Vieh sterben. Das Land ist nur noch eine Müllhalde für Abfall und alte Autos.

Und das nennt sich Fortschritt! Wir haben so gewaltige Fortschritte gemacht, daß wir nicht einmal mit Sicherheit sagen können, ob der Mensch eine Überlebenschance hat. Wir haben die Hoffnung dieses Jahrhunderts vernichtet und die Wunder der Wissenschaft nur dazu benutzt, ein Gruselkabinett einzurichten, in dem ein nukleares Gemetzel zum Todesurteil für die ganze Menschheit werden kann. Wenn wir so weitermachen und mit Fiebereifer noch mehr Fortschritte dieser Art planen, erfinden und bauen, werden wir die Stufe der *totalen Lebensunfähigkeit* erreichen.

Eine neue Sozialwissenschaft weist den Weg
Haben Sie manchmal das Gefühl, Sie hätten eine Verabredung mit dem großen Vergessen, möchten aber lieber absagen? Die Hierarchologie kann Ihnen zeigen, wie.

Von allen Vorschlägen, die für die Verbesserung des menschlichen Lebens und die Rettung der menschlichen Rasse gemacht wurden, stützt sich nur einer, das Peter-Prinzip, auf die tatsächliche Kenntnis des Menschen. Die Hierarchologie enthüllt das wahre Wesen des Menschen, sein ständiges Gebären neuer Hierarchien, seinen Drang, sie am Leben zu erhalten, und seine entgegengesetzte Neigung, sie wieder zu zerstören. Das Peter-Prinzip und die Hierarchologie stellen den einigenden Faktor für alle Sozialwissenschaften dar.

Peters Heilmittel

Muß die gesamte menschliche Rasse bis zur Lebensunfähigkeit aufsteigen und sich damit ihren Ausschluß aus der Lebens-Hierarchie verdienen?

Ehe Sie diese Frage beantworten, sollten Sie sich fragen: »Welchen Sinn *(output)* hat die menschliche Hierarchie?«

In meiner Vorlesung »Das Schicksal liegt vor uns« sage ich meinen Studenten immer: »Wenn Sie nicht wissen, wohin Sie gehen, werden Sie vermutlich irgendwo anders landen.«

Kein Zweifel, wenn der Sinn der menschlichen Hierarchie die Zerstörung ist, besteht kein Bedarf für Peters Heilmittel. Wenn wir jedoch überleben und unsere Situation verbessern wollen, zeigen Peters Heilmittel (vom Vorbeugen bis zur Heilung) den Weg.

Ich biete an:

1. Peters Prophylaxe – Mittel, mit deren Hilfe man die Beförderungen auf die Stufe der Unfähigkeit vermeiden kann.

2. Peters Linderungsmittel – für diejenigen, die bereits ihre Stufe der Unfähigkeit erreicht haben. Mittel, um das Leben zu verlängern und Glück und Gesundheit zu bewahren.

3. Peters Placebos – zur Unterdrückung der Symptome des Endplazierungs-Syndroms.

4. Peters Rezepte – Heilung von den Übeln der Welt.

1. Peters Prophylaxe – eine Unze Vorbeugung

Eine Prophylaxe im hierarchologischen Sinne ist eine vorbeugende Maßnahme, die man anwendet, ehe sich das Endplazierungs-Syndrom bemerkbar macht oder ehe die hierarchische Regression einsetzt.

Die Macht des negativen Denkens
Ich empfehle sehr nachdrücklich den gesundheitsfördernden Einfluß des negativen Denkens. Wenn Mr. Mal D'Mahr

über die Schattenseiten der Stellung eines Firmenchefs nachgedacht hätte, würde er wohl kaum die Beförderung angenommen haben.

Nehmen wir an, er hätte sich gefragt: »Was werden die Aufsichtsratsmitglieder von mir denken? Was werden meine Untergebenen von mir erwarten? Was verlangt meine Frau von mir?«

Wenn Mal ständig über die negativen Aspekte der Beförderung nachgegrübelt hätte, wäre er dann noch so arbeitswütig geblieben und hätte schließlich seine Gesundheit zerstört?

Er war geistig kompetent und hätte die negativen Folgen durchaus berechnen können – einschließlich des veränderten Verhältnisses zu seinen Freunden, der widersprüchlichen Erwartungen, die seine Kunden, Aktionäre und Untergebenen in ihn setzten, der Verpflichtung, dem Country Club beizutreten, einen Frack zu besitzen, seiner Frau neue Garderobe zu kaufen, in der Gemeinde bei Geldspenden für alle möglichen Zwecke mit leuchtendem Beispiel voranzugehen. Er hätte an alle diese Dinge denken müssen, die mit der Beförderung verbunden waren.

Es hätte sehr gut sein können, daß er dann zu der Überzeugung gekommen wäre, daß das Leben auf der bisherigen Stufe bereits die Erfüllung bedeutete, daß er zufrieden war und daß es der Mühe wert sei, seinen sozialen Status, sein gesellschaftliches Leben, seine Arbeit und seine Gesundheit zu erhalten.

Sie können sich der Macht des negativen Denkens noch bedienen. Fragen Sie sich selber: »Würde es mir Spaß machen, für den Chef meines Chefs zu arbeiten?«

Betrachten Sie nicht Ihren Vorgesetzten, von dem Sie vielleicht annehmen, daß Sie ihn ersetzen können, sondern *seinen* Vorgesetzten. Würde es Ihnen gefallen, unmittelbar für den Mann zu arbeiten, der jetzt noch zwei Stufen über Ihnen steht? Die Antwort auf diese Frage ist oft schon von vorbeugender Wirkung.

Gegenüber der Unfähigkeit im Bereich der Gemeinde, des Staates oder auf weltweiter Ebene ist die Macht des negativen Denkens ebenfalls von großer Bedeutung.

Betrachten Sie zum Beispiel die Ergebnisse einer kostspieligen Expedition zur Erforschung der Tiefsee. Denken Sie einmal in Ruhe über die Unannehmlichkeiten auf dem Grund des Meeres nach und an die damit verbundene Lebensgefahr. Halten Sie sich demgegenüber die Bequemlichkeit und Sicherheit vor Augen, mit der Sie sich nachmittags neben dem Swimmingpool oder abends auf einer Strandparty vergnügen können.

Grübeln Sie einmal über den Gestank und die Gefahren nach, die damit verbunden sind, daß der gesamte Globus mit Insektengiften besprüht wird, und denken Sie daran, wie gesund es ist und wieviel Spaß es macht, seinen Garten mit der Hand zu besprengen.

Die Macht des negativen Denkens kann uns davor bewahren, daß wir uns selber in eine Lebensunfähigkeit hineinsteigern. Damit verhinderte sie auch eine Vernichtung der Welt.

Ein anderes Mittel zur Vorbeugung:
Die schöpferische Unfähigkeit

Als zweite Möglichkeit, das große Problem der menschlichen Lebensunfähigkeit zu lösen, wollen wir die Anwendung der schöpferischen Unfähigkeit untersuchen. Wir können ruhig weiter den Anschein erwecken, als strebten wir einen abermaligen Aufstieg in der Lebens-Hierarchie an. Dabei können wir jedoch ganz bewußt mit irrelevanter Unfähigkeit vorgehen und uns damit selbst davor bewahren, weiterbefördert zu werden.

(Mit »irrelevant« meine ich, »ohne die Versorgung mit Nahrungsmitteln oder Heizmaterial oder die Erziehung der Kinder in einer gesunden Umgebung zu beeinträchtigen, also ohne die wesentlichen Elemente des Überlebens in Frage zu stellen«.)

Dafür ein Beispiel. Der Mensch hat auf und über der Erde, die er bewohnt, viele Transportprobleme kompetent gelöst. Ohne großen Zeitaufwand kann heute jeder jede Ecke des Globus erreichen, und er braucht dabei nicht mehr Mühen und Gefahren auf sich zu nehmen als bei einem Spaziergang durch die Straßen seines Wohnorts. (Wenn man zufällig in einer Großstadt lebt, sind die Gefahren sogar beträchtlich geringer!)

Ein Aufstieg innerhalb der Beförderungs-Hierarchie hebt den Menschen von der Stufe des Erdreisenden auf die Stufe des Raumfahrers. Es ist jedoch nur eine Steigerung um ihrer selbst willen. Der Mensch braucht den Mond, den Mars oder die Venus gar nicht persönlich zu erkunden. Er hat bereits Radar, Fernsehen und Fotografie eingesetzt und kann auf diesem Wege anschauliche Beschreibungen dieser Himmelskörper erhalten. Die bisherigen Berichte legen den Schluß nahe, daß es sich um unwirtliche Orte handelt.

Sicherlich ginge es dem Menschen ohne den Aufstieg zum Weltraumfahrer besser. Wie wir gesehen haben, ist es jedoch keineswegs leicht, eine Beförderung abzulehnen. Das sicherste, angenehmste und wirksamste Mittel, sie abzuwehren, ist, den Eindruck zu erwecken, daß man sie nicht verdient: Das bedeutet schöpferische Unfähigkeit.

Der Mensch hat heute die Chance, im Bereich der Weltraumfahrt* schöpferische Unfähigkeit zu beweisen. Er hatte die Chance, seiner gefährlichen Intelligenz Zügel anzulegen und ein wenig heilsame Unfähigkeit zu zeigen.

DIE KRANKHEIT ZIEHT SICH HIN. Betrachten wir ein anderes Beispiel. Der Mensch hat sich in der Hierarchie der Heilkunst emporgearbeitet und ist von der Magie, Hexerei und Zauberheilung zur modernen Medizin und Chirurgie aufgestiegen. Heute ist er nahe daran, menschliche Wesen aus natürlichen und künstlichen Teilen zusammenzubauen. Dieser Schritt würde ihn vom Arzt zum Schöpfer befördern.

Doch gibt es angesichts von Bevölkerungsexplosion und weltweiter Hungersnot eine Notwendigkeit, diese Beförderung anzunehmen?

Es liegt an Ihnen
Sie brauchen nur ein wenig nachzudenken, um noch weitere Gebiete zu finden, auf denen die schöpferische Unfähigkeit – jene Demut – gut angebracht wäre.

Konfrontiert mit der Möglichkeit totaler Lebensunfähigkeit – etwa durch Verseuchung der Atmosphäre, einen Krieg mit nuklearen Waffen, eine weltweite Hungerkatastrophe oder das

---

* Die Pfuscherei, die Verzögerungen und Katastrophen im Bereich der Raumfahrt zeigen, daß die damit befaßten Menschen möglicherweise schöpferische Unfähigkeit beweisen. Ich sage »möglicherweise«, weil der Test für echte schöpferische Unfähigkeit darin besteht, daß ein Beobachter nie mit Sicherheit sagen kann, ob die Unfähigkeit beabsichtigt ist oder nicht.

Eindringen von Mars-Bakterien –, wären wir gut beraten, Peters Prophylaxe anzuwenden.

Wenn wir negatives Denken und schöpferische Unfähigkeit praktizieren und es dadurch vermeiden, den allerletzten Schritt zu tun, würden die Überlebenschancen des Menschen steigen. *Peters Prophylactica verhindern pathologische Beförderungen.*

2. Peters Linderungsmittel – eine Unze Trost

Obgleich die menschliche Rasse als Ganzes ihre Stufe der totalen Lebensunfähigkeit noch nicht erreicht hat, steigen viele Individuen (wie wir gesehen haben) bis zu diesem Punkt auf. Sie sorgen dann selbst ziemlich schnell dafür, daß sie diese Welt verlassen.

Ich habe bereits einige Linderungsmittel erwähnt, mit denen diesen Leuten geholfen werden kann – Mittel, die sie befähigen, ihr Leben in verhältnismäßiger Ruhe und Zufriedenheit zu vollenden. Nun wollen wir sehen, wie solche Heilmittel in einem größeren Maßstab angewendet werden können.

Die hierarchische Regression wird aufgehalten!
Wie wir bereits sahen, wird die hierarchische Regression im Erziehungswesen durch eine geräuschlose Sublimierung großen Stils bei Schülern verursacht, die in früheren Zeiten durchgefallen wären.

Mein Vorschlag: Statt die geräuschlose Sublimierung anzuwenden, sollte man diesen Schülern die seitliche Arabeske ermöglichen.

Heute wird ein Schüler, der in der Quarta versagt, in die Untertertia versetzt. Nach meinem Plan würde er eine Arabeske machen: von der Quarta zu einer Art Jahreskurs »Akademisches Tiefenstudium für Anfänger«. Er könnte dort das Pensum der Quarta nachholen, wobei besonderes Gewicht auf die Gebiete gelegt wird, in denen er zuvor versagt hat. Die spezielle Schulung, seine zunehmende Reife und – bei einigem Glück – ein kompetenterer Unterricht könnten ihn dann für die Untertertia reif machen.

Falls nicht, nun, seine Eltern würden wohl kaum etwas dagegen einzuwenden haben, wenn er ein Zweijahres-Stipendium für das »Fortgeschrittene Akademische Tiefenstudium« erhielte.

Wenn der Schüler bis zum Ende der normalen Schulzeit keine weiteren Fortschritte macht, könnte er unter Umständen mit einem Diplom ausgezeichnet werden, durch das er zum Mitglied des »Akademischen Tiefenstudiums« auf Lebenszeit ernannt wird.

So wird er durch die seitliche Arabeske auf seiner Ebene aus der Schule herauskommen. Die Erziehung der Kinder, die weiter nach oben kommen, wird nicht gestört, und die Zeugnisse, die die aufsteigenden Schüler erwerben, werden nicht entwertet.

Diese Technik hat sich bei Individuen, die im Berufsleben stehen, bewährt. Warum sollte man sie nicht auch in großem Maßstab im Bereich des Erziehungswesens erproben? *Peters Linderungsmittel verhindern die geräuschlose Sublimierung.*

3. Peters Placebo – eine Unze Einbildung

Hierarchologisch gesehen, bedeutet die Anwendung von Peters Placebo (Peters Austausch) die Anwendung einer neutralen (nicht-eskalierenden) Methode zur Unterdrückung der unangenehmen Folgen, die mit dem Erreichen der Unfähigkeitsstufe verbunden sind.

Ich möchte nochmals auf den Fall von Mrs. Vender zurückkommen, den ich in Kapitel 13 erwähnt habe. Sie hatte ihre Stufe der Unfähigkeit erreicht und verbrachte die Zeit nicht damit, Mathematik zu unterrichten, sondern damit, sich über die Bedeutung der Mathematik zu verbreiten.

Mrs. Vender *ersetzte Leistung durch Einbildung.* Peters Placebo: Eine Unze Einbildung ist soviel wert wie ein Pfund Leistung.

Nun wollen wir sehen, wie dieser Austausch in großem Maßstab angewendet werden kann. Unfähige Arbeitskräfte sollten wohltönende Reden über *die Würde der Arbeit* halten, anstatt einer Beförderung nachzulaufen. Unfähige Lehrer sollten alle pädagogischen Bemühungen aufgeben und statt dessen ihre Zeit dafür verwenden, sich über die *Bedeutung der Erziehungsarbeit* auszulassen. Unfähige Maler sollten die *Bewunderung für die Kunst* fördern. Unfähige Raumfahrer könnten *Zukunftsromane schreiben*. Sexuell unfähige Leute könnten *Liebesgedichte verfassen*.

Diejenigen, die Peters Placebo befolgen, würden zwar wenig sinnvolle Arbeit leisten, aber wenigstens *keinen Schaden anrichten*. Sie würden auch die Tätigkeit kompetenter Angehöriger der verschiedensten Berufsgruppen und Arbeitsbereiche nicht stören. *Peters Placebo verhindert die berufliche Lähmung.*

4. Peters Rezept – ein Pfund Heilung

Welche Folgen hätte es für die Menschheit, wenn Peters Rezepte angewendet würden?

Peters Vorbeugungsmaßnahmen würden Millionen Menschen davor bewahren, jemals ihre Stufe der Unfähigkeit zu erreichen. Konsequenterweise würden diese Millionen Menschen, die unter dem gegenwärtigen System frustriert und unproduktiv sind, während ihres ganzen Lebens glückliche und nützliche Mitglieder der menschlichen Gesellschaft bleiben.

Peters Linderungsmittel und Peters Placebo würden sicherstellen, daß diejenigen, die ihre Stufe der Unfähigkeit erreicht haben, mit harmlosen Aufgaben weiterbeschäftigt werden und dabei glücklich und gesund bleiben. Dadurch würden Millionen Menschen, die heute damit beschäftigt sind, sich um die Gesundheit dieser Leute zu kümmern und den von ihnen angerichteten Schaden zu beheben, für eine produktive Arbeit freigesetzt.

Und das Ergebnis? Eine gewaltige Reserve an Arbeitskraft, an schöpferischer Phantasie und an Enthusiasmus würde für konstruktive Tätigkeiten freigesetzt.

Wir könnten beispielsweise sichere, bequeme und leistungsfähige Schnellverkehrssysteme für unsere Großstädte entwikkeln. (Sie würden weniger kosten als Mondfähren und mehr Leuten nützen.)

Wir könnten neue Generatoren bauen, die durch rauchlose

Müllverbrennungsanlagen angetrieben werden und die Luft nicht verunreinigen. Auf diese Weise würden wir der menschlichen Gesundheit dienen, die Landschaft verschönern und gleichzeitig dafür sorgen, daß diese Schönheit nicht unter einer Dunstglocke verborgen bleibt.

Wir könnten die Qualität und Sicherheit unserer Autos erhöhen, unsere Autobahnen, Landstraßen und die städtischen Verkehrswege besser in die Landschaft einfügen und so etwas von der früheren Sicherheit und dem Vergnügen einer Reise über Land zurückgewinnen.

Wir könnten wieder lernen, den Acker mit organischen Stoffen zu düngen, die den Boden bereichern, ohne ihn zu vergiften.

Viel Abfall, der heute vernichtet wird, könnte geborgen und in neue Produkte verwandelt werden. Dafür könnte man sich Sammelsysteme ausdenken, die ebenso vielgestaltig sind wie unsere gegenwärtigen Verteilersysteme.

Andererseits könnte nicht mehr verwertbarer Abfall dazu verwandt werden, stillgelegte Kohlengruben, die im Tagebau betrieben worden waren, zuzuschütten und damit nutzbares Land zurückzugewinnen.

Sie können sich das Ergebnis selber ausmalen

Der zur Verfügung stehende Platz erlaubt leider keine weiteren Ausführungen. Als aufmerksamer Leser werden Sie die Anwendungsmöglichkeiten von Peters Rezepten* auf Ihr eigenes Leben und Ihre eigene Arbeit sowie auf das Leben und die Arbeit in Ihrer Stadt, Ihrem Land und auf Ihrem Planeten erkennen.

Sie werden mir zustimmen, daß der Mensch seine höchste Erfüllung nicht dadurch finden kann, daß er Quantität der Quantität wegen erstrebt. Er kann sie nur dadurch finden, daß er die Qualität des Lebens erhöht. Mit anderen Worten: Er muß die Lebensunfähigkeit vermeiden.

Peters Rezept ermöglicht die Steigerung der Qualität des Lebens an Stelle eines gedankenlosen Aufstiegs ins Nichts.

* Ich selber habe es bereits auf die Erziehungswissenschaft angewandt (vgl. ›Prescriptive Teaching‹ von Laurence J. Peter. New York 1965).

Hierarchologie
als aufsteigende Wissenschaft

Ich habe genug gesagt, um zu beweisen, daß Ihr persönliches Glück, Ihre Gesundheit und Ihre Freude am Beruf vom Verständnis des Peter-Prinzips ebenso abhängen wie die Zukunft der Menschheit. Um die menschlichen Probleme zu lösen, müssen Sie die Erkenntnisse der Hierarchologie und Peters Rezepte beherzigen.

Ich habe dieses Buch geschrieben, damit Sie das Peter-Prinzip begreifen und anwenden lernen. Es liegt an Ihnen, ob Sie es akzeptieren und sich zunutze machen. Andere Bücher werden ohne Zweifel folgen. In der Zwischenzeit wollen wir hoffen, daß sich irgendwo ein Philanthrop findet, der an einer der großen Universitäten einen Lehrstuhl für Hierarchologie stiftet. Ich bin bereit und willens, diesen Posten zu übernehmen. Daß ich dazu fähig bin, habe ich wohl durch meine hier vorgelegten Bemühungen bewiesen.

Erklärendes Wörterverzeichnis

Ablenkungs-Therapie: Behandlung zur Linderung des Endplazierungs-Syndroms (Kap. 11).

Abschieben, nach unten, nach oben, seitlich: Techniken zur Abwälzung von Verantwortung (Kap. 12).

Alger-Komplex: Moralischer Wahn, der die Auswirkung des Ehrgeizes auf die Beförderung betrifft (Kap. 5).

Allzweck-Konversation: Vorrat inhaltloser Phrasen (Kap. 12).

Alternativen studieren: Eine Technik der Ersatzhandlungen (Kap. 13).

Änderungszwang: Technik zur Verwirrung Untergebener (Kap. 12).

Angekommen: Endplazierung erreicht (Kap. 3).

Ausnahmen: Es gibt keine Ausnahmen vom Peter-Prinzip.

Bau-Komplex: Auf Gebäude bezogener Komplex (Kap. 12).

Beförderung: Aufstieg von einer Stufe der Kompetenz.

Beförderungs-Quotient: Numerischer Ausdruck der Aufstiegschancen (Kap. 12).

Beruflicher Automatismus: Zwanghaftes Interesse am Ritual unter Vernachlässigung der Ergebnisse (Kap. 3).

Cachinatoria Inertia: Witze erzählen, statt zu arbeiten (Kap. 12).

Caesarianische Schlußfolgerung: Irrationelles Vorurteil gegen bestimmte körperliche Merkmale (Kap. 12).

Codophilie, initial und digital: Statt Wörter Zahlen und Buchstaben zu benutzen (Kap. 12).

Computerisierte Inkompetenz: Inkompetente Anwendung von Computertechniken durch das Bedienungspersonal oder die technisch bedingte Unfähigkeit eines Computers (Kap. 15).

Demut: Eine Technik schöpferischer Unfähigkeit (Kap. 11).

Dienstalter-Faktor: Nach unten gerichteter Druck, der den Aufstieg fähiger Mitarbeiter bremst (Kap. 5).

Eignungstest: Verbreitetes Mittel zur Beschleunigung der Endplazierung (Kap. 9).

Einmal-Aufhören: Der ängstliche Verzicht auf Eins-Hochkommen (Kap. 8).

Eins nach dem andern: Eine Ersatzhandlungs-Technik (Kap. 13).

Einstein, Albert: Mathematiker und richtungweisend in der Herrenmode (Kap. 9).

Endplazierungs-Syndrom: Das Krankheitsbild bei denjenigen, die ihre Stufe der Unfähigkeit erreicht haben.

Ersatzhandlung: Lebensrettende Technik für Arbeitskräfte auf Peters Plateau (Kap. 13).

Expertenrat einholen: Eine Ersatzhandlungs-Technik (Kap. 13).

Fonds: Werden von Professor Peter benötigt (Kap. 7).

Frei schwebender Gipfel: Ein Abteilungsleiter ohne Untergebene (Kap. 3).

Führungsqualität: Disqualifiziert für eine Beförderung (Kap. 6).

Gargantuan monumentalis: Gigantisches Friedhofs-, großes Mausoleums- oder riesiges Grabmals-Syndrom (Kap. 12).

Gefühlsbeladene Begriffe: Ungebräuchlich in der Hierarchologie (Kap. 9).

Geheimhaltung: Seele des Ehrgeizes (Kap. 5).

Geräuschlose Sublimierung: Die Treppe hinauffallen, eine Pseudobeförderung (Kap. 3).

Gipfel-Fähigkeit: Eine seltene Erscheinung (Kap. 9).

Gleichmacherei: Ein soziales System, das die freieste und schnellste Entfaltung des Peter-Prinzips ermöglicht (Kap. 7).

Gönner: Jemand, der den Aufstieg von Angestellten beschleunigt, die unter ihm in der Hierarchie stehen (Kap. 4).

Günstling: Ein Angestellter, der Protektion genießt.

Gute-Alte-Zeit-Komplex: Sentimentale Verachtung der gegenwärtigen Verhältnisse und Glorifizierung der Vergangenheit; Zeichen der Endplazierung (Kap. 12).

Guter Untergebener: Angeblich auch guter Vorgesetzter – ein Irrtum (Kap. 6).

Heep-Syndrom: Symptom-Gruppe, die anzeigt, daß der Patient von seiner eigenen Wertlosigkeit überzeugt ist. Beobachtet von D. Copperfield, überliefert von Charles Dickens (Kap. 9).

Heilige: Gute Menschen, aber inkompetente Widersacher (Kap. 8).

Hierarchie: Organisation, deren Mitglieder oder Angestellte nach Rang, Grad oder Klasse geordnet sind.

Hierarchie, cheopistische oder feudale: Eine Pyramiden-Struktur mit vielen Angestellten niederen und weniger hohen Ranges (Kap. 8).

Hierarchische Regression: Die Folge davon, daß Unfähige zusammen mit Fähigen durchgeschleppt werden (Kap. 15).

Hierarchischer Ausschluß: Beseitigung super-fähiger und super-unfähiger Mitarbeiter (Kap. 3).

Hierarchologie: Eine Sozialwissenschaft, das Studium der Hierarchien, ihrer Struktur und Arbeitsweise, die Grundlage aller Sozialwissenschaften.

Hulls Theorem: »Die vereinte Förderung durch mehrere Gönner entspricht der Summe ihrer jeweiligen Bemühungen, multipliziert mit der Zahl der Gönner« (Kap. 4).

Hypercaninophobia-Komplex: Angst, die bei Vorgesetzten dadurch hervorgerufen wird, daß ein Untergebener große Führungsfähigkeiten zeigt (Kap. 6).

In Frage kommen: Jeder, der seine Pflichten kompetent erfüllt, kommt für eine Beförderung in Frage.

Inkompetenz: s. Unfähigkeit.

Input: Tätigkeiten, die dazu bestimmt sind, die Regeln, Rituale und Formulare einer Hierarchie auszufüllen (Kap. 3).

John-Q.-Ablenkungsmanöver: Übermäßiges Vertrauen in die öffentliche Meinung (Kap. 12).

Köche: Hersteller von Brei, manche von ihnen sind unfähig (Kap. 8).

Kompetenz: Fähigkeit eines Beschäftigten, seine Aufgaben innerhalb der Hierarchie zu erfüllen – beurteilt aus dem Blickwinkel seiner Vorgesetzten (Kap. 3).

Konvergente Spezialisierung: Eine Ersatzhandlungs-Technik (Kap. 13).

Koordinator: Arbeitnehmer mit der Aufgabe, Fähigkeit aus Unfähigen herauszuholen (Kap. 9).

Lebensunfähigkeits-Syndrom: Ursache für Frustration (Kap. 8).

Mediziner: Eine Gruppe, die gegenüber der Hierarchologie Gleichgültigkeit und Feindseligkeit zeigt.

Nebensächlichkeiten-Spezialisierung: Eine Ersatzhandlungs-Technik (Kap. 13).

Oberstes Gebot: Die Hierarchie muß erhalten bleiben (Kap. 3).

Ordnung – »des Himmels oberstes Gesetz«: Die Grundlage des hierarchischen Instinkts (Kap. 8).

Ordnungswahn: Zwang, alle Papiere zu ordnen (Kap. 12).

Output: Leistung nützlicher Arbeit (Kap. 3).

Papyromanie: Zwanghaftes Anhäufen von Papier (Kap. 12).

Papyrophobie: Abnormes Verlangen nach einem aufgeräumten Schreibtisch (Kap. 12).

Partei: Hierarchische Organisation zur Auswahl von Kandidaten für politische Ämter (Kap. 7).

Peter-Invertierter: Jemand, für den die Mittel bereits zum Zweck geworden sind (Kap. 3).

Peter-Prinzip: In einer Hierarchie neigt jeder Mitarbeiter dazu, bis zu seiner Stufe der Unfähigkeit aufzusteigen.

Peters Abwehr: Ablehnung einer angebotenen Beförderung (nicht empfehlenswert) (Kap. 14).

Peters Brücke: Ein wichtiger Test – können Sie Ihrem Gönner ein Motiv geben? (Kap. 4).

Peters Circumbendibus: Verschleierte oder versteckte Umgehung (s. Peters Umgehung).

Peters Folgerung: Es besteht die Tendenz, daß nach einer gewissen Zeit jeder Posten in einer Hierarchie von einem Mitarbeiter eingenommen wird, der unfähig ist, seine Aufgabe zu erfüllen.

Peters Heilmittel: Mittel zur Verhinderung totaler Lebensunfähigkeit (Kap. 15).

Peters Inversion: Innerer Zusammenhalt wird höher bewertet als der Nutzeffekt (Kap. 3).

Peters kleiner Engpaß: Wenn der Weg nach oben durch einen Super-Bremser gesperrt wird (Kap. 4).

Peters Linderungsmittel: Verschaffen Erleichterung bei Unfähigkeits-Symptomen (Kap. 15).

Peters Nuance: Der Unterschied zwischen Pseudo-Erfolg und Endplazierungs-Syndrom (Kap. 5).

Peters Paradox: Angestellte in einer Hierarchie haben im Grunde nichts gegen die Unfähigkeit bei ihren Kollegen.

Peters Placebo: Eine Unze Einbildung ist soviel wert wie ein Pfund Leistung (Kap. 13).

Peters Plateau: Die Stufe der Unfähigkeit.

Peters Prognose: Verwende genügend Zeit auf das Studium eines Problems, und das Problem wird verschwinden (Kap. 13).

Peters Prophylaxe: Eine Unze Vorbeugung (Kap. 15).

Peters Rezepte: Kuren für Individuen oder die Gesellschaft gegen die Übel der Welt (Kap. 15).

Peters Spirale: Der wenig progressive Kurs, dem Organisationen folgen, bei denen Unfähigkeit auf hoher Ebene vorliegt (Kap. 10).

Peters Umgehung: Umgehung eines Super-Bremsers (Kap. 4).

Peters Umkehrung: s. Peters Inversion.

Petersche Interpretation: Anwendung der hierarchologischen Wissenschaft auf die Tatsachen und Fiktionen der Weltgeschichte (Kap. 15).

Phonophilie: Abnormes Verlangen, Tonbandgeräte und Fernsprecheinrichtungen um sich zu haben und zu benutzen (Kap. 12).

Protegé: s. Günstling.

Protektion: Beziehung eines Beschäftigten – durch Blutsbande, Heirat oder Bekanntschaft – zu einer Person, die in der Hierarchie über ihm steht (Kap. 4).

Proto-Hierarchologen: Autoren, die zur Hierarchologie beigetragen haben könnten (Kap. 8).

Pseudo-Erfolgs-Syndrom: Komplex körperlicher Beschwerden, die übertriebenem Ehrgeiz entspringen (Kap. 5).

Reife-Quotient: Maß für die Ineffektivität einer Hierarchie (Kap. 7).

Rigor cartis: Abnormes Interesse an Graphiken, verbunden mit schwindendem Interesse für das, was in den Graphiken dargestellt ist (Kap. 12).

Schau ersetzt Leistung: Eine Ersatzhandlungs-Technik (Kap. 13).

Schöpferische Unfähigkeit: Vorgetäuschte Unfähigkeit, die das Angebot einer unerwünschten Beförderung verhindert (Kap. 14).

Seitliche Arabeske: Scheinbeförderung, die in einem neuen Titel und einem neuen Arbeitsplatz besteht (Kap. 3).

Sokrates-Komplex: Form schöpferischer Unfähigkeit (Kap. 8).

Sprichwörter: Oft Niederschlag hierarchologischer Irrtümer (Kap. 8).

Stufe der Fähigkeit: Stellung innerhalb einer Hierarchie, in der ein Beschäftigter mehr oder weniger das tut, was man von ihm erwartet.

Stufe der Unfähigkeit: Position innerhalb einer Hierarchie, in der ein Beschäftigter unfähig ist, das zu leisten, was man von ihm erwartet.

Super-Bremser: Person über Ihnen, die ihre Stufe der Unfähigkeit erreicht hat und Ihren Aufstieg blockiert (Kap. 4).

Super-Fähigkeit: Seine Arbeit zu gut tun – eine gefährliche Eigenschaft (Kap. 3).

Super-Unfähigkeit: Weder *output* noch *input* – ein Entlassungsgrund (Kap. 3).

Tabula-Gigantismus: Zwanghaftes Streben nach dem größten Schreibtisch (Kap. 12).

Tabulophobia privata: Unfähigkeit, das Vorhandensein von Schreibtischen zu ertragen (Kap. 12).

Tabulogie, abnorme: Studium ausgefallener Anordnungen von Schreibtischen etc. (Kap. 12).

Totes Holz: Ansammlung von Beschäftigten auf jeder Stufe einer Hierarchie, die ihre Stufe der Unfähigkeit erreicht haben.

Überforderung: Zustand, der manchmal von unteren Angestellten, häufiger vom Management empfunden wird (Kap. 9).

Unfähigkeit: Eine Null-Quantität. Unfähigkeit plus Unfähigkeit gleich Unfähigkeit (Kap. 10).

Universal-Hierarchologie: Unerschlossenes Feld der Wissenschaft (Kap. 7).

Uriah-Heep-Syndrom: s. Heep-Syndrom.

Vergleichende Hierarchologie: Eine unvollendete Studie (Kap. 7).

Völlige Irrelevanz: Eine Ersatzhandlungs-Technik, die vor allem auf den höheren Ebenen des Geschäftslebens angewandt wird (Kap. 13).

Vorübergehende Erleichterung: Ergebnis ärztlicher Behandlung des Endplazierungs-Syndroms (Kap. 11).

Wanken-und-Wackeln-Syndrom: Unfähigkeit, Entscheidungen zu treffen (Kap. 12).

Zufalls-Plazierung: Verzögerungsmoment beim Erreichen der Unfähigkeitsstufe (Kap. 9).

Zwanghafte Unfähigkeit: Zustand, der bei Gipfel-Fähigen zu beobachten ist (vgl. Gipfel-Fähigkeit).

Zwischenzeitliche Verwaltung: Eine Ersatzhandlungs-Technik (Kap. 9).

Schlimmer geht's immer

Das Peter-Prinzip im Lichte neuerer Forschung

Für Stephen Pile, der glaubt,
daß Erfolg überschätzt wird,
und dessen Loblied auf den Mißerfolg
uns allen, die wir an die Grenzen
unserer Kompetenz stoßen,
zum Trost gereichen sollte.

1. Ein Mann mit Prinzip

Das Peter-Prinzip: In einer Hierarchie neigt jeder Beschäftigte dazu, bis zu seiner Stufe der Unfähigkeit aufzusteigen.

Laurence J. Peter

Zweifel suchen mich heim: Ich bin mir nicht sicher, ob die Welt von Leuten regiert wird, die unfähig, aber aufrichtig sind, oder von gerissenen Burschen, die uns an der Nase herumführen. Betrachten Sie die folgenden Fälle, und Sie werden mein Dilemma verstehen. Als Professor an der Universität von British Columbia erhielt ich ein Rundschreiben folgenden Inhalts: »Professoren, die keine eigene Sekretärin haben, mögen sich der Mädchen im zentralen Schreibbüro bedienen.« Im *Courier* von Stoughton, Wisconsin, stand zu lesen: »Die Forton-Street-Brücke wurde nach ihrem Einsturz im letzten Herbst repariert. Es wurden neue Stahlplatten für den Träger angebracht, so daß sich die Brücke jetzt in dem gleichen Zustand wie vor ihrem Einsturz befindet.« In einem Stellenangebot hieß es: »Für die Arbeit an nuklearen Spaltisotopen-Molekularreaktionszählern und Drei-Phasen-Zyklon-Uranium-Photosynthetisierern Personen ohne Vorkenntnisse gesucht.« Im *San Francisco Examiner* fand sich folgende Nachricht: »*East Greenwich, R. I.* Sprecher der Verkehrsbehörde erklären, für den Bautrupp, der die gelbe Straßenbegrenzungslinie über einen Hundekadaver am Straßenrand zog, gäbe es keine Entschuldigung.«

Mein Drang nach Wahrheit war unbezwinglich, ich wollte die tieferen Gründe dafür in Erfahrung bringen, daß so viele Dinge schiefgehen, obwohl ich selten mit Sicherheit sagen kann, ob eine dieser unverkennbaren Manifestationen der Unfähigkeit das Werk eines ehrlich bemühten Trottels oder der Trick eines ausgekochten Schlitzohrs ist.

Freiheit durch schöpferische Unfähigkeit

Meine letzte feste Anstellung in einer etablierten Hierarchie trat ich 1966 als Professor der Erziehungswissenschaft an der Universität von Südkalifornien an. In dieser Position boten sich mir unzählige Möglichkeiten, über meine Kompetenz-Stufe hinaus aufzusteigen und ein Opfer meines eigenen, des Peter-Prinzips zu werden. Während einer achtundzwanzigjährigen Tätigkeit im Erziehungswesen war ich vom Studenten zum Lehrer aufgestiegen, vom Lehrer zum Fachbereichsleiter, vom Fachbereichsleiter zum Studienberater, vom Studienberater zum Psychologen, dann zum Leiter der psychologischen Beratungsstelle und schließlich zum ordentlichen Professor. In jeder dieser Positionen entwickelte ich Kreativität, Selbstbewußtsein und Kompetenz, die letzte Stufe aber brachte die Erfüllung. Die Lehrtätigkeit war hochbefriedigend, in den Forschungsprojekten konnte ich meine schöpferischen Kräfte entfalten, und die Ergebnisse meiner Untersuchungen gaben mir das Gefühl, etwas zu leisten. Die Leitung des Zentrums für milieugeschädigte Kinder verschaffte mir große Befriedigung, und ich lernte ständig etwas hinzu. Ich hatte das Empfinden, in dem von mir gewählten Beruf meine Stufe optimaler Effektivität erreicht zu haben, die mir ständige Erfolgserlebnisse bescherte, weil ich an Projekten arbeiten konnte, die von großem persönlichen Interesse für mich waren.

Mein direkter Vorgesetzter wurde versetzt, und man bot mir die Beförderung zum Institutsdirektor an. Überzeugt davon, daß meine damalige Stellung die Verwirklichung eines lange gehegten Traums sei, lehnte ich ab. Freunde und Bekannte ermahnten mich, nichts zu überstürzen und meinen Entschluß noch einmal zu überdenken. Während der folgenden Wochen wurde ich von oben ermutigt und von allen Seiten gedrängt, doch ja die Beförderung anzunehmen. Das Ganze begann mir lästig zu werden, deshalb entschloß ich mich zur Anwendung der schöpferischen Unfähigkeit. Bei dieser Technik erweist man sich mit Absicht in einem Bereich als unfähig, der nichts mit dem eigentlichen Tätigkeitsfeld zu tun hat. Der Vorgesetzte soll davon überzeugt werden, daß man keine Beförderung verdient, obwohl man in seiner derzeitigen Stellung Kompetenz beweist. Das mag schwierig klingen, in der Praxis aber erwies es sich als sehr einfach und amüsant. Einmal in der Woche stellte ich mein Auto auf dem reservierten Parkplatz des Dekans ab, und prompt war von Beförderung keine Rede mehr.

Leider erhielt ich kurz darauf ein Forschungsstipendium, das mir neue Beförderungsangebote eintrug. Abermals rettete mich die schöpferische Unfähigkeit. Als der Dekan in meinem Büro vorbeischaute, um meinen Rat zu einem wissenschaftlichen Problem einzuholen, nahm ich aus einer Schreibtischschublade einen Wurfpfeil und warf ihn auf eine an der Wand hängende Zielscheibe. Ich schrieb die getroffene Zahl auf, nahm eine rasche Berechnung vor und beantwortete seine Frage. Er scheint nie begriffen zu haben, daß ich die Antwort längst parat hatte. Das überraschte mich nicht, denn mir war längst aufgefallen, daß man den Dekan meistens darauf hinweisen mußte, wenn man ihm einen Witz erzählte, wann er zu lachen hatte. Dieser Dekan war so humorlos, daß es sogar anderen Dekanen auffiel.

Ich wußte, daß die Wurfpfeil-Strategie zum Erfolg geführt hatte, als ich hörte, wie er zu jemand anders sagte: »Der Peter ist ein Genie, aber leider ein Exzentriker.« Abermals wurden alle Bemühungen, mich zu einer Beförderung zu überreden, eingestellt. Die Institutsleitung wurde vorübergehend einem Professor übertragen, den nur noch wenige Monate von seiner Emeritierung trennten. Mit dem Gespenst eines führungslosen Instituts im Nacken wurden erneute Anstrengungen unternommen, mich zu befördern. Bei einer denkwürdigen Fachbereichssitzung merkte ich an der übermäßigen Freundlichkeit und den ganz und gar unüblichen Schmeicheleien, mit denen ich von allen Seiten bedacht wurde, daß irgend etwas im Busch war. Der Vorsitzende eröffnete die Sitzung und verkündete den ersten Tagesordnungspunkt: die Wahl eines neuen Institutsleiters. Daraufhin versicherte mich jeder Professor seiner vollkommenen Loyalität und Kooperationsbereitschaft, falls ich die Wahl annehmen würde. Alle erklärten sich bereit, die Stipendiumsanträge, die Buchführung und all die anderen unangenehmen Arbeiten zu übernehmen. Ich hätte nichts anderes zu tun, als in meinem Büro zu sitzen, ein paar Papiere zu unterschreiben und den ganzen Ruhm einzuheimsen. Obgleich das Bild, das sie entwarfen, verlockend war und ich nicht an ihrer guten Absicht zweifelte, vergaß ich nicht einen Augenblick den Unterschied zwischen ihren hochherzigen Versprechungen und den Grabenkämpfen, Verleumdungen und kleinlichen Übelnehmereien, die den Institutsalltag prägten. Ich erinnerte mich der alten Weisheit: »Professoren sind so aggressiv, weil ihr Einsatz so gering ist.«

Wie konnte ich das Utopia widerlegen, das sie ausmalten? Wie konnte ich mich gegen so viel Zuneigung, Loyalität, Wertschätzung und Kooperationsbereitschaft zur Wehr setzen? Die Situation verlangte verzweifelte Maßnahmen. Schweigend sah ich mich im Raume um und blickte tief in die bittenden Augen meiner Kollegen. Ich starrte zur Decke, als erwartete ich eine Eingebung von oben. Langsam erhob ich mich und ging zum Fenster, wo ich eine Zigarette und ein Vergrößerungsglas aus der Tasche nahm. Ich bündelte die Sonnenstrahlen auf das Zigarettenende und wartete geduldig, bis sich der Tabak entzündete. Dann führte ich die Zigarette an meine Lippen, nahm einen Zug und atmete genüßlich einen dünnen Rauchfaden aus. Alle Augen ruhten auf mir, als ich langsam an meinen Platz zurückging. Vollkommenes Schweigen hatte sich auf die Sitzung herabgesenkt. Nach einer längeren Pause blätterte der Vorsitzende in seinen Unterlagen, räusperte sich und meinte: »Ich glaube, wir sollten uns nun dem nächsten Punkt der Tagesordnung zuwenden.« Wieder hatte die schöpferische Unfähigkeit den Sieg davongetragen.

Durch umsichtigen Einsatz schöpferischer Unfähigkeit und durch die Macht negativen Denkens konnte ich auf meiner Stufe der Unfähigkeit verharren, bis der Erfolg des Buches *Das Peter-Prinzip* es mir ermöglichte, mich dem Universitätsbetrieb zu entziehen und meine Untersuchungen unabhängig von jeder hierarchischen Organisation fortzusetzen. Welche

Abenteuer ich auf meinem Weg in diesen glücklichen Zustand erlebt habe und welche Ereignisse zur Entdeckung des Peter-Prinzips führten, will ich im folgenden schildern.

Streben nach Kompetenz

Die erste Phase in meinem Ringen um Kompetenz begann 1938, als ich die erste Lehrveranstaltung meines Lehrerstudiums belegte, und dauerte bis 1963. Alle diese Jahre waren erfüllt von Aus- oder Fortbildungskursen. Bedeuteten diese fünfundzwanzig Jahre ununterbrochenen Studiums, daß ich zum Typus des letztlich unfähigen Gelehrten gehörte? Oder war daraus einfach der Schluß zu ziehen, daß es mir länger als anderen am nötigen Durchblick fehlte? Ich werde es wohl nie wissen, erkläre mir aber diese hartnäckige Suche nach Erkenntnis damit, daß mich vom Beginn meiner pädagogischen Laufbahn an die eine Frage fasziniert hat: »Was müssen Lehrer tun, damit Schüler lernen?«

Die Bedeutung dieser Frage ging mir während des Lehrermangels im Zweiten Weltkrieg auf. Ich hatte ein erziehungswissenschaftliches Studium absolviert, und man hatte mir schwarz auf weiß bestätigt, daß ich für das Lehramt qualifiziert sei. Ich glaubte spezielle Erkenntnisse und Fertigkeiten erworben zu haben, über die die Angehörigen anderer Berufszweige nicht verfügten.

> »Ich ziehe die Gesellschaft von Bauern vor, weil sie nicht genügend Bildung genossen haben, um falsche Schlußfolgerungen zu ziehen.«
> MONTAIGNE

Infolge des Mangels an ausgebildeten High-School-Lehrern wurden auch Personen mit einer vorübergehenden Lehrerlaubnis ausgestattet, die zwar qualifizierte Kenntnisse in einem bestimmten Fach besaßen, aber keine Lehrerausbildung genossen hatten. E. Fitz* unterrichtete dank einer solchen (kriegsbedingten) vorläufigen Erlaubnis in meinem

* Die Namen einiger Personen sind zum Schutz der Unschuldigen und Schuldigen verändert worden.

Fachbereich. Als ich bemerkte, daß er einen ganz ähnlichen Unterrichtsstil hatte wie ich und daß die Schülerleistungen in beiden Klassen vergleichbar waren, brachte mich das einigermaßen aus dem Konzept. Was hatte ich in meinem Lehrerstudium gelernt? Warum war ich kein besserer Lehrer als Ben, der nie eine Lehrerausbildungsstätte von innen gesehen hatte? Hatte ich mich selber zum Narren gehalten, als ich glaubte, pädagogische Seminare seien wichtig und dienten der besseren Erfüllung des Lehrerberufs? Diese Fragen weckten mein Interesse an der pädagogischen Befähigung und den Möglichkeiten ihres Erwerbs.

> *Tüchtige Lehrer haben Erfolg trotz der psychologischen Theorien, mit denen man sie vollgestopft hat.*
> Pädagogisches Sprichwort

Eine Superkompetente

1943 unterrichtete ich in einem Kellerraum der zentralen Grundschule in Chilliwack in British Columbia in Kanada. In dem anderen Kellerraum führte Mrs. Abel die erste Klasse. Nach meinem Eindruck war Mrs. Abel eine kleine, dickliche Person mittleren Alters, die ihr Haar in einem säuberlichen Knoten auf dem Kopf trug. Jahrein, jahraus sah man sie in einem marineblauen Rock, einer weißen Bluse und schwarzen Straßenschuhen. Das Eindrucksvollste an ihr war die Art, wie sie sich gab und sprach. Stets war eine Aura vollkommener Ruhe um sie, und jedem Gesprächspartner sah sie direkt in die Augen. Der Schulleiter hatte mich darauf hingewiesen, daß die anderen Lehrer nicht mit ihr auskämen, daß sie aber eine hervorragende Lehrerin sei, geliebt und bewundert von den Kindern und Eltern. Später erzählte er mir von seinem Problem: Alle Eltern von Erstkläßlern wollten, daß ihre Kinder in Mrs. Abels Klasse kamen, weil sie im ganzen Schulbezirk als beste Lehrerin für den Erstlese- und Schreibunterricht galt.

Schon nach kurzer Zeit hatte ich begriffen, warum sie nicht mit ihren Kollegen auskam. Sie besuchte nur die unbedingt erforderlichen Dienstversammlungen und vermied allen darüber hinausgehenden sozialen Kontakt. Sie verzehrte ihr Pausenbrot im Klassenraum bei ihren Schülern statt im Lehrerzimmer. Sie erklärte mir, daß sie die beste Grundschullehrerin im Bezirk sei und daß ihre Kollegen keine Ahnung von ihrem Job hätten. Wenn man sie um Hilfe oder Rat fragte, antwortete sie: »Ich habe mir Techniken angeeignet, die auf meinen persönlichen Unterrichtsstil zugeschnitten sind. Warum legen Sie sich nicht Techniken für Ihren Stil zu?« Wenn man sie fragte, wie sie es schaffe, allen ihren Schülern in ein paar Wochen das Lesen beizubringen, während andere Lehrer dafür ein ganzes Jahr brauchten, antwortete sie: »Weil ich bessere Techniken habe als sie.«

> *»Ein Lehrer arbeitet für die Ewigkeit. Niemand kann sagen, wo sein Einfluß endet.«*
> HENRY ADAMS

Als der Schulleiter merkte, daß ich mich für Mrs. Abel nicht nur interessierte, weil mich ihr eigenwilliges Verhalten neugierig machte, sondern weil ich ihre Fähigkeit bewunderte, erzählte er mir ein bißchen mehr über sie. Sie hatte die örtliche High-School vor vierundvierzig Jahren beendet und dann eine nahe gelegene Pädagogische Hochschule besucht. Daraufhin war sie nach Chilliwack zurückgekehrt und hatte ihre Arbeit als Grundschullehrerin aufgenommen. Seither hatte sie – von drei Jahren abgesehen, in denen sie geheiratet hatte, eine Tochter bekommen hatte und verwitwet war – stets erste Klassen unterrichtet. Trotz des Drängens von Schulräten und anderen Vorgesetzten hatte sie sich hartnäckig geweigert, noch einmal die Universität zu besuchen oder an Fortbildungsmaßnahmen teilzunehmen, um höhere Lehrbefähigungen zu erwerben. Auf solche Ansinnen pflegte sie zu antworten: »Wissen diese Leute ein Quentchen mehr über unseren Beruf als ich?« Wenn man sie aufforderte, einen akademischen Titel zu erwerben, damit man sie befördern könne, erwiderte sie: »Ich will keine Beförderung. Ich will nicht in die Schulverwaltung. Ich möchte mit Kindern arbeiten, nicht mit Erwachsenen.«

> **»Warum um alles in der Welt bekommen die Beamten in der Schulverwaltung mehr Geld, wenn es im Grunde um das Unterrichten geht?«**
>
> GOUVERNEUR JERRY BROWN

Ich weiß nicht recht, warum mich Mrs. Abel in ihren Klassenraum bat und mir ihre Vorstellungen anvertraute, aber schon mein erster Unterrichtsbesuch überzeugte mich davon, daß ich ein pädagogisches Genie an der Arbeit sah. Obgleich die Beobachtungen, die ich in einem Zeitraum von zwei Jahren vornehmen konnte, nur winzige Einblicke in ein glänzend geplantes und hervorragend durchgeführtes Unterrichtsprogramm darstellten, möchte ich einige meiner Eindrücke schildern und vor allem die Erklärungen wiedergeben, die Mrs. Abel zu ihren Methoden lieferte.

Der erste Tag. In den vierziger Jahren waren in diesem ländlichen Gebiet keine Kindergärten und Vorschulen vorhanden. Deshalb begann Mrs. Abel damit, ihre Schüler an den Schulalltag zu gewöhnen. Nachdem die Kinder einen Platz gefunden hatten und begierig auf ihre erste Stunde warteten, hängte sie vorne in der Klasse ein Bild auf, das drei rote Äpfel zeigte. Sie sagte: »Wir wollen einen Vers zu diesen Äpfeln lernen.« Langsam trug sie vor: ✺Wie viele Äpfel sehn wir an? Eins, zwei, drei, wer das nicht kann!« Anschließend ließ sie die Klasse das Gedichtchen im Chor hersagen, indem sie den Takt mit der Hand vorgab. Als sie sicher war, daß alle Kinder mitsprachen, drehte sie das Bild um, wobei der Text des Verses auf der Rückseite sichtbar wurde. Im gleichen Takt wie zuvor zeigte sie nun auf die Wörter, während die Kinder den Reim aufsagten. Zum Schluß teilte sie noch hektographierte Abzüge des Verschens aus, und die Kinder sagten ihn erneut auf, wobei sie mit den Fingern auf die Wörter zeigten. Nach diesem ersten Tag verließen fröhliche Kinder die Schule, und ich bin sicher, daß überall in unserem Schulbezirk überraschte Eltern erlebten, wie ihre frischgebackenen Abc-Schützen auf die Wörter des mitgebrachten Zettels zeigten und ihr Apfelgedicht »vorlasen«.

»Der mittelmäßige Lehrer erzählt. Der gute Lehrer erklärt. Der bessere Lehrer beweist. Der große Lehrer begeistert.«

WILLIAM ARTHUR WARD

Dazu erklärte Mrs. Abel: »Ich fange mit Wörtern und Gegenständen an, die den Kindern vertraut sind. Die schwerste Aufgabe ihres Lebens – die Beherrschung ihrer Muttersprache – meistern die Kinder ohne die Schule. Der Klang des Wortes *Apfel* ist ein Symbol, das keinerlei Ähnlichkeit mit einem Apfel hat. Das gleiche gilt für das Wortbild APFEL. Wenn das Kind das Wort sprechen kann, sollte das Lesen des Wortes keine Schwierigkeit bedeuten. Deshalb bringe ich den Kindern erst bei, die Wörter zu sagen, und dann zeige ich ihnen die Wörter.«

Ich wußte zu ihrer Theorie nichts zu sagen, war aber beeindruckt von den Ergebnissen, die sie erzielte. Systematisch ging sie zu längeren Reimen über und übertrug die erlernten Wörter auf andere Zusammenhänge. Vom ersten Tag an lasen die Kinder und machten rasche Fortschritte. Die Freude über ihre Erfolge war unübersehbar. Die vorgeschriebene Fibel hatten sie in der Hälfte der vorgesehenen Zeit durch, so daß sie sich weiterer Lektüre zuwenden konnten.

In jedem Bereich ihres Unterrichts schien Mrs. Abel einem System zu folgen, das funktionierte. Ihr Programm war entwicklungspsychologisch so aufgebaut, daß jedes Kind die elementaren Fertigkeiten erwarb, die es zum Lesen, Schreiben und Rechnen brauchte. Sie besaß eine phänomenale Fähigkeit, alle Kinder im Auge zu behalten und dafür zu sorgen, daß sie alle wesentlichen Grundfertigkeiten erlernten. Auf meine Frage hatte sie eine prägnante und einleuchtende Erklärung zur Hand:

»Ein altes Sprichwort sagt: ›Das Auge des Bauern macht die Schafe fett.‹ Das glaube ich gern. Mein Erfolg beruht im wesentlichen darauf, daß ich bemerke, wenn ein Kind Schwierigkeiten hat. Deswegen bleibt kein Kind bei mir in der Klasse zurück. Sobald ein Kind zurückbleibt, können sich die Folgen addieren und zu einer massiven Lernbehinderung aufwachsen. Das Auge des Lehrers beflügelt die Lernerfolge des Kindes.«

Und ein andermal: »Die Leseexperten bilden zwei Lager. Die eine Gruppe schwört auf die Lautlehre als den Königsweg zum Lesenlernen, und die andere ist davon überzeugt, daß die Ganzheitsmethode mehr glückliche kleine Leser hervorbringt. Wie können sich intelligente Erwachsene nur in einen so törichten Streit verzetteln? Ein guter Unterricht muß beide Methoden in sich vereinen, statt sie zu trennen. Nehmen wir das Wort *kann* im Apfelvers. Die Kinder sehen das Wort und sagen es. Mit Hilfe einer anderen Karte spielen wir dann ein Spiel, indem wir das Wort abwandeln: *Mann, dann, Kanne, Kante* usw. Nachdem sie den Umgang mit all diesen Vokalen und Konsonanten gelernt haben, können sie viele kurze Wörter lesen. Dann kombinieren wir einige dieser Wörter, und sie können Wörter lesen wie *Tischkante, Stuhlkante, Milchkanne, Kaufmann,* usw. Ich brauche mich nur an ihre Erfahrungen zu halten und an die Gedichte und Geschichten, die wir lesen, um ihren visuellen Wortschatz, ihre wortanalytischen Fertigkeiten und ihren Lautbestand ständig auszubauen. Diese Techniken ergänzen sich in meiner Unterrichtsmethode und sind kein Entweder-Oder, wie die Experten meinen.«

Sie berichtete mir, daß der Schulrat sie vor Jahren aufgefordert habe, Psychologiekurse zu besuchen, und sagte: »Als ich ihn fragte, wozu das gut sein solle, erklärte er mir, es könne mir helfen, die Kinder besser zu verstehen. Ich erwiderte, als Lehrerin sei mir mehr daran gelegen, daß die Kinder mich verstünden.«

Jahrelang hatte sie sich standhaft geweigert, anderen Lehrern in Vorführstunden Einblick in die Geheimnisse ihrer Methode zu gewähren, doch im letzten Jahr vor ihrer Pensionierung wurde sie schwach. Ich teilte meinen Lehrmittelraum mit ihr. Ein paar Tage vor dem großen Ereignis entdeckte ich, daß sie einige der üblichen Materialien ausgegraben und ihre eigenen Lehrmittel weggestellt hatte. Als ich sie danach fragte, erklärte sie: »Ich habe die Sachen, mit denen ich am besten arbeiten kann, versteckt und zeige ihnen nur den Kram, den ich längst nicht mehr verwende. Ich habe vierzig Jahre gebraucht, um meine Methoden zu entwickeln. Warum soll ich es denen so einfach machen?«

Einstellung, Kooperationsbereitschaft, Fortbildungsstand, Einsatz neuer audiovisueller Lehrmittel und erprobter Unterrichtstechniken von Mrs. Abel würden heute wahrscheinlich in den Augen der Schulbehörde wenig Gnade finden. Ich wünschte, sie hätte bereitwilliger Einblick in ihre Unterrichtsmethoden gegeben, wäre offener für neue Ideen gewesen und hätte ihren pädagogischen Horizont erweitert. Doch trotz ihres eigenwilligen Vorgehens und ihrem wenig »professionellen« Gebaren besteht kein Zweifel daran, daß sie zu den wenigen Superlehrern gehörte, die geboren werden. Ihre Schüler kamen mit großer Begeisterung in die Schule, lasen besser und lernten mehr als irgendwelche anderen Erstkläßler, die ich kennengelernt habe.

> **»Das Unterrichten ist keine vergessene Kunst, doch die Achtung davor ist eine vergessene Tradition.«**
> JACQUES BARZUN

Entscheidend für Mrs. Abels Erfolg war wahrscheinlich ihre Empfänglichkeit für Rückmeldungen. Sie registrierte genau, wie ihre Schüler auf ihre Anweisungen reagierten. Der Lernerfolg der Kinder zeigte ihr, was schlecht war und was sie in ihrem Unterricht wiederverwenden konnte. Die kritische Einstellung gegenüber der eigenen Leistung sorgte für die Effizienz ihres Unterrichts. Jede Unterrichtserfahrung war für sie eine Lernerfahrung, so daß ihre Fähigkeit über den gesamten Zeitraum ihrer Berufstätigkeit zunahm.

> **»Die meisten Lehrer würden in ihrem Vortrag über die Navigation fortfahren, während das Schiff untergeht.«**
> JAMES H. BOREN

Weitere kompetente Leute

Im Laufe der nächsten zehn Jahre begegnete ich vielen hervorragenden Lehrern. Zum Beispiel Mr. Julius, der ein ausgeklügeltes System von Simulationsspielen entwickelt hatte, mit denen er retardierten Kindern viele gesellschaftlich wertvolle Fertigkeiten vermittelte – etwa die Fähigkeit, sich zu pflegen und sauber zu halten, sich im Verkehr zu bewegen und für sich selbst zu sorgen. Den vielen Schülern in seinen Klassen an der Sonderschule für retardierte Kinder hat er ganz neue

Lebensmöglichkeiten erschlossen. Auch die Arbeit von Mr. Query, der besonders begabte High-School-Schüler unterrichtete, flößte mir Bewunderung ein. Durch spezielle Anforderungen und hartnäckiges Fragen förderte er die überdurchschnittlichen Fähigkeiten seiner Schützlinge. Ann Cestery war eine mitreißende Lehrerin im Fach *Social Studies*, die ihre Schüler Untersuchungen in der eigenen Familie und Gemeinde durchführen ließ. Sie machten das so gut, daß sie Preise der British Columbia Historical Society und des British Columbia Research Councils erhielten. Ich habe mich eingehend mit der Frage beschäftigt, wie diese oder andere außerordentlich erfolgreiche Lehrer ihre hervorragenden Ergebnisse erzielten. In fast jedem Fach war ihre Effektivität das Ergebnis eigenwilliger oder unorthodoxer Methoden und nicht der im Laufe ihrer Ausbildung erworbenen Techniken.

Jahre später las ich von einem Forschungsprojekt über Lehrereffektivität, das James Popham an der Universität von Kalifornien in Los Angeles durchgeführt hatte*, und war nicht überrascht, als ich die Ergebnisse sah. Mehr als zweitausend Schüler waren von ausgebildeten, geprüften Lehrern unterrichtet worden und von Personen, die fundierte Kenntnisse im jeweiligen Fach besaßen, aber keine pädagogische Ausbildung genossen hatten. Die erste Gruppe nannte Popham *Lehrer*, die zweite *Nichtlehrer*. Hinsichtlich des Lernerfolgs der Schüler gab es keinen statistisch signifikanten Unterschied zwischen Lehrern und Nichtlehrern.

Ein Jahr im Gefängnis
1947 wurde ich Erzieher im Strafvollzug von British Columbia und hatte mich um männliche Gefangene im Alter zwischen siebzehn und dreiundzwanzig Jahren zu kümmern. Bisher hatte ich den Lehrberuf als angenehme und befriedigende Aufgabe empfunden, die mir immer wieder Erfolgserlebnisse verschaffte. Die Arbeit mit Gefangenen erwies sich als niederschmetternde Erfahrung. Viele meiner intelligenteren Schützlinge empfanden das Freizeitangebot als langweilig. Um ihnen ein bißchen Abwechslung zu verschaffen, machte ich sie mit den Anfangsgründen des Schachspiels vertraut. Nach ein paar

* W. J. Popham: ›Performance Tests of Teaching Proficiency: Rationale, Development and Validation‹, *American Educational Research Journal*, Januar 1971.

Minuten wurde Tonys Dame von einem gegnerischen Bauern geschlagen. Tony fragte mich: »Was zum Teufel soll ich jetzt tun? Er hat meine Alte mit seinem verdammten Luden geschnappt.« Nach zehn Minuten Spiel hatte Tony alle Schachausdrücke vergessen, die ich ihm beigebracht hatte.

Auch als Berater hatte ich nicht viel mehr Erfolg. Mario erzählte mir, wie er zu seiner Gefängnisstrafe gekommen war. Jedes Abenteuer, von dem er berichtete, war ein schlagender Beweis für seine kriminelle Unfähigkeit. Beim Diebstahl einer Lastwagenladung Warenhausartikel geriet er in Panik und beruhigte sich mit einer Zigarette. Als er die Packung hervorholte, zog er seinen Führerschein mit heraus, der ihm unbemerkt zu Boden fiel. Ein Einbrecher, der Namen und Adresse am Schauplatz des Verbrechens hinterläßt, stellt die Strafverfolgungsbehörde vor keine große Aufgabe. Ein andermal stahl er eine 750 Kilogramm schwere Rolle Oberleitungsdraht. Da das Wasserwerk den gesamten Oberleitungsdraht der Provinz British Columbia besaß, konnte bei seinem Versuch, den Draht als Altmetall zu verkaufen, nicht verborgen bleiben, daß er mit gestohlener Ware handelte. Er wurde festgenommen. Bei einem Einbruchsversuch hatte er das Türschloß bereits geöffnet, als er feststellte, daß ihm noch ein Sicherheitsschloß den Zugang verwehrte. Er brauchte eine Metallsäge, löste aber die Einbruchssicherung aus, als er in eine Eisenwarenhandlung einstieg, um sich eine solche Säge zu verschaffen.

Er schloß die Erzählung seiner kriminellen Mißerfolge mit den Worten: »Wissen Sie, Mr. Peter, wenn ich so meine Fehler im Rückblick betrachte, weiß ich endlich, warum ich heute in Schwierigkeiten stecke.« Das war der Augenblick der Wahrheit, von dem jeder Berater träumt: Die Einsicht des Probanden in sein Problem. »Mario«, sagte ich, »das ist ein Riesenfortschritt. Sie haben erkannt, wo Ihr Fehler liegt.« Er hob den Kopf, blickte mir in die Augen und sagte langsam und deutlich: »Ja, mein Fehler war, daß ich mir einen so miesen Anwalt genommen habe.«

In einem meiner Tests war eine Lücke zu füllen: »__ währt am längsten.« Alle Gefangenen fanden die richtige Ergänzung: *Ehrlich*.

Nach einem Jahr im Gefängnis kehrte ich in den Schuldienst zurück. Ich war um eine wichtige Erfahrung reicher: Zwischen dem, was die Menschen wissen, und dem, was sie tun, gibt es einen großen Unterschied.

Meine Erfahrungen im Gefängnis beeinflußten meine künftige Berufstätigkeit in zweierlei Hinsicht. Erstens fiel mir jetzt eine gemeinsame Eigenschaft meiner Schüler auf: ihr Mangel an Triebkontrolle. Ihre Fähigkeit zu verzögerter Triebbefriedigung schien retardiert. Ich kam zu dem Schluß, daß ich in meinem Unterricht alles in meinen Kräften Stehende tun müsse, um eine angemessene Triebkontrolle zu fördern. Zweitens belegte ich Kurse in Anthropologie, Soziologie und Kriminologie, weil ich wissen wollte, wie Gesellschaft und Kultur normales und kriminelles Verhalten beeinflussen.

Eine glückliche Wendung

1953 erhielt ich ein Forschungsstipendium für eine interdisziplinäre Untersuchung der psychologischen Beratungsstellen, finanziert von der Psychologischen Vereinigung Kanadas, dem Bundesministerium für Gesundheit und der Erziehungsbehörde des Landes. Bei dieser Arbeit wirkte ich als Koordinator der Beratungsstellen eines ganzen Schulbezirks. Während der zehn Jahre, die ich diese Funktion ausübte, hatte ich Gelegenheit, zahllose Lehrer bei ihrer Arbeit im Unterricht zu beobachten. So konnte ich meine Suche nach der Antwort auf die Frage fortsetzen, was die Kompetenz von Lehrern ausmacht. Ich entwickelte ein System, um die speziellen Techniken herauszufinden und zu protokollieren, mit denen Lehrer Lernerfolge ihrer Schüler fördern.

Es war nicht nur Gold, was ich entdeckte

Obwohl ich nach Kompetenz suchte, mußte ich natürlich auch auf einige Fälle von Inkompetenz stoßen. Ty Rade, ein Grundschulrektor, ärgerte sich über den Lärm in den Klassenräumen während der kurzen Pausen, in denen die Lehrer die Räume wechselten. Er stürzte in sein Büro und verkündete über den Schullautsprecher: »Von jetzt an darf kein Lehrer den Klassenraum verlassen, bevor nicht der andere Lehrer eingetroffen ist.« Bea Gin, eine Lehrerin für den Erstleseunterricht, kannte so viele den eigentlichen Lesekurs vorbereitende Übungen, daß sie den größten Teil der Zeit damit verbrachte, Geschichten zu erzählen, Bilder zu betrachten und Übungen zur visuellen Wahrnehmung durchzuführen. Bevor sie zu den Leseübungen kam, war das Jahr meist schon herum. Alma Mater, die Bibliothekarin einer High School, schätzte nichts so sehr wie den Anblick der geordneten Bücherreihen auf ihren Regalen. Deshalb investierte sie den größten Teil ihrer Energie in den Versuch, die Schüler an der Benutzung der Bücher zu hindern.

Zunächst hielt ich diese Beispiele für ein Abfallprodukt meiner Forschungsarbeiten, doch später erkannte ich, daß sie ein sehr nützliches Nebenprodukt waren. Als ich aufgefordert wurde, von meiner Studie über Lehrerkompetenz zu berichten, benutzte ich einige der amüsanteren Beispiele für Unfähigkeit als komischen Hintergrund für meine ernsthaften Ausführungen.

Mein erstes Beispiel war eine Lehrerin, die ich Miss Dito nannte, weil sie ungefähr so viel Kreativität besaß wie eine Vervielfältigungsmaschine. An der Universität hatte sie sich als eine schlechthin vollkommene Studentin erwiesen. Sie war pünktlich, fügsam und schrieb alles auf, was der Professor erzählte. Ihre Vorlesungsmitschriften sahen aus wie eine Kopie der Vorlesungsnotizen des Professors. Die theoretischen Prüfungen waren keine Hürde für sie, und irgendwie brachte sie auch die Praktika hinter sich. Dann bekam sie eine Planstelle als Lehrerin und erreichte dort ihre Stufe der Unfähigkeit nach unglaublich kurzer Zeit. Obwohl eine fähige Wissenskonsumentin, war sie ein totaler Versager als Wissensvermittlerin. Ihre gründliche Vorbildung führte lediglich dazu, daß sie in jeder Sparte des Fächerkanons entsetzliche Langeweile verbreiten konnte. Sie gehörte zu jener Art von Menschen, die alle Anwesenden einfach dadurch zum Aufatmen veranlassen, daß sie den Raum verlassen. Hätte sie nicht rote Haare gehabt, wäre sie völlig farblos gewesen. Trotzdem wird sie nie entlassen werden, denn sie ist pünktlich, fügsam und füllt alle Formulare rechtzeitig aus. Das einzige, was sie nicht kann, ist unterrichten. Deshalb wird sie den Rest ihres Lebens Lehrerin bleiben, die Kinder langweilen, die Eltern nerven und den Schulleiter um den Verstand bringen.

Der Leiter der Schule, Mr. Blunt, war die eklatanteste Fehlbesetzung, die ich je erlebt hatte. Er war ein fähiger Student und ein hervorragender Lehrer gewesen. Seine Schüler hingen an seinen Lippen, und Disziplinprobleme kannte er nur vom Hörensagen. Als er Schulleiter wurde, hatte er wenig Verständnis und Sympathie für den Durchschnittslehrer und dessen Sorgen. Er mußte die schmerzliche Entdeckung machen, daß er, der so gut mit den Kindern gekonnt hatte, nichts als Ärger mit den Kollegen und der Schulaufsichtsbehörde erlebte. Er kommt für eine weitere Beförderung nicht in Frage und verbringt den größten Teil seiner Zeit mit der Erinnerung an die gute alte Zeit, als er noch selbst unterrichtete. Aus einem fähigen Lehrer von Kindern wurde ein unfähiger Vorgesetzter von Erwachsenen.

Der zuständige Schulrat, Dr. Pennywise, hielt auf Sparsamkeit in Haushaltsposten wie Kreide, Papier und Buntstiften, während er Unsummen für nicht erprobte elektronische Spielereien verschwendete. Solange er Lehrer war und noch in seiner Zeit als Schulleiter hatte sich seine Frau um die Finanzen gekümmert und ihm ein wöchentliches Taschengeld zugeteilt, doch seit er Schulrat war, verfügte er über einen Haushalt von mehreren Millionen Dollar. Aus einem fähigen Lehrer wurde ein unfähiger Finanzverwalter.

Ein Prinzip erhält seinen Namen
In meinen Vorträgen nannte ich das Phänomen DAS PETER-PRINZIP: In einer Hierarchie neigt jeder dazu, bis zu seiner Stufe der Unfähigkeit aufzusteigen.

Als Prinzip habe ich es bezeichnet, weil es eine Verallgemeinerung oder Tendenz ist, keine Unvermeidlichkeit. Es gibt kompetente Lehrer wie Mrs. Abel, die sich weigern, an dem Wettrennen um die Spitzenpositionen teilzunehmen. Trotz ihres gestörten Verhältnisses zu Erwachsenen hatte man sie aufgefordert, an den für eine Beförderung erforderlichen Fortbildungsmaßnahmen teilzunehmen. In der Lehrerfortbildung oder in der Schulaufsichtsbehörde wäre sie mit Sicherheit ein Opfer des Peter-Prinzips geworden. Das System ermutigt seine Mitglieder, bis zu ihrer jeweiligen Stufe der Unfähigkeit aufzusteigen. Wenn man seine Aufgabe mühelos und effizient meistert, wird man zu hören bekommen, man sei von seiner derzeitigen Position unterfordert und empfehle sich für höhere Aufgaben. Das Problem liegt darin, daß man erst, wenn man in eine Position gelangt ist, der man nicht mehr recht gewachsen ist, mit Beförderungsansinnen verschont wird und dann dort bleibt, schlechte Arbeit leistet, die Kollegen nervt und die Effizienz der Organisation untergräbt.

Eine unerwartete Entdeckung

Als ich öffentliche Vorträge über meine Lehrerkompetenz-Studie hielt und mich des Peter-Prinzips bediente, um meine Darlegungen humorvoll zu untermalen und einige Aspekte der Unfähigkeit zu verdeutlichen, sprach ich lediglich über das Erziehungswesen und meine Untersuchung. Zu meiner Überraschung hörte ich nach der öffentlichen Diskussion von vielen Leuten im persönlichen Gespräch immer wieder Äußerungen wie: »Als hätten Sie unser Unternehmen beschrieben! Ich bin bei Polyglot Chemicals beschäftigt. Dort hat man gerade Gabriel Trumpet befördert, was aus unserem besten Verkäufer den schlechtesten Vertriebsleiter gemacht hat, den man sich vorstellen kann.« Eine Krankenschwester fragte mich einmal: »Haben Sie Ihre Untersuchung im Central Hospital durchgeführt? Dort ist Dr. Nostrum vom Arzt zum Direktor befördert worden. Er hat seine ärztliche Kunst mit der Kunst totaler Mißwirtschaft vertauscht.« Ein Luftwaffenoffizier äußerte sich besorgt über meine intime Kenntnis interner militärischer Vorgänge und Verfahren. So ging es mir bei jedem Vortrag: Ich sprach über das kanadische Erziehungssystem, und meine Zuhörer glaubten, ich beschriebe ihre Organisation.

Ein universelles Phänomen

Natürlich fragte ich mich, ob jede Hierarchie wie das Schulsystem funktioniert. Deshalb blickte ich mich in anderen Organisationen um. Die Ergebnisse waren äußerst aufschlußreich. Bei einem Besuch in einer öffentlichen Bücherei stellte ich fest, daß alle Bücher über Schwangerschaft in einem Regalfach dicht über dem Boden standen, wo die Benutzerinnen, die sie wahrscheinlich am dringendsten brauchten, sie nicht sehen konnten. In einem großen Verlag bestellte ich ein Buch über Unfähigkeit im Geschäftsleben. Zwei Wochen später erhielt ich einen Brief, in dem es unter anderem hieß: »Wir danken Ihnen für Ihre Bestellung und wünschten, ihr umgehend nachkommen zu können, aber leider führen die Verbesserungen in unserem Lieferverfahren zu Verzögerungen im Versand.« Ich las in Vance Packards Buch *Die große Verschwendung* von Herstellern, die die Haltbarkeit ihrer Produkte absichtlich gering machen. Bevor ich mit der Lektüre dieses Buches über Unfähigkeit im Geschäftsleben fertig war, löste sich der Einband, und die Seiten fielen heraus.

Ich fragte leitende Angestellte innerhalb und außerhalb des Erziehungswesens nach ihrer Beförderungspolitik. Cap Preece, ein Schulrat, brachte die herrschende Auffassung auf einen knappen Nenner, als er erklärte: »Jeder, der fähig ist, kommt für eine Beförderung in Frage.« Jeder leitende Angestellte, den ich befragte, war der Meinung, Kompetenz verdiene Beförderung und Inkompetenz müsse dem weiteren Aufstieg Schranken setzen. Niemand schien zu begreifen, daß in einem System, in dem erst die Inkompetenz der weiteren Beförderung ein Ende setzt, jeder erst auf seiner Stufe der Unfähigkeit seine Endplazierung finden kann.

Aufwärts in der Hierarchie

1964 wurde ich Professor für Erziehungswissenschaft an der Universität von British Columbia, wo ich die Dinge lehrte, die ich über Lehrerkompetenz in Erfahrung gebracht hatte. Dieser bescheidene Anfang wuchs sich zu einem zehnjährigen Programm aus, das ich an der Universität von Südkalifornien beendete. Die Lehrerkompetenz blieb mein beruflicher Interessenschwerpunkt, bis ich in den Ruhestand ging.

Während meiner Zeit an der Universität von British Columbia besuchte ich ein Einakter-Festival am Metro Theatre in Vancouver. Das Bühnenbild eines der Stücke war ein sinkendes Schiff, das in einem Sturm auf ein Riff gelaufen war. Die Schauspieler mußten synchron über die Bühne taumeln, um den Eindruck eines schwankenden Schiffes hervorzurufen. Der Hauptdarsteller des Stückes wandte dem Publikum ständig den Rücken zu und schwankte beharrlich im Gegentakt zu den übrigen Schauspielern. Auch machte er scheinbar unmotivierte Gesten in die Kulissen. Während der folgenden Pause traf ich meinen Freund, den Bühnenautor Raymond Hull. Als ich ihn fragte, ob er Näheres über die merkwürdige Aufführung wisse, die wir gerade erlebt hatten, antwortete er: »Ja, der

Schauspieler in der Hauptrolle ist eigentlich ein guter Darsteller. Sein Problem ist, daß er dieses unmögliche Stück geschrieben hat und daß er darin sowohl als Darsteller wie auch als Regisseur fungiert. Gelegentlich vergißt er, daß er mitspielt, und dreht dem Publikum den Rücken zu, um seinen Mitspielern Regieanweisungen zu geben. Die merkwürdigen Gesten sind Signale, die für die Beleuchter und Bühnenarbeiter hinter den Kulissen bestimmt sind.«

»Er ist ein Opfer des Peter-Prinzips«, sagte ich. »Ein fähiger Schauspieler, der als Bühnenautor und Regisseur seine Stufe der Unfähigkeit erreicht hat.« Ray schien dieser Gedanke zu faszinieren, und er meinte, ich hätte ihm einen Schlüssel zu all der Unfähigkeit geliefert, der er in seinem Leben begegnet sei.

In seiner Einführung zum *Peter-Prinzip* schildert Ray seine Reaktion auf meine Erklärung:

»Die Pause war so kurz, daß er nicht mehr tun konnte, als meine Neugier zu wecken. Nach der Vorstellung besuchte ich ihn jedoch zu Hause und lauschte bis drei Uhr morgens seiner klaren und aufregend originellen Darstellung einer Theorie, die endlich meine Frage beantwortete: Warum Unfähigkeit, warum Inkompetenz?

Dr. Peter entlastete Adam, Agitatoren und den Zufall und prangerte eine Eigenheit unserer Gesellschaft als die alleinige Antriebskraft der Unfähigkeit an.«

Ray drängte mich, ein Buch über meine Entdeckung zu schreiben, aber ich weigerte mich, weil ich zu tief in meinem erziehungswissenschaftlichen Projekt steckte und weil ich gerade ein Lehrbuch schrieb, in dem es um die Umsetzung medizinischer, psychologischer und sozialer Erkenntnisse in didaktisch-methodische Ansätze ging. Ray machte geltend, daß die Gesellschaft ein Buch über das Peter-Prinzip brauche, und schlug vor, es mit mir zusammen zu schreiben. Ich war einverstanden und gab ihm meine Unterlagen über Unfähigkeit, meine Vorlesungsnotizen und meine Aufsätze über das Thema. Im folgenden Jahr kamen Ray und ich häufig zusammen, um an dem Buch zu arbeiten. Als wir das Gefühl hatten, daß in dem Manuskript genau das stand, was wir sagen wollten, schickte ich es einem großen Verlag.

Ein Opfer des Peter-Prinzips

Im ersten Ablehnungsbrief stand unter anderem zu lesen: »Mit Bedauern muß ich Ihnen mitteilen, daß ich für ein solches Buch keine Marktchancen sehe, weshalb ich Ihnen auch keinerlei Hoffnungen machen kann. Ich glaube nicht, daß das Buch in irgendeine unserer Verlagsabteilungen paßt. Ich kann mir nicht vorstellen, daß es auf ausreichendes Interesse bei einer breiten Öffentlichkeit stoßen würde, um eine Veröffentlichung in einem Publikumsverlag zu rechtfertigen.«

In den nächsten Jahren schickte ich das Manuskript an dreizehn Verlage. Einige Ablehnungen waren Formbriefe, doch andere Verleger nahmen sich die Zeit, mir zu erklären, warum ihnen das Buch nicht gefiel. Einer meinte: »Sie dürfen ein so ernstes Thema nicht so leichtfertig abhandeln.« Ein anderer rügte: »Wenn Sie eine Komödie schreiben, darf sie nicht so viele tragische Fallstudien enthalten.« Wieder ein anderer schrieb: »Ich könnte das Buch vielleicht herausbringen, wenn Sie sich dazu entschließen könnten, es so umzuarbeiten, daß es entweder ein humoristisches Buch oder eine ernsthafte wissenschaftliche Arbeit wird.« Ein Verleger, dem das Buch gefiel, legte es seinem Lektorat vor. Er berichtete mir, daß die Lektoren sich nicht entscheiden konnten, wie das Buch einzuordnen sei, und es deshalb ablehnten.

Wenn man mich um eine Stellungnahme zu dem Manuskript bat, behauptete ich, es sei eine Satire. Gewöhnlich antwortete man mir dann: »Ich glaube, Sie meinen es ernst.« Ich war verblüfft, daß es so viele Leute im Verlagsgeschäft gab, die keine Ahnung hatten, was eine Satire ist. Ich mußte ihnen erklären, daß es sich bei der Satire um eine literarische Gattung mit ernsthaftem Anliegen und humoristischer Darstellungsform handelt. Es geht darum, die Wahrheit in komischer Manier zu erzählen. Meine Erklärungsversuche schienen nichts zu fruchten. Ich erinnere mich an einen Verleger, der sich meine Ausführungen geduldig anhörte, den Kopf schüttelte und meinte: »Das ist doch alles bloße Theorie. Was ich wissen möchte, ist, ob Sie es ernst meinen oder nicht.« Dem Mann war nicht zu helfen.

Da die Verleger noch nicht reif für das Buch waren, beschlossen Raymond Hull und ich, einige Artikel über das Peter-Prinzip zu schreiben und abzuwarten, welche Reaktion sie hervorrufen würden. Die Artikel erschienen im *Esquire* und anderen großen Zeitschriften und wurden mit Interesse aufgenommen.

Bald darauf zog ich nach Los Angeles, wo Marshall Lumsden, ein Redakteur der *Los Angeles Times*, einen meiner Artikel las und mich bat, darüber für seine Zeitung zu schreiben. In diesem Artikel befaßte ich mich mit dem gerade fertiggestellten Zoo von Los Angeles. Bevor der Zoo eröffnet werden konnte, wurden Änderungsmaßnahmen notwendig, die viele Tausend Dollar verschlangen. Eine gefährliche Fußgängerbrücke über dem Nashorngehege mußte auf kostspielige Weise entfernt werden. Der Graben, der die Löwengrube einfaßte, war so schmal, daß die Löwen ihn überspringen konnten. Die Zoodirektion schien nach dem Laisser-faire-System zu arbeiten. Die vielen Pannen machten den Zoo zu einem ausgezeichneten Beispiel für das Peter-Prinzip. Bei der *Times* gingen mehr als vierhundert zustimmende Leserbriefe ein. Ein Leser war Lawrence Hughes, der Präsident des William Morrow-Verlags. Er fragte bei mir an, ob ich schon einmal daran gedacht hätte, ein Buch über das Peter-Prinzip zu schreiben. Da entstaubte ich das alte Manuskript und schickte es ihm.

Das Buch erschien im Februar 1969 und hatte Ende Juli den ersten Platz der Bestseller-Liste in der *New York Times* erklettert, wo es sich ein halbes Jahr behauptete. Später war es monatelang der Bestseller unter den Taschenbüchern. Es wurde übersetzt, erschien in siebenunddreißig ausländischen Verlagen und wurde ein internationaler Bestseller. Sowohl das *Wall Street Journal* als auch die Sozialistische Arbeiterpartei Amerikas lobten das Buch in höchsten Tönen, und es wurde in kapitalistischen wie in kommunistischen Ländern eifrig gelesen. Es regte eine Anzahl ernsthafter Forschungsprojekte an, und jede Untersuchung bestätigte meine Beobachtungen.

Das Prinzip löst Probleme
Der Erfolg des Buches löste drei schwierige Probleme, denen ich mich gegenübersah. Erstens: meine erziehungswissenschaftliche Forschungsarbeit befand sich in einer Phase, in

der ich ohne finanzielle Hilfe nicht weiterkam. Mein pädagogisches Zentrum für milieugeschädigte Kinder ermöglichte meinen Mitarbeitern und mir eine genaue Beobachtung der Lehrer-Schüler-Interaktionen. Wir konnten die wirksamen Lehrerverhaltensweisen audiovisuell aufzeichnen und auf diese Weise positiv verstärken. Ich finanzierte die Arbeit am Zentrum und meine Forschungsarbeiten aus eigener Tasche, aber diese Projekte waren so weit gediehen, daß sie allmählich meine finanziellen Mittel überstiegen. Als alle meine Bitten um Unterstützung bei Regierungsstellen und privaten Stiftungen abschlägig entschieden wurden, war mir klar, daß ich als Geldmittelbeschaffer meine Stufe der Unfähigkeit erklommen hatte. Die Honorare für das *Peter-Prinzip* ermöglichten mir, meine Forschungsarbeiten abzuschließen.

Zweitens: bei dem Versuch, auf meiner Stufe der Fähigkeit zu verharren, hatte ich das Mittel der schöpferischen Unfähigkeit bis zum äußersten strapaziert. Nach der Veröffentlichung des *Peter-Prinzips* wurden mir keine Beförderungen mehr angeboten. Die Verwaltungsbeamten wollten niemanden in ihrer Mitte haben, der sie nicht ernst nahm. Offensichtlich stellte das Buch die höchste Steigerung der schöpferischen Unfähigkeit dar. Als ich 1974 aus meinem akademischen Amt ausschied, war das meinen Kollegen noch nicht einmal eine kleine Feierstunde wert. Seither arbeite ich in göttlicher Unabhängigkeit frei von hierarchischen Verpflichtungen und Einschränkungen.

Obgleich mir das Prinzip in mancherlei Weise geholfen hatte, war ich gegen sein konkretes Wirken nicht gefeit. Nach meinem Rückzug in den Ruhestand bezogen wir ein kleines, angejahrtes Haus am Meer. Es war äußerst reparaturbedürftig. Ein Problem war ein Fenster in meinem Arbeitszimmer, das sich nicht öffnen ließ. Ich ließ einen Tischler kommen, der es reparierte und eine neue Fensterbank anbrachte. Als er fertig war, ließ sich das Fenster öffnen, aber nun funktionierte das Licht nicht mehr. Der Elektriker entdeckte, daß ein Nagel in eine elektrische Leitung eingedrungen war und einen Kurzschluß verursacht hatte. Er reparierte die Leitung, und die Lichter gingen wieder, aber später entdeckte ich, daß der Elektriker, als er das Fensterbrett wieder angenagelt hatte, einen Sprung in der Fensterscheibe verursacht hatte. Der Glaser setzte eine neue Scheibe ein, und nun mußte ein Maler die ganze Arbeit abschließen. Ich hielt das aufwendige Unternehmen für geglückt, bis ich feststellte, daß das Fenster durch die Farbe verklebt war und sich nicht öffnen ließ.

Eine neue Wissenschaft

Durch meine Untersuchung von Beförderungsstrategien innerhalb von Organisationen wurde mir klar, daß solche Hierarchie-Forschungen tatsächlich eine neue Wissenschaft darstellten. Ich gab ihr den Namen *Hierarchologie*. Da wir alle zur Schule gehen, in Hierarchien arbeiten und von ihnen beherrscht werden, ist das Verständnis dieses jüngsten Zweigs am Baum der Gesellschaftswissenschaften von großer Bedeutung für uns.

2. Recht und Unordnung

»In seiner majestätischen Gleichheit verbietet das Gesetz allen Menschen, unter Brücken zu nächtigen, auf den Straßen zu schlafen und Brot zu stehlen – den Reichen genauso wie den Armen.«
ANATOLE FRANCE

Menschliches Zusammenleben kennt zwei Arten von Gesetzen. Erstens gibt es die Maximen, Regeln, Theorien, Sprichwörter und Prinzipien, die menschliches Verhalten beschreiben.

Adesches Gesetz: »Jeder kann gewinnen, es sei denn, die Startbedingungen werden verändert.«
Roginsche Regel: »Man kriegt immer mehr als genug von dem, was man nicht haben will – zum Beispiel Schulden.«
Barnumsche Theorie: »Wenn man alle Menschen eine Zeitlang an der Nase herumführen kann, reicht das.«

Solche Gesetze sollen uns helfen, mit den komplizierten Verhältnissen in der menschlichen Gesellschaft und mit der Widersinnigkeit der Natur fertig zu werden. Die zweite Art von Gesetzen sind die formellen Rechtssätze, denen der Staat Geltung verschafft, um dem Verhalten der Menschen innerhalb seines Machtbereichs vernünftige Grenzen zu setzen.

Allgemeingültige Gesetze

Seit 1970 ist eine Fülle von Gesetzen veröffentlicht worden, die uns helfen sollen, über die Schwächen, Mißstände, die Zeitverschwendung, die Tolpatschigkeit und das allgemeine Durcheinander der modernen Gesellschaft zu lachen oder mit diesen Mißlichkeiten fertig zu werden. Obwohl viele dieser Gesetze aus genauer Beobachtung erwachsen und geistreich formuliert sind, entstanden die drei bekanntesten vor 1970: Murphys Gesetz, Parkinsons Gesetz und das Peter-Prinzip.

Alles begann damit, daß 1949 der Luftwaffenoffizier Captain Edward A. Murphy jr., seines Zeichens Konstrukteur am Wright Field Aircraft Lab, eine Ausrüstung entwickelte, die, von einem Testpiloten getragen, messen sollte, wieviel Beschleunigung der menschliche Körper aushalten kann. Der Meßwandler war mit sechzehn Sensoren versehen, die die Belastung messen sollten. Hören wir in Ed Murphys eigenen Worten, was geschah:

»Ich war der Meinung, die Entwicklung sei abgeschlossen, und schickte meinen Meßwandler zum Luftwaffenstützpunkt in Muroc, wo die Luftwaffe Absturzuntersuchungen durchführte. Sie brachten das Gerät auf einem Raketenschlitten an, auf dem John Paul Stapp saß, damals ein Footballstar und später bekannt als der ›schnellste Mensch der Welt‹, weil er mit einem Raketenschlitten mehr als 950 km/h erreichte.

Als nächstes hörte ich, daß der Test schiefgegangen war und daß man meinen Meßwandler dafür verantwortlich machte. Da es eine sehr teure Panne war, hielt ich es für das beste, persönlich nach dem Rechten zu schauen, um sowohl meinen Namen als auch meinen Meßwandler reinzuwaschen.«

Murphy erklärt dann, er habe sogleich vermutet, daß die Störungsquelle der Anschluß des Dehnungsmessers gewesen sei. »Ein Dehnungsmesser läßt sich nur auf zwei Arten anschließen: auf die richtige Art oder in 90 Grad Abweichung von der richtigen Art.«

Bei seinen Nachforschungen in dem Luftwaffenstützpunkt stellte Murphy fest, daß der Dehnungsmesser, wie er vermutet hatte, falsch angeschlossen worden war. Er sagte, daß ein Techniker, wenn er die Möglichkeit habe, etwas falsch zu machen, es auch tun werde.

Zufällig war George E. Nichols, ein Projektmanager bei Northrop, zugegen, als Murphy seine Äußerung tat, und gab ihr den Namen »Murphys Gesetz«. Hinweise auf das Murphysche Gesetz in technischen Veröffentlichungen machten den Begriff in der ganzen Welt bekannt. Heute wird Murphys Gesetz praktisch auf jeden Bereich menschlicher Tätigkeit angewendet, in dem es auf Zuverlässigkeit ankommt.

Vermutlich weil Edward Murphy sein Gesetz nicht aufgeschrieben hat, sondern es eher zufällig in die Welt gebracht hat, ist es im Laufe der Jahre auf mannigfaltige Weise formuliert worden. Seine bekannteste Version lautet:

Murphys Gesetz: Alles, was schiefgehen kann, geht schief.

Heute arbeitet Murphy als Sicherheitsingenieur der Hughes Helicopter Inc. und scheint seine stille Freude zu haben an all den Büchern und Kalendern, die seinen Gedanken verbreiten, ihm aber nie einen Pfennig eingebracht haben.

Kürzlich hat mir Ed Murphy in einem Gespräch erklärt, daß er seine Behauptung völlig ernst gemeint habe. Sie sollte eine Ermahnung an die Adresse von Erfindern und Ingenieuren sein, ihre Apparate so zu konstruieren, daß es schwierig oder unmöglich ist, sie falsch zu bedienen. Außerdem stellte er mit großem Nachdruck fest, daß er an jenem Tage in Wahrheit etwas ganz anderes gesagt habe. Seine Formulierung und damit die authentische Form des Murphy-Gesetzes habe gelautet: »Wenn es zwei oder mehr Möglichkeiten gibt, etwas zu tun, und wenn eine dieser Möglichkeiten zu einer Katastrophe führt, dann wird sich irgend jemand für genau diese Möglichkeit entscheiden.« Selbst Murphys Gesetz wurde ein Opfer des Murphy-Gesetzes.

Am 19. November 1955 veröffentlichte Professor C. Northcote Parkinson auf den Seiten des ehrwürdigen Londoner *Economist* einen Artikel über ein Gesetz, das er bei einer Untersuchung der britischen Admiralität und des Kolonialministeriums entdeckt hatte.

Parkinsons Gesetz: *Arbeit dehnt sich immer so aus, daß sie genau die Zeit braucht, die man für sie erübrigen kann.*

Die tiefe Wahrheit dieses Gesetzes wurde sogleich erkannt. Als 1957 Parkinsons erstes Buch erschien, erreichte sein Gesetz einen noch höheren Verbreitungsgrad. Seine Geltung für alle Bürokratien der Welt wurde vorbehaltlos anerkannt.

Parkinson war – so hören wir in der Beschreibung seiner Entdeckung – Geschichtsprofessor an der Universität von Malaysia, als diese englische Kolonie sich anschickte, ein unabhängiger Staat zu werden. Aus diesem Grunde wurden ein neuer Radiosender, eine neue Universität und ein neuer Lehrplan für den Geschichtsunterricht erforderlich. Es dauerte nicht lange, und Parkinson saß in zweiunddreißig Ausschüssen. Aus dieser Zeit stammen viele seiner Beobachtungen über Ausschußarbeit. Die meisten seiner Beobachtungen bestätigten den alten Merkvers:

In Ausschüssen von zwanzig
werden die Dinge ranzig,
in Ausschüssen von zehn,
mag manches gehn,
doch die meisten Entschlüsse
treffen die Einerausschüsse.

Dieser bürokratische Anschauungsunterricht in Malaysia erinnerte ihn an seine Erfahrungen als Generalstabsoffizier während des Zweiten Weltkrieges. Er hatte beobachtet, daß in Kriegszeiten binnen zwei Wochen eine Organisation aufgebaut werden kann, für deren Schaffung man in Friedenszeiten Jahre benötigen würde. Die Entstehung, das Wachstum und die Wucherungsprozesse einer Kriegsbürokratie sind so ausgeprägt, daß sie sich für Untersuchungszwecke geradezu anbieten.

Als Beispiel berichtet Parkinson von dem einfachen Soldaten, der den Auftrag hatte, Luftaufnahmen auszuwerten. Zwei Tage später meldete er sich und erklärte, er brauche noch einen Mann zur Hilfe, da es zu viele Fotografien seien. Außerdem bat er um die Beförderung zum Gefreiten, damit er seiner Hilfskraft vorgesetzt sei. Diesen vernünftigen Bitten wurde stattgegeben, und innerhalb von drei Monaten befehligte er einen Stab von fünfundachtzig Leuten, war zum Oberstleutnant aufgestiegen und warf keinen Blick mehr auf Luftaufnahmen, weil ihm seine Verwaltungsaufgaben dafür keine Zeit mehr ließen.

Sein Gesetz leitete Parkinson aus zwei scharfsichtigen Beobachtungen des öffentlichen Dienstes ab: 1. Ein Beamter hat stets den Wunsch, die Zahl seiner Untergebenen und nicht die seiner Konkurrenten zu vermehren; 2. Beamte machen sich gegenseitig Arbeit.

Stan Patt, ein typischer Bürokrat, hielt sich für überlastet und stellte nicht einen Assistenten ein – der sein Nachfolger hätte werden können –, sondern zwei Untergebene, Bea Guile und Sue Port. Nun sicherte er seine Position, indem er die Arbeit so aufteilte, daß allein er den Überblick behielt. Da sich diese Angestellten gegenseitig Arbeit machten, kam Bea Guile zu dem Schluß, daß sie überlastet sei, und verlangte zwei Assistenten für sich. Wenn Stan Patt Reibereien in seiner Abteilung vermeiden wollte, mußte er auch zwei Assistenten für Sue Port anfordern. Nun leisteten sieben Beamte die Arbeit, die vorher einer allein geschafft hatte. Die sieben hielten sich gegenseitig so sehr in Atem, daß sie alle ausgelastet waren und Stan Patt mehr zu tun hatte als je zuvor.

Parkinsons Gesetz besagt, daß die Pyramide der Regierungsbürokratie ständig wächst und die Zahl der Mitarbeiter notgedrungen zunimmt, gleichgültig, ob es mehr Arbeit, weniger Arbeit oder gar keine Arbeit gibt.

Ich bin C. Northcote Parkinson nur ein einziges Mal begegnet, doch in unserem kurzen Gespräch lernte ich ihn als einen intimen Kenner der Ausschußarbeit kennen. Ich war fasziniert, aus seinem Mund zu hören, wie solche Gremien aus dem Keim einer simplen Idee entstehen, wie das Samenkorn des ursprünglichen Konzepts sprießt und wächst wie ein Baum, Zweige ausbildet, Früchte trägt, neue Samen hervorbringt und schließlich eine ganze neue Generation von Ausschüssen ins Leben ruft. Eines wurde mir klar: Parkinsons Gesetz war das Ergebnis sorgfältiger Beobachtungen, geläutert durch die Arbeit eines schöpferischen Geistes.

Was haben Murphys Gesetz, Parkinsons Gesetz und das Peter-Prinzip gemeinsam? Sie alle sind aus der Beobachtung konkreter Ereignisse erwachsen und dann auf eine Stufe der Verallgemeinerung gehoben worden, durch die die ursprünglichen Ereignisse eine neue Bedeutung erhielten. Warum haben diese Gesetze soviel Erfolg? Jedes von ihnen erfaßt einen Teil der komplexen menschlichen Erfahrung und bringt sie auf eine kurze, verständliche und einprägsame Formel. Warum werden sie allgemein anerkannt? Jedes enthält eine tiefe Wahrheit, die überall auf der Welt gilt, unabhängig von politischen Systemen, Konfessionen und Rassenunterschieden. Es sind Gesetze, die über nationale und kulturelle Grenzen hinwegreichen.

Spieglein, Spieglein an der Wand

Die einzige vollständige Weltkarte ist die Welt selbst, und doch kann uns ein Globus oder eine Straßenkarte gute Dienste leisten. Genauso muß das Peter-Prinzip, wie ich glaube, nicht alles erklären, um uns nützliche Erkenntnisse und praktische Hilfen zu liefern.

Einmal habe ich mich im Vorbeigehen im Spiegel erblickt, mich nicht sogleich erkannt und zu lachen begonnen, bevor mir klar wurde, was ich da tat. Oft sind solche Augenblicke der Ursprung ungeschminkter Selbsterkenntnis. Das Peter-Prinzip ist ein Spiegelbild der menschlichen Schwächen. In einem Augenblick heiterer Stimmung sehen wir uns im Spiegel und vermögen zu erkennen, daß unsere Ambitionen uns eher in die Unfähigkeit als an das Ziel unserer Wünsche führen. Wenn ein Gesetz uns dazu bringt, innezuhalten, nachzudenken und Alternativen in Erwägung zu ziehen, ist es mehr als nur die Erklärung dessen, was geschehen ist, dann erhellt es die Zukunft und beeinflußt die kommenden Ereignisse.

Corollarien

Ein Corollarium ist der Folgesatz einer Aussage. Die Corollarien des Peter-Prinzips können uns vielleicht mehr Folgerungen oder Anwendungsmöglichkeiten des Grundgedankens zeigen. Es folgt eine kleine Zusammenstellung, während die übrigen Corollarien über das ganze Buch verteilt werden.

COROLLARIUM 1: Die Sahne steigt, bis sie sauer wird.

COROLLARIUM 2: Für jeden Posten der Welt gibt es irgendwo jemand, der ihm nicht gewachsen ist. Durch eine hinreichende Anzahl von Beförderungen wird dieser Jemand den Posten bekommen.

COROLLARIUM 3: Auch eine Reise über Tausende von Kilometern endet mit einem einzigen Schritt.

COROLLARIUM 4: Alle brauchbare Arbeit wird von denen getan, die noch nicht ihre Stufe der Unfähigkeit erreicht haben.

Die Gesetze des Landes

Je tiefer das Peter-Prinzip unsere Institutionen durchdringt und je mehr Menschen die Stufe ihrer Unfähigkeit erreichen, desto dringender wird das Bedürfnis nach Reglementierung. Eine Gruppe fähiger Leute braucht nur ein paar allgemeine Richtlinien und klare Zielvorgaben, um gute Arbeit zu leisten. Unfähige Angestellte brauchen Vorschriften, die ihren Aktionsradius eingrenzen. Regeln schaffen keine Kompetenz, aber sie schützen die Hierarchie, auch wenn die Vorschriften ihre eigene, wuchernde Hierarchie der Inkompetenz bilden. Das ist der Fall, wenn die einfachste Aufgabe so mit Vorschriften überhäuft ist, daß ihre Ausführung praktisch unmöglich wird.

Die Aufgabe, eine falsche Postleitzahl zu ändern, mag auf den ersten Blick ganz leicht erscheinen. Man streicht die falsche Zahl aus und setzt statt dessen die richtige ein. In Washington sieht man die Sache ganz anders. Die Anweisung der Oberpostdirektion zur Korrektur einer falschen Postleitzahl lautet wie folgt:

1. Das US-Handelsministerium, Abteilung Umweltforschung, hat die Oberpostdirektion davon in Kenntnis gesetzt, daß die Postleitzahl für ihre

Außenstelle in Boulder, Colo., in den Abschnitten 73.711, 73.1030 und 74.12 der Posterlasse falsch ausgedruckt ist.

2. Die Postleitzahl in den Abschnitten 73.711 (c) (2), 73.1030 (b) (2) und 74.12 (c) (2) ist wie folgt zu korrigieren: Boulder Colorado 80303.

3. Wir gehen davon aus, daß die hier verfügte Erlaßänderung dem öffentlichen Interesse dient. Weitere Verordnungen, Bekanntmachungen und Verwaltungsakte sind gemäß 5. U.S.C. 533 (b)(3)(B) des Verwaltungsrechts nicht erforderlich, insofern, als diese Änderung keine zusätzliche Belastung schafft und keine Fragen aufwirft, die der Kommentierung bedürfen.

4. Deshalb wird hiermit verfügt, daß gemäß den Abschnitten 4 (1), 303 (4) und 5 (a) (1) des geänderten Postgesetzes von 1934 und Abschnitt 0.281 der Postverordnung die Abänderung, wie in Absatz 2 erläutert, mit dem 10. November 1978 in Kraft tritt.

In der Gesetzgebung haben wir den Triumph der Quantität über die Qualität zu höchsten Höhen geführt. Immer wenn eine Interessengruppe der Meinung ist, daß irgendwo ein Mißstand durch gesetzgeberische Maßnahmen beseitigt werden muß, steht uns ein kompliziertes Gesetzeswerk ins Haus. Die Absicht mag die beste sein, aber die Wirkung ist nicht Effektivität und Überschaubarkeit, sondern ein immer dichter werdender Paragraphendschungel, der manchmal schon groteske Züge annimmt.

»Gesetze werden geschaffen, um den Menschen Schwierigkeiten zu bereiten, und je mehr Schwierigkeiten sie machen, desto länger stehen sie in den Gesetzbüchern.«
Finley Peter Dunne

Wie das Gesetz es befiehlt
Die Abteilung für Alkohol, Tabak und Feuerwaffen im amerikanischen Schatzamt hat das Formblatt F 4473 herausgege-

ben, auf dem der Verkauf einer Handfeuerwaffe festzuhalten ist. Abschnitt A muß vom Käufer persönlich ausgefüllt werden. Dort wird gefragt: »Befinden Sie sich auf der Flucht vor der Strafverfolgungsbehörde?«

> **»Wenn wir wollen, daß Verbrechen sich nicht auszahlen, müssen wir sie der Regierung überlassen.«**
> IRENE PETER

In Colorado beträgt die Höchststrafe für die Zerstörung eines Hauses durch Brandstiftung zwanzig Jahre, durch Sprengstoff dagegen nur zehn Jahre. Die schwerste Strafe für den Diebstahl eines Hundes ist zehn Jahre, für das Töten eines Hundes aber sechs Monate oder 500 Dollar.

Ein Gesetz im Mohave County in Arizona verfügt, daß jeder, der beim Diebstahl von Seife ertappt wird, sich mit dieser zu waschen hat, bis sie verbraucht ist.

Die Gemeinde Lakefield in Ontario hat ein Gesetz zur Lärmbekämpfung erlassen, das den Vögeln am Tage dreißig Minuten Gesang erlaubt und in der Nacht fünfzehn Minuten. Earl Cuddie, der Amtsschreiber, der die Verordnung herausgab, wurde in Telefonanrufen aus ganz Kanada bestürmt, doch bitte zu erklären, wie man die Vögel dazu bekommen solle, ihren Gesang einzustellen. Entnervt räumte er ein: »Ich glaube, ich war so in Eile, als ich das Gesetz niederschrieb, daß ich keine Zeit hatte, darüber nachzudenken.«

Die gesetzgebende Versammlung von Arkansas ratifizierte ein Gesetz, das verfügte, der Arkansas River dürfe nur bis zur Main-Street-Bridge in Little Rock steigen.

Das Oberlandesgericht in Jew Jersey befand, ein Nachtwächter habe auch dann Anspruch auf Überstundenbezahlung, wenn er bei seiner Arbeit schlafe.

Nach einem Gesetz in Danville, Pennsylvania, muß die Funktionsfähigkeit sämtlicher Feuerlöscher mindestens eine Stunde vor Ausbruch des Feuers erprobt werden.

In einem Gesetz des Staates Oklahoma heißt es, daß jeder Lenker eines Fahrzeugs, »das in einen Unfall mit tödlichem Ausgang verwickelt ist ... sofort anzuhalten ... und seinen Namen und seine Adresse dem Verunfallten mitzuteilen hat.«

> *»Mein Klient bemerkte den Unfall erst, als er passiert war« – Ein Anwalt bei der Verteidigung seines Klienten.*

In Seattle ist es von Gesetzes wegen verboten, eine Geheimwaffe bei sich zu tragen, die länger als zwei Meter ist.

In Holyoke, Massachusetts, ist es gesetzwidrig, den Rasen bei Regen zu sprengen.

Eine Verordnung in San Francisco untersagt, benutztes Konfetti aufzuheben, um es wiederzuverwenden.

Im Strafgesetz von Virginia aus dem Jahre 1930 ist »jedermann mit Ausnahme von Kandidaten für Wahlämter« die passive und aktive Bestechung untersagt.

Und in den Stadtgrenzen von Quitman, Georgia, macht sich jedes Huhn, das eine Straße überquert, einer Gesetzesübertretung schuldig.

Wie dem Gesetz Geltung verschafft wird
Die Gesetzestexte mögen voller Fehler und Lücken sein, aber die Art, wie ihnen Geltung verschafft wird, zeugt oft genug von gleicher Unfähigkeit und unfreiwilliger Komik.

In einer Zeitungsnotiz hieß es, daß in der Exeter Street drei Fahrräder gestohlen worden seien. Dazu erklärte die Polizei, ihrer Meinung nach handle es sich um einen Fahrraddieb.

Im Sommer 1982 wurden in Chicago sechs Polizeibeamte verhaftet, weil sie im Dienst Heroin aus den Fenstern ihrer Streifenwagen verkauften.

1980 gestattete der Direktor des englischen Featherstone-Gefängnisses den Insassen seiner Anstalt, eine Töpferei einzurichten. Die Gefangenen fälschten die Arbeiten des berühmten Keramikers Bernard Leach und ahmten selbst seltene Glasuren täuschend echt nach. Die Fälschungen wurden aus dem Gefängnis geschmuggelt und an so namhafte Galerien wie Sotheby's und Christie's zu einem Stückpreis von 1000 Pfund verscherbelt. Der Betrug flog erst auf, als man angesichts so vieler »neuer« Leaches Verdacht schöpfte.

COLLARIUM 5: Jede Fähigkeit enthält den Keim zur Unfähigkeit.

In Saginaw, Michigan, wurde ein Autofahrer bei einer Verkehrsübertretung ertappt. Als die Polizeibeamten seinen Wagen durchsuchten, fanden sie einen Revolver und verhafteten ihn. Am folgenden Tag mußten sie ihn mit einer Entschuldigung wieder auf freien Fuß setzen. Der Revolver war einem der Beamten aus dem Halfter gefallen, als er das Auto durchsuchte.

»Ich habe nichts gegen die Polizei, ich habe nur Angst vor ihr.«
ALFRED HITCHCOCK

Ein überführter Drogenhändler aus Minneapolis setzte die Kosten für den Einkauf von Amphetaminen, Kokain und Marihuana von seiner Einkommenssteuer ab. Außerdem setzte Jeffrey Edmonson als Geschäftsunkosten Telefon, Transport, Wohnungsmiete, Verpackungsmaterial und die Waage ab, auf der er seine Schmuggelware abgewogen hatte. Das Finanzamt teilte ihm mit, er könnte die Unkosten für kriminelle Geschäfte nicht von der Steuer absetzen, doch Edmonson ging vor Gericht und gewann seinen Prozeß. William Goffe, ein Richter am Obersten amerikanischen Finanzgerichtshof, kam zu dem Urteil, die Unkosten seien normal und notwendig und deshalb absetzbar.

Ein Bezirksgericht in Kalifornien hob den Haftbefehl für Hector Solario auf, obwohl der verhaftende Polizeibeamte gesehen hatte, wie Solario bei einem Einbruch Juwelen in eine Plastetüte gestopft hatte. Das Gericht machte geltend, daß der Polizist an der Tür hätte stehenbleiben, anklopfen und sich ausweisen müssen, bevor er eintreten durfte, um den Gesetzesbrecher wegen Einbruchs zu verhaften.

Die Einbruchsklage gegen den neunzehnjährigen Michael Moran wurde fallengelassen. Sein Vater, der Polizeioffizier Junice Moran, hatte das Zimmer des Jungen durchsucht und eine Stereoanlage entdeckt, von der er vermutete, daß sie vor kurzem bei einem Einbruch gestohlen worden sei. Lieutenant Moran stellte seinen Sohn zur Rede, und dieser gab den Einbruch zu. Das höchste Gericht von Indiana entschied, daß die Rechte des Jungen verletzt worden seien und die Anklage deshalb niederzuschlagen sei.

> **»Zu beneiden ist der Polizist gewißlich nicht,
> wenn er tun muß seine Pflicht.«**
> W. S. GILBERT

1980 platzte das drei Jahre alte Gefängnis von Cuyahoga County in Ohio aus allen Nähten. Nach dem ursprünglichen Plan sollte es 1200 Gefangene fassen, doch als es fertiggestellt war, paßten gerade 800 hinein. Da die Kosten für den gesamten Justizkomplex – zu dem auch noch Polizeieinrichtungen und das Gerichtsgebäude gehörten – von 61 auf 135 Millionen in die Höhe schnellten, wurde die Größe des Gefängnisses eingeschränkt. Die Polizeibeamten wurden angewiesen, nicht nach den 4982 flüchtig gemeldeten Verbrechern zu suchen, da das Gefängnis sie nicht mehr aufnehmen konnte.

Harry Seigler, der wegen Raubmords angeklagt war, wurde nervös, als er auf den Spruch der Geschworenen wartete. Schon dreimal wegen Raubes verurteilt, einigte sich der Angeklagte mit dem Richter: Er bekannte sich schuldig und bekam dafür sechzig Jahre Zuchthaus, von denen zwanzig Jahre ausgesetzt wurden. Als der Richter die Geschworenen über die neue Sachlage informierte, stöhnten diese entsetzt auf. Sie hatten ihren Spruch bereits gefällt: nicht schuldig.

Vor dem Gericht in Pontiac, Michigan, erschien der Angeklagte ohne Verteidiger. Der Richter erklärte, daß er auch als Verteidiger fungieren werde, brachte ein Argument zugunsten seines Klienten vor und entschied dann, daß der Angeklagte schuldig im Sinne der Anklage sei.

Frank Wills, der Wachmann, der den Watergate-Einbruch entdeckte, sitzt wegen Ladendiebstahls ein. Der arbeitslose Wills lebte bei seiner Mutter in South Carolina, als er in einem Geschäft ein Paar Turnschuhe für 15 Dollar mitgehen ließ, die er seinem Sohn schenken wollte. Im Unterschied zu den überführten Watergate-Kriminellen erhielt Wills die Höchststrafe – zwölf Monate.

Die Watergate-Gruppe hat folgende Strafen abgesessen (wenn auch die ursprünglichen Urteile teilweise schärfer ausfielen): G. Gordon Liddy zweiundfünfzig Monate; E. Howard Hunt jr., H. John N. Mitchell, H. R. Haldeman und John D. Ehrlichman zwölf Monate; Dwight L. Chaplin acht Monate; Charles W. Colson und Jeb Stuart Magruder sieben Monate; Herbert W. Kalmbach sechs Monate; John W. Dean III. weniger als fünf Monate; Egil Krogh jr. und Donald Segretti vier Monate; Richard M. Nixon vollständiger Straferlaß.

> **»Häufig ist der beste Komplize der Korruption unsere eigene Gleichgültigkeit.«**
> Bess Myerson

Portugiesische Militärbeamte untersuchten den Tod eines zwölfjährigen Jungen, der von einer Wache erschossen worden war. Der Wachsoldat behauptete, der Junge habe seinen Warnruf in der Dunkelheit nicht beachtet und sei weitergelaufen. Das Gericht beschloß, den Vorfall in einem Lokaltermin nachzustellen. Auch der dreiunddreißigjährige Zivilist, der die Rolle des Jungen übernahm, wurde erschossen.

>*Es ist nicht die Aufgabe des Polizisten, Unordnung
zu stiften. Seine Aufgabe ist es, die Unordnung zu
bewahren.*«

RICHARD J. DALEY, Chicagoer Bürgermeister

Achtundvierzig der vierundfünfzig Ärzte, Psychiater und
Zahnärzte, die am Rikers-Island-Gefängnis in New York beschäftigt waren, wurden beschuldigt, ihre Arbeitszeit-, Reise-
kosten- und Spesenabrechnung frisiert zu haben.

>*Wirtschaftskriminalität, das heißt das Verbrechen
am Schreibtisch, ist genauso schädlich wie das Verbrechen auf der Straße.*«

MEG STAAHL

Der Polizeichef des District of Columbia, John B. Layton,
wurde von Journalisten gefragt, wie es zum Anstieg der Raub-
überfälle am Wochenende käme. Layton erwiderte: »Der
wichtigste Faktor ist die Neigung mancher Menschen, sich finanzielle Mittel auf illegale Weise zu beschaffen.«

>*Man kommt viel weiter mit einer freundlichen Re-
densart und einer Kanone als nur mit einer freundlichen Redensart.*«

AL CAPONE

Der fünfundzwanzigjährige Michael James aus Chippewa
Falls in Wisconsin erklärte seinem Richter, er sei nicht bereit,
im Rahmen seines Urteils einen Arbeitsplatz zu akzeptieren,
der ihm 350 Dollar im Monat einbringe, da er sich dann
schlechter stehe als mit den 300 Dollar Sozialhilfe zuzüglich
130 Dollar in Essenmarken.

Im australischen Brisbane bekannte sich Peter Stocker schuldig, fünfundzwanzig Eingangstüren verschiedener Häuser gestohlen zu haben. Der stellungslose Zimmermann wurde zu
einer Geldstrafe verurteilt und mußte die Türen ihren recht-
mäßigen Besitzern zurückgeben. Doch elf der Türen waren
nie als gestohlen gemeldet worden. Der findige Staatsanwalt
ließ folgende Meldung an die örtlichen Polizeibehörden ge-

hen: »Wenn Sie ein Haus ohne Eingangstür sehen, machen Sie bitte den Eigentümer darauf aufmerksam.«

> **»Wir scheinen des Verbrechens nicht Herr werden zu können, warum legalisieren wir es also nicht und belegen es mit einträglichen Steuern?«**
> Will Rogers

Verbrechen zahlt sich nicht aus

Die genannten Beispiele lassen darauf schließen, daß die Gesetzgeber und Strafverfolgungsbehörden in bester Absicht gehandelt haben, daß sie aber, als sie diese Böcke schossen, bereits auf ihrer Stufe der Unfähigkeit agierten. Genausowenig dürfen wir, wenn wir uns jetzt den Gesetzesbrechern zuwenden, davon ausgehen, sie hätten ihre kriminelle Karriere in dem festen Willen begonnen, sich erwischen zu lassen. Vielmehr müssen wir die Hypothese zugrunde legen, daß die meisten Kriminellen, wenn sie ihre Laufbahn wählen, fest entschlossen sind, sie erfolgreich zu absolvieren.

Natürlich kann im kriminellen Metier wie in anderen sehr gefährlichen Berufen die Angst ein entscheidender Faktor des Mißerfolgs sein, und wie in allen anderen menschlichen Tätigkeitsbereichen gibt es auch hier einige wenige, die einen bewußten Zwang verspüren, alles zu verpfuschen. Ansonsten aber sind die Strafverfolger und die Gesetzesbrecher den gleichen Gesetzen von Erfolg und Mißerfolg unterworfen.

> **»Verbrechen zahlt sich nicht aus. Früher oder später bekommt jeder Verbrecher einen Strafzettel wegen falschen Parkens.«**
> Ted Zeigler

In einer Gerichtsverhandlung in Spring Valley, Kalifornien, in der es um einen Autodiebstahl ging, verzichtete Kammy Jean Sullivan darauf, ihre Unschuld zu beteuern, und bekannte sich schuldig, als der Fahrzeugeigentümer das Jackett, das Sullivan vor Gericht trug, als einen der gestohlenen Gegenstände identifizierte.

Vor einem Londoner Fleischmarkt wurde ein Dieb festgenommen. Der Polizeibeamte bemerkte, daß der Mann zitterte wie Espenlaub. Eine Leibesvisitation brachte die Ursache zutage: Der Dieb hatte ein tiefgefrorenes Lendenstück in seiner Hose verborgen.

Ein Bankräuber in Portland, Oregon, schob dem Kassierer einen Zettel zu: »Dies ist ein Überfall. Ich habe einen Revolver.« Der Kassierer wartete, und der Räuber schrieb weiter. »Packen Sie das ganze Geld in eine Papiertüte!« Der Kassierer schrieb unten auf den Zettel: »Ich habe keine Papiertüte.« Der Räuber verließ die Bank.

Mit 1710 Dollar in bar verließ der dringend des Bankraubs verdächtigte Oliver Paxton im Laufschritt die Community Bank im Ostteil von Los Angeles und mußte feststellen, daß die Schlüssel seines Wagens steckten und daß er die Türen versperrt hatte.

Ein Ladendieb in Barnsley, England, wurde gleichzeitig von vier Warenhausdetektiven ertappt. An diesem Tag fand in dem Warenhaus eine Tagung von Warenhausdetektiven statt.

In einem Southamptoner Supermarkt fuhr ein Dieb mit seinem vollbeladenen Einkaufswagen an die Kasse. Als er den Kassenbon erhielt, reichte der Mann eine Zehnpfundnote hinüber. Die Kassiererin öffnete die Kasse. Da griff sich der Dieb den Inhalt der Schublade und verschwand. Die Schublade enthielt vier Pfund siebenunddreißig Pence. In der Hand der Kassiererin blieb die Zehnpfundnote, die der Dieb ihr gegeben hatte.

Arthur Gertsen saß ein wegen Urkundenfälschung, Scheckbetrug und Verstößen gegen seine Bewährungsauflagen. Die Kaution von 31000 Dollar konnte er nicht aufbringen. Da mußte er wieder vor Gericht erscheinen, weil er dabei ertappt worden war, wie er Leuten einredete, sie könnten jährlich 128 Prozent Gewinn machen, wenn sie sich Geld auf ihre häuslichen Wertgegenstände leihen würden. Die Gespräche hatte er über das Gefängnistelefon geführt. Der Richter erhöhte seine

Kaution auf 100 000 Dollar und entzog ihm das Recht zu telefonieren.

Thomas R. Richardson gehörte zu der Bande, die den berühmten Brinks-Überfall begangen hatte – einen der größten in der Geschichte der Vereinigten Staaten. 2,8 Millionen Dollar und 1,2 Millionen an Valuta waren ihnen in die Hände gefallen. Kurz vor seinem Tode errechnete Richardson, daß mit der Vorbereitungszeit für den Überfall und seiner Strafe (mehr als dreißig Jahre) sein Anteil einem Stundenlohn von 1,25 Dollar pro Stunde entspräche.

Ein Mann, der wegen Einbruchs angeklagt war, floh aus dem Gerichtsraum. In der Hoffnung, in der Menge untertauchen zu können, schloß er sich einem vorbeitrabenden Pulk von Joggern an – alles Mitglieder der örtlichen Polizeisportabteilung.

In Riverside, Kalifornien, überfiel ein Mann eine Cafeteria, wobei er sich einen Kopfkissenbezug über den Kopf gestülpt hatte. Da er vergessen hatte, Augenlöcher hineinzuschneiden, mußte er eine Ecke des Bezugs lüften, um die Tür zu finden. Ein Stammgast erkannte ihn, und er wurde in seiner nahe gelegenen Wohnung verhaftet.

Als ein Parkuhrenknacker die Kaution für einen verhafteten Freund hinterlegen wollte, wurde er selbst verhaftet. Er wollte den Betrag in kleinen Münzen zahlen.

In Sacramento, Kalifornien, schalt der Polizeioffizier Melvin Chuckovich einen Dieb: »Sie sollten sich schämen, den armen Kindern ihre Fahrräder wegzunehmen!« Einige Zeit später sah Chuckovich den Mann in Handschellen auf der Wache wieder. Der Dieb erklärte: »Ich habe Ihren Rat beherzigt und Autos geklaut.«

Ein Mann, nach dem wegen eines Diebstahls gesucht wurde, wurde nach einer längeren Fahndung ergriffen. Er arbeitete als Tellerwäscher in der Kantine der Identifizierungsabteilung des FBI-Hauptquartiers in Washington.

Ein Bürobedarfsgeschäft in New York City schaffte sich ein neues Aufzeichnungssystem für seine Telefonzentrale an. Eine Woche später wurde ein Einbruch festgestellt. Zufällig bemerkte ein Angestellter, daß die neue Anlage einen Anruf lange nach Geschäftsschluß registriert hatte. Der Einbrecher wurde gefaßt – er hatte nach Hause telefoniert.

Zu trauriger Berühmtheit brachte es D. B. Cooper, als er 1971 eine Maschine der Northwest Orient auf dem Flug von Portland nach Seattle in seine Gewalt brachte, 200000 Dollar und vier Fallschirme verlangte und sich aus der fliegenden Boeing 727 verdrückte. Innerhalb eines Jahres fand er einundzwanzig Nachahmer. Keiner hatte Erfolg. Sechzehn erhielten eine Zuchthausstrafe, zwei kamen in eine psychiatrische Klinik, und drei überlebten ihren Versuch nicht.

Im Gefängnis von Saltillo in Nord-Mexiko gruben mehrere Insassen in fünfmonatiger Arbeit einen Tunnel in die Freiheit. Fünfundfünfzig Sträflinge kletterten durch den Fußboden am Ende des Tunnels – in den Gerichtssaal, in dem die meisten von ihnen abgeurteilt worden waren.

J. Ealey beging in Detroit einen Einbruch, ließ aber versehentlich seinen Hund am Schauplatz des Verbrechens zurück. Die Alarmanlage rief die Polizei auf den Plan. Die Beamten riefen: »Braver Hund, lauf nach Hause!«, folgten dem Tier und trafen kurz nach dem Einbrecher bei ihm zu Hause ein.

> *»Wenn das Verbrechen sich nicht auszahlt – wieso ist es dann einer unserer größten Wirtschaftszweige?«*
> MITCHELL GORDON

Die Unfähigkeit kann auch darin liegen, daß man sich nicht von dem ordnungsgemäßen Zustand seines Handwerkszeugs überzeugt, wie der folgende Fall zeigt: Die Polizei von Covina, Kalifornien, berichtete von zwei jungen Männern – Victor Cross, einundzwanzig, und Herbert Taylor, sechsundzwanzig –, die beschlossen, ihr Glück mit einem Einbruch zu versuchen. Sie rüsteten sich mit den Werkzeugen ihrer Zunft aus:

einer Papiertüte für die Beute, einer Maske, um das Gesicht zu verbergen, und einer Schrotflinte, um für einen reibungslosen Ablauf der Transaktion zu sorgen.

Das Unternehmen war gut geplant. Einer betrat das auserkorene Spirituosengeschäft in Covina, versehen mit der Maske, der Flinte und der Beutetüte, während der andere im Fluchtauto auf dem Parkplatz blieb. Zunächst ging alles glatt. Der Verkäufer füllte die Tüte mit 180 Dollar in Münzen und kleinen Scheinen. Doch als der Räuber zum Fluchtauto stürzte, riß die Tüte, und ihr Inhalt ergoß sich auf den Fußboden. Dann löste sich der Kolben von der Schrotflinte, und das Band der Maske riß, so daß auch sie herunterfiel.

Trotzdem konnten die beiden Räuber entkommen, wurden aber anderthalb Stunden später gefaßt, als sie an den Schauplatz ihres Verbrechens zurückkehrten, offensichtlich um nach dem Kolben ihrer Flinte zu suchen.

COROLLARIUM 6: Unfähigkeit plus Unfähigkeit ist gleich Unfähigkeit.

3. Ein Tropf für jeden Topf

Ein hervorragender Klempner verdient unendlich viel mehr Bewunderung als ein unfähiger Philosoph. Eine Gesellschaft, die hervorragende Klempnerarbeit geringschätzt, weil das Klempnern eine niedere Tätigkeit ist, dagegen aber die Talmi-Philosophen schätzt, weil die Philosophie eine so vornehme menschliche Beschäftigung ist, wird weder gute Klempner noch gute Philosophen haben. Weder ihre Rohre noch ihre Theorien werden wasserdicht sein.

JOHN GARDNER

Kompetenz wird im allgemeinen als Tüchtigkeit definiert. Operationalisiert muß man sie jedoch beschreiben als die Fähigkeiten oder Fertigkeiten, die erforderlich sind, um eine bestimmte Funktion auszuüben. Der fähige Verkäufer muß in der Lage sein, etwas zu verkaufen. Der fähige Arzt muß in der Lage sein, seinen Patienten die erforderliche medizinische Hilfe zuteil werden zu lassen. Der fähige Kfz-Schlosser sollte in der Lage sein, das Auto in einem funktionsfähigeren Zustand zurückzugeben, als er es entgegengenommen hat. Obwohl der Handelsvertreter, der Arzt und der Automechaniker jeweils unterschiedliche Fertigkeiten brauchen, ist jeder nur in dem Maße fähig, in dem seine Leistung den Output-Kriterien seines Berufsstandes gerecht wird. Wissenschaftlich bewerten läßt sich Kompetenz oder Fähigkeit nur durch die Beobachtung oder Messung des Outputs, und doch gibt es die Tendenz, Kompetenz in Beziehung zum Input zu setzen.

So werden beispielsweise viele Leute der Meinung eines Professors mit vielen akademischen Graden große Bedeutung beimessen, obwohl er vielleicht nur ein gebildeter Narr ist. Statt nach ihrer Bedeutung und Qualität werden seine Gedanken nach der Anstrengung beurteilt, die er aufgewendet hat, um seinen Bildungsweg zu absolvieren und die akademische Leiter bis zu seinem Lehrstuhl zu erklimmen. Der Input ist ein wichtiger Gesichtspunkt, aber Kompetenz läßt sich nur am Output messen. Häufig ist jemand, der nach Ausbildung und Erfahrung hochqualifiziert ist, auch außerordentlich kompetent, aber man sollte sich davor hüten, automatisch vorauszusetzen, daß die Menschen mit dem größten Input auch immer den besten Output hervorbringen.

> COROLLARIUM 7: Alles, was der Mühe wert ist, getan zu werden, ist auch der Mühe wert, so lange zu suchen, bis man jemanden gefunden hat, der fähig ist, es zu tun.

Eine exakte Wissenschaft

Die Hierarchologie ist eine Wissenschaft, die anstrebt, durch objektive Untersuchungen zu einem besseren Verständnis des Aufbaus menschlicher Organisationen beizutragen. Die nähere Untersuchung der Fallgeschichten und Beispiele, die in diesem Buch vorgelegt werden, wird das Wesen der hierarchischen Struktur unserer Gesellschaft offenbaren, so daß die

Daten, die dem Leser zunächst als ein chaotischer Haufen zusammenhangloser Informationen erschienen sein mögen, Sinn und Bedeutung gewinnen. Verständlich wird die menschliche Gesellschaft erst durch die Wirkung des Peter-Prinzips im Rahmen der gesellschaftlichen Organisation.

Bei unserer wissenschaftlichen Untersuchung von Hierarchien müssen wir jede moralische Einstellung zur Fähigkeit oder Unfähigkeit vermeiden. Wir müssen uns vor der Annahme hüten, daß es unfähige Funktionsträger an dem nötigen Bemühen oder Einsatzwillen fehlen lassen. Meine Interviews erbrachten zwar in erster Linie subjektive Informationen, lassen aber doch erkennen, daß die Personen, die alle Kriterien der Unfähigkeit erfüllen, gerne mehr leisten würden. Jeder Mitarbeiter brachte den entschiedenen Wunsch zum Ausdruck, für seine Organisation nützlicher zu sein, wenn er dazu nur in der Lage sei. Außerdem ist den meisten unfähigen Mitarbeitern unklar bewußt, daß eine Pleite ihrer Firma Arbeitslosigkeit für sie bedeuten würde oder daß der Zusammenbruch der Gesellschaft ihr Ruin wäre.

> COROLLARIUM 8: In einer Hierarchie verhält sich die Leistung umgekehrt proportional zur Höhe.

Während die wissenschaftliche Methode verlangt, daß individuelle Fähigkeit nach dem objektiven, beobachtbaren oder meßbaren Output beurteilt wird, darf andererseits nicht übersehen werden, daß Fähigkeit und Unfähigkeit von fast jedem Aspekt der menschlichen Persönlichkeit abhängen können.

Akte »Multikausale Unfähigkeit«
Fall Nr. 7

Diese Fallstudie soll belegen, daß die Unfähigkeit in vielen Lebensbereichen des Menschen ihre Wurzeln haben kann.

Beruflich
In fünfunddreißig Jahren war Jerry Attrick bei der Firma Akme Gewichte und Senkbleie GmbH vom Bleigießer zum Generaldirektor aufgestiegen. Er kannte jeden Schritt bei der

Herstellung von Akme-Produkten aus erster Hand und hatte die Produktions- und Vertriebsabteilung fest im Griff. Jerrys Pech war, daß der Aufsichtsrat beschloß, sich die Aktienmehrheit eines zweiten Unternehmens zu sichern, der Hartzinn-Stimmgabel GmbH, und beide Unternehmen unter Jerrys Führung zu vereinigen. Jerry war die Sache von Anfang an nicht geheuer. Die Bleiverarbeitung kannte er aus eigener Anschauung, Hartzinn dagegen war ein unbeschriebenes Blatt für ihn. Der Vertrieb von Gewichten und von Stimmgabeln verlangt höchst unterschiedliche Marktstrategien. Jerry Attrick war zu alt und zu festgelegt, um sich auf die neuen Techniken einstellen zu können, die er für die Leitung des neuen Großunternehmens Akme Blei und Zinn GmbH brauchte. Jerry Attrick hatte seine Stufe der Unfähigkeit erreicht, weil ihm die beruflichen Voraussetzungen für seine neue Position fehlten.

Physisch
Durch die Fusion von Akme Blei und Hartzinn-Stimmgabel wurden erhebliche Veränderungen erforderlich, da man einen neuen Verwaltungsapparat brauchte. Die Sekretärin Ann Jyna wurde zur Bürovorsteherin befördert. Sie freute sich über die verantwortungsvollere Position und die Lohnerhöhung, die damit verbunden war. Obwohl sie die nötigen beruflichen Fähigkeiten besaß, begann der Streß, den die neue Aufgabe mit sich brachte, seinen Tribut zu fordern. Es begann mit Kopfschmerzen und Kreuzbeschwerden. Als sie sich einer Generaluntersuchung unterzog, weil sie von Stichen im Brustkorb beunruhigt war, stellte ihr überraschter Hausarzt fest, daß ihr Blutdruck in gefährliche Höhen geklettert war.

Obwohl Ann Jyna die erforderlichen beruflichen Voraussetzungen mitbrachte, war sie physisch dem Streß ihrer neuen Position nicht mehr gewachsen, so daß sie immer häufiger fehlte. Sie hatte die Stufe ihrer physischen oder biologischen Unfähigkeit erreicht.

Geistig
Bei den Arbeitern in der Bleigießerei war der Vorarbeiter Stu Pidd sehr beliebt. Er war ein angenehmer, freundlicher Kollege, der die Arbeit in der Gießerei aus langjähriger Erfah-

rung kannte. Er war gewissenhaft und stellte stets genausoviel Blei her, wie verlangt wurde.

Nach der Zusammenlegung beider Werke wurde Stu zum Betriebsleiter der Gießerei befördert, eine Funktion, in der er die Arbeit und das Material einteilen mußte. Diese Funktion überforderte seine Entscheidungsfähigkeit. Statt einfacher Anordnungen erhielt er jetzt Richtlinien und allgemeine Statements von der Unternehmensleitung. Ihm fehlte die intellektuelle Fähigkeit, mit Abstraktionen umzugehen. Immer wieder legte er die Unternehmenspolitik falsch aus und traf unlogische Entscheidungen, wodurch die Produktivität der Gießerei beeinträchtigt wurde. Stu Pidd hatte seine Stufe der Unfähigkeit aufgrund geistiger Unzulänglichkeit erreicht.

Sozial
Cal Luss, ein Metallurge, war bei der Hartzinn-Stimmgabel GmbH mit der Zusammenstellung des Mischverhältnisses von Zinn, Antimon, Kupfer und Blei betraut gewesen. Nun wurde er in dem neuen Unternehmen zum Chef der gesamten Metallverarbeitung ernannt und stürzte sich voller Eifer und Tatendrang auf seine neue Aufgabe. Leider mußte Cal, der ein guter Metallurge war, jetzt seine Qualitäten in der Menschenführung unter Beweis stellen. Er leistete hervorragende Arbeit mit den ihm anvertrauten Werkstoffen, war aber unfähig, die ihm unterstellten Leute zu besseren Leistungen zu motivieren. Sein Umgang mit Mitarbeitern war steif und völlig humorlos. Er kannte sich in den metallurgischen Formeln bestens aus, hatte aber keine Ahnung von den einfachsten Rezepten der Menschenführung. Bei seinen Personalentscheidungen konnte er sich weder auf seinen Rechenschieber noch auf Computerausdrucke verlassen. Cal Luss, ein fähiger Ingenieur, hatte seine Stufe der Unfähigkeit aufgrund seiner Unbeholfenheit im Umgang mit Menschen erreicht.

Emotional
Hy Sterik war ein begeisterter und begabter Graphiker in der Werbeabteilung der Hartzinn-Stimmgabel GmbH, als die beiden Unternehmen fusionierten. In seiner neuen Stellung als Werbedirektor für Akme-Products war er mal himmelhoch jauchzend und mal zu Tode betrübt. Seine Leidenschaft für

ästhetisch vollkommene Werbung, die so viel Anklang bei den künstlerisch empfänglichen Verbrauchern des Stimmgabelmarkts gefunden hatte, kam bei den Kunden für Gewichte und Senkbleie nicht annähernd so gut an. Seine einseitige Bevorzugung des Stimmgabelmarktes und seine hochmütige Verachtung für die Bleigewichtkunden wurden im Unternehmen sehr kritisch registriert. Sterik wurde nervös und neigte zu Gefühlsausbrüchen. Wenn seine Anzeigen für Stimmgabeln gelobt wurden, war er begeistert, und wenn seine Anzeigen für Senkbleie abgelehnt wurden, brach er fast in Tränen aus. Seine Gefühle trübten seine Urteilskraft und beherrschten ihn vollkommen. Er befand sich auf seiner Stufe der emotionalen Unfähigkeit.

Moralisch

Mal Larky war der beste Vertreter bei Akme gewesen. Sein forsches Auftreten, seine gewagten Witze und Geschichtchen waren bei den Kunden für Bleigewichte gut angekommen. Er pflegte einen sehr pragmatischen Umgang mit der Wahrheit, das heißt: er vermied sie peinlich, wenn sie nicht gerade seinen Zwecken diente. Seine Kunden nahmen es ihm nicht übel, daß er die Vorzüge seiner Produkte so schamlos übertrieb. Außerdem spielte es keine große Rolle, weil es auf dem Markt für Bleigewichte keine nennenswerte Konkurrenz gab.

Als er zum Verkaufsdirektor von Akme Blei und Zinnprodukten aufstieg, zeigte sich, daß seine Verkaufsmethoden eine schlechte Voraussetzung für seinen Managerposten waren. Er gab seinen Vertretern Versprechen über Verkaufsgebiete, Werbeunterstützung und persönliche Hilfestellungen, die er nicht einhielt. Bei der Einweisung seiner Mitarbeiter bediente er sich fragwürdiger und unehrlicher Methoden. Er wies die Stimmgabelvertreter an, seine Übertreibungstechnik zu verwenden. Als sie das versuchten, wandten sich die Kunden anderen Marken zu, die es in hinreichender Zahl gab. Durch seine Unehrlichkeit hatte Mal Larky seine Stufe der moralischen Unfähigkeit erreicht.

Aktiv- und Passivposten

Am auffälligsten ist die Unfähigkeit, wenn Mitarbeiter ihrer Aufgabe nicht mehr gewachsen sind – wenn sie, wie Jerry Attrick, die beruflichen Voraussetzungen vermissen lassen, um mit den gewachsenen Anforderungen fertig zu werden. Doch es gibt noch viele andere verborgene Schwächen, die sich als Unfähigkeit erweisen können, sobald ein Mitarbeiter auf die entsprechende Stufe befördert wird. Fast alle menschlichen Eigenschaften, auch diejenigen, die auf bestimmten Stufen den Aktivposten zuzurechnen sind, werden, wenn die Stufenleiter nur weit genug erklommen ist, zur Unfähigkeit ausschlagen. Ein Aktivposten auf der einen Stufe kann zum Passivposten einer anderen werden.

Richard M. Nixon begann seine spektakuläre Karriere in High-School-Zeiten, als er zwei Sommerferien lang beim Slippery Gulch Rodeo in Prescott, Arizona, als zungenfertiger und zugkräftiger Ausrufer für das Glücksrad auftrat. Am Whittier College konnte er seine Fähigkeit, andere durch seine Redegabe zu überzeugen, als Leiter des Debattierclubs weiterentwickeln.

Ende 1945 trat Nixon vor dem Republikanischen Ausschuß der 100 auf und hielt seine erste politische Rede. In einer Ansprache, die nur zehn Minuten dauerte, stellte er seine geniale Begabung für politische Rhetorik unter Beweis. Er beschrieb das politische System der Vereinigten Staaten als den Widerstreit zweier Ideen. »Die eine«, so führte er aus, »die vom New Deal vertreten wird, bedeutet Regierungskontrolle und reglementiert unser Leben. Die andere hat sich der Freiheit des einzelnen und der Privatinitiative verschrieben. Ich ziehe den zweiten Standpunkt vor. Ich glaube nicht, daß unsere heimkehrenden Soldaten – und ich habe in den Schützengräben mit vielen von ihnen gesprochen – Almosen oder milde Gaben von der Regierung haben möchten.« Diese Rede war genau das, was der Ausschuß hören wollte. Seine Mitglieder schlugen Nixon einstimmig zum Kongreßkandidaten vor. Er besaß die Gabe, auch die Unwahrheit überzeugend und ansprechend zu verpacken. Es gibt keinen Hinweis dafür, daß Nixon, als er in den heimatnahen Gebieten bei der Navy Dienst tat, auch nur einem einzigen Schützengraben

nahe gekommen wäre, und es ist auch höchst unwahrschein-
lich, daß sich die Soldaten, die in diesen Schützengräben saßen, viele Gedanken um konkurrierende Wirtschaftstheorien
machten.

Damit hatte Nixon einen Weg eingeschlagen, dem er in den
nächsten neunundzwanzig Jahren in unwandelbarer Treue folgen sollte. In der Kongreßwahl von 1946 besiegte er seinen
Gegenkandidaten Jerry Voorhis vor allem durch die Unter-
stellung, er habe Verbindungen zu den Kommunisten. Sein
Hauptvorwurf lautete: »Voorhis wird vom PAC unterstützt.«
(PAC: Political Action Committee, das von einer der beiden
großen Gewerkschaftsorganisationen gesteuert wurde.) Nicht
nur das war falsch, sondern als Mitglied des Senatsausschusses
für unamerikanische Umtriebe wies Voorhis auch eine ausge-
sprochen antikommunistische Vergangenheit auf. Er hatte
den Voorhis-Act eingebracht, das einzige vom Kongreß verab-
schiedete Gesetz, das sowohl von der Kommunistischen Partei
als auch vom Deutschamerikanischen Bund bekämpft worden
war.

Seinen manipulativen Umgang mit Tatsachen setzte Nixon
1950 mit einem erfolgreichen Senatswahlkampf gegen Helen
Gahagan Douglas fort. Als überzeugte Antikommunistin hatte
sie Harry Truman unterstützt und war energisch für die Gesetze eingetreten, die die Grundlage für die militärische Unterstützung der freiheitlich-demokratischen Staaten Europas
geschaffen hatten. »Die Sowjetunion«, so schrieb sie in *The
New Republic* vom 29. August 1949, »hat alles in ihrer Macht
Stehende getan, um die Erholung Europas zu verhindern ...
vorsätzlich hat sie eine Atmosphäre der Angst und der Gefahr
geschaffen.« Einer ihrer Wahlkampfhelfer war Ronald Reagan, der damals noch der demokratischen Partei angehörte.
Nixon bestritt seinen ganzen Wahlkampf mit dem angeblichen Kommunismus seiner Widersacherin. Er nannte sie die
»rosa Lady« und gab eine »rosa Zeitung« auf rosa Papier heraus, in der er ihre erfundenen kommunistischen Verbindungen anprangerte. Seine falschen Anschuldigungen, offiziell
wirkenden Dokumente, Pseudo-Ausschüsse und getürkten
Umfrageergebnisse überzeugten die Wähler davon, daß er für
eine edle Sache stritt.

Sein Meisterstück in Sachen Manipulation lieferte er jedoch am 23. September 1952 in der sogenannten »Checkers-Rede«, die von Radio und Fernsehen im ganzen Lande ausgestrahlt wurde. In einer Stellungnahme zu der Enthüllung, daß er über einen Privatfond von sechsundsiebzig reichen Kaliforniern verfügte, die ein besonderes Interesse daran hatten, ihn in Washington an der Macht zu sehen, rechtfertigte er sich nicht durch Argumente, sondern durch einen rührseligen Appell an die amerikanische Öffentlichkeit. Er gab zu, daß er ein paar Geschenke angenommen habe, und erklärte sich reumütig bereit, sie alle zurückzugeben, mit Ausnahme des kleinen schwarz-weißen Cockerspaniels Checkers, der seinen Töchtern geschenkt worden sei. Daraufhin erschien Checkers Bild auf der Mattscheibe. Es war ein triumphaler Erfolg. Darryl Zanuck nannte die Rede »die großartigste schauspielerische Leistung, die ich je gesehen habe!«.

Trotz seines Spitznamens Tricky Dick, trotz seines zweifelhaften Rufes, trotz des gescheiterten Präsidentschaftswahlkampfes des Jahres 1960, trotz seiner erfolglosen Bewerbung um das Amt des kalifornischen Gouverneurs im Jahre 1962 und trotz der Entdeckung, daß er sich in seinen früheren Wahlkämpfen unlauterer Mittel bedient hatte, wurde er 1968 zum Präsidenten der Vereinigten Staaten gewählt.

Obwohl alle Beweise gegen ihn sprachen, als er die Watergate-Affäre, den größten politischen Skandal in der amerikanischen Geschichte, unter den Teppich zu kehren versuchte, bekam er noch beträchtliche politische Unterstützung aus dem Lager der Superpatrioten und derer, die meinten, im Interesse der nationalen Sicherheit seien eben besondere Geheimhaltungsbestimmungen zu beachten. Im Februar 1973, acht Monate nach dem Watergate-Einbruch, erklärte Präsident Nixon in einer Radiorede an die Nation, er werde im Kongreß eine Reihe von Gesetzen einbringen, die die Todesstrafe für Landesverrat, Sabotage, Spionage und andere Verbrechen gegen die amerikanische Nation in Aussicht stellen würden. Zu den Wehrdienstverweigerern, die nach Kanada geflohen waren, hatte er kurz zuvor erklärt: »Wir können ihnen keine Straffreiheit gewähren. Sie müssen für das bezahlen, was sie getan haben. Der Preis ist die vorgesehene Strafe für die Übertretung der Gesetze unseres Landes.«

Erst als die Tonbänder aus dem Weißen Haus seine Mittäterschaft und Unehrlichkeit eindeutig bewiesen, gelang es seinem Manipulationsgeschick und seiner Überredungskunst nicht mehr, die Tatsachen zu verdrehen und zu vertuschen. Er wurde als Opfer sowohl des Peter-Prinzips als auch des Nixon-Prinzips* entlarvt, womit bewiesen war, daß eine Fähigkeit, die beim Slippery Gulch Rodeo und auf vielen Stufen der Erfolgsleiter ein Aktivposten sein mag, zum Passivposten werden kann, wenn man das höchste Amt des Landes erreicht hat.

4. Weiter oben: Trübe Aussichten

Wenn einer anfängt, nach einem bestimmten Posten zu schielen, beginnt der Zerfall seiner guten Sitten.

THOMAS JEFFERSON

Das Wirken des Peter-Prinzips in Politik und Regierung wirft die immer wieder gestellte Frage nach möglichen Ausnahmen von diesem Prinzip auf. Was ist mit den inkompetenten Leuten, die durch Studium kompetent werden? Können Unfähige auf eine Ebene befördert werden, auf der sie fähig sind? Warum werden manche Unfähige von ihren Vorgesetzten gut beurteilt?

Der ernsthafte Hierarchologe wird sich nicht mit der einfachen Erklärung zufriedengeben, daß das Peter-Prinzip kein Gesetz, sondern ein Prinzip ist. Die Stellung, daß Menschen dazu *neigen*, zu ihrer Stufe der Unfähigkeit aufzusteigen, macht noch keine Erklärung möglich für die Fälle, in denen einzelne lieber auf ihrer Ebene der Fähigkeit bleiben. Wenn es sich nicht um ein Prinzip, sondern um ein Gesetz oder um eine Regel handeln würde, dann müßten wirkliche Ausnahmen davon auch als solche identifiziert werden, und es wäre notwendig, die einzelnen Fälle zu erklären. Da die Hierarchologie eine Wissenschaft ist und nach der vollständigen Wahr-

* Nixon-Prinzip: Wenn zweimal Unrecht tun noch kein Recht macht, versuch es ein drittes Mal.

heit sucht, müssen wir auch die scheinbaren Ausnahmen von diesem Prinzip erforschen.

Corollarium 9: Das Peter-Prinzip hat mit der Evolution eines gemeinsam: Es kennt kein Erbarmen.

Scheinbare Abweichung Nr. 1:
Der leise Lift

Menschen werden so lange befördert, bis sie ihre Stufe der Unfähigkeit erreicht haben. Daher kann von Beförderung im eigentlichen Sinne nur dann gesprochen werden, wenn eine kompetente Person befördert wird, die noch auf der Stufe ihrer Fähigkeiten steht. Wenn dagegen ein Unfähiger von seiner Stufe der Unfähigkeit aus noch weiter hinauf befördert wird, handelt es sich um eine Pseudo-Beförderung.

Corollarium 10: Wenn ein Angestellter einmal seine Stufe der Unfähigkeit erreicht hat, setzt die Trägheit ein. Der Arbeitgeber arrangiert sich dann eher mit der Inkompetenz, als daß er den Angestellten entläßt und sich nach Ersatz umschaut.

Die sauberste Lösung des Problems, was man mit einem Unfähigen tun soll, ist, ihn aus dem Wege zu schaffen. Früher erledigte man das, indem man ihn vor die Tür setzte. Doch haben Gesetzesänderungen, die Aktivitäten der immer mächtiger werdenden Berufsverbände und Gewerkschaften und die Durchsetzung von Arbeitnehmerschutzbestimmungen dazu geführt, daß diese altmodische Methode immer seltener zur Anwendung kommt. Das ändert aber nichts an der Tatsache, daß es auch heute noch von größter Wichtigkeit ist, sich eines Unfähigen zu entledigen, wenn er eine Schlüsselposition blokkiert.

Als Claude Hopper zum Abteilungsleiter – auf seine Ebene der Unfähigkeit – befördert wurde, gelangte er in eine solche Schlüsselposition. Damit konnte er in seiner Abteilung die schlimmsten Verheerungen anrichten, und schon bald galt er als bedrohlicher Engpaß für das ganze Unternehmen. Der kompetente Geschäftsführer, Hew Main, erfaßte die Situation schnell und beförderte Hopper. Er gehörte von nun an zu den achtzehn amtierenden Vizepräsidenten der Firma. Mit anderen Worten: Er ließ ihn die Treppe hinauffallen. Moderner ausgedrückt: Diese Art der Personenbeförderung nach oben nennen wir »den leisen Lift«.

Der leise Lift nützt dem Unternehmen in mehrfacher Hinsicht:

1. Er gibt allen Verantwortlichen die Möglichkeit, ihr Gesicht zu wahren, da die Tatsache verschleiert wird, daß Hoppers Beförderung zum Abteilungsleiter ein Fehler war. Statt dessen sieht es nun so aus, als sei dies ein kluger Schritt gewesen: Sieh an, der Hopper ist schon wieder befördert worden.

2. Der leise Lift ermutigt andere Angestellte, sich anzustrengen. Wenn sogar Hopper es geschafft hatte, so schnell nach oben zu kommen, dann können sich auch die Kollegen noch Hoffnungen machen.

3. Der leise Lift erlöst Hopper von der kritischen Stellung, für die er nicht geeignet ist, und hebt ihn in eine Position, in der er keinen Schaden anrichten kann.

4. Der leise Lift bewahrt Hopper davor, auf seiner Stufe der Inkompetenz ein verbitterter und unzufriedener Mensch und damit eine Gefahr für das Betriebsklima zu werden. Viel schlimmer wäre es für ihn, wenn man ihn wieder auf seine Kompetenzebene zurückversetzen würde. Die »Beförderung« dagegen empfindet er nicht als Herabwürdigung.

5. Der leise Lift erhöht und festigt die Hierarchie. Solange Hopper und andere immer wieder befördert werden und die Produktion zufriedenstellend läuft, funktioniert die Hierarchie.

6. Der leise Lift scheidet die Drohnen von den Arbeitern.

Je höher ein Unfähiger in der Pyramide einer Organisation steigt, desto mehr wird er zum Engpaß, und um so dringender wird es notwendig, ihn geräuschlos zu »liften«. Zum Glück sind Unternehmen und Behörden darauf eingerichtet. Der Zahl der Vize-Präsidenten in einer Organisation sind keine Grenzen gesetzt. Wenn ein Direktor unfähig ist, kann er zum

Generaldirektor der Firma ernannt oder sogar Vorsitzender des Aufsichtsrats werden.

Obwohl der leise Lift eine Pseudo-Beförderung ist, wird er selten abgelehnt, weil die neue Position mit mehr Geld und einem höheren Status verbunden ist.

Unglücklicherweise gelten diese Vorteile der Privatindustrie nicht für unsere Regierung. Die Gründerväter der Vereinigten Staaten von Amerika haben trotz all ihrer Weisheit versäumt, ein ungefährliches Amt für einen unfähigen Präsidenten zu schaffen. Um dies zu korrigieren, empfehle ich als Sofortmaßnahme, dem Präsidentenamt einen niedrigeren Rang zu geben und das Amt eines Generalpräsidenten zu schaffen.

Die Schaffung eines solchen Amtes auf übergeordneter Ebene würde die Effektivität des Präsidentenamtes erhöhen. Der Generalpräsident könnte all die offiziellen Funktionen übernehmen, die den Präsidenten jetzt so viel Zeit kosten, und dieser wäre endlich in der Lage, mit ganzer Kraft seine Aufgabe als Regierungschef zu erfüllen und sich den eigentlichen politischen Problemen zu widmen. Der Generalpräsident wäre Staatsoberhaupt und könnte seine Rolle bei allen offiziellen und feierlichen Anlässen spielen: Würdenträger empfangen, Bürgerabordnungen, Wohltätigkeitsorganisationen und Pokalsiegern Lob und Dank aussprechen. Er könnte Gastgeber von Staatsbanketten sein, Grundsteine legen, Bänder durchschneiden, Eröffnungsreden halten usw. Dann hätten die USA alle Vorteile einer konstitutionellen Monarchie ohne die Nachteile der feststehenden Erbfolge einer Königsfamilie. Der praktische Nutzen einer Trennung zwischen Staatsoberhaupt und Regierungschef ist zu weitreichend, um hier ausführlich dargestellt zu werden. Aber jeder vernünftige Mensch kann einsehen, wie vorteilhaft es wäre, wenn die offiziellen Funktionen nicht durch Parteipolitik und die Versuchungen beeinträchtigt werden würden, die mit dem Machtstreben verbunden sind.

CorOLLARIUM II: Gier bringt uns in größere Schwierigkeiten als Faulheit.

Verschiedene Präsidenten der USA erreichten herausragende Stufen der Unfähigkeit. Ulysses S. Grant regierte über zwei

Amtsperioden im Weißen Haus, von 1869 bis 1877. Grant, Absolvent der West-Point-Militärakademie und Berufsoffizier, mußte 1854 seinen Dienst bei der Armee wegen Trunksucht quittieren. Als der Bürgerkrieg ausbrach, ernannte man ihn zum Oberst und stellte einen zusammengewürfelten Haufen von Freiwilligen unter seinen Befehl. Auf Grund seiner Fähigkeiten und seines politischen Einflusses wurde er bald Befehlshaber der gesamten Unionsstreitkräfte. Nach dem Krieg wurde er zum Präsidenten gewählt. Unter seiner Amtsführung war der ganze Staatsapparat von Korruption verseucht. Prominente Republikaner wurden entlarvt, Gelder von der Eisenbahngesellschaft Union Pacific unterschlagen zu haben. Regierungsbeamte waren in eine Whisky-Affäre verwickelt, bei der von der Regierung dringend benötigte Steuer-Dollars unterschlagen wurden, und sein Kriegsminister wurde beschuldigt, Schmiergelder anzunehmen.

Woodrow Wilson, der vor seiner Wahl zum Präsidenten der USA die Princeton University geleitet hatte, hatte eine starke erste Amtsperiode mit eindrucksvollen Leistungen in der Gesetzgebung. Er war ein bewunderter Staatsmann, ein Pazifist und der geistige Vater des Völkerbundes. Die Wiederwahl gewann er nur knapp mit dem Slogan: »Er hielt uns aus dem Krieg heraus.« Einen Monat nach seiner zweiten Amtseinführung war Amerika in den Ersten Weltkrieg eingetreten, 1919 erlitt er einen Schlaganfall, der seine körperlichen und geistigen Kräfte deutlich schwächte. Da Wilson viele seiner Pflichten nicht mehr erfüllen konnte, übernahm seine Frau Edith Bolling Galt Wilson das Ruder. In den noch verbleibenden siebzehn Monaten seiner Amtszeit führte sie alles andere als kompetent die Regierungsgeschäfte des Präsidenten. Der Kongreß lehnte sich dagegen auf, war aber nicht in der Lage, ihr die Zügel zu entreißen.

Warren C. Harding, der neunundzwanzigste Präsident, wurde 1920 mit 60,3 Prozent der Stimmen gewählt – das war das bis dahin beste Wahlergebnis eines US-Präsidenten. Sein Wahlslogan war: »Zurück zum Normalen.« Wenn, wie Skeptiker meinen, Korruption in der Regierung normal ist, hat die Harding-Regierung ihr Versprechen gehalten. Hardings kaum geführtes Kabinett bestand aus Günstlingen und unqualifizierten Freunden. Als sein Innenminister Erdölreserven aus

Regierungsbesitz an Geschäftsfreunde »vermittelte«, war der Skandal perfekt. Harding gab selbst zu: »Ich bin für dieses Amt nicht geeignet. Ich hätte es nie übernehmen dürfen.«

Präsident Richard M. Nixon hat mehr getan als jeder andere Präsident, um die amerikanische Politik zu entehren und Amerikas Glauben an sich selbst zu zerstören. Er hat gelogen und Spionage getrieben, die Presse beschimpft, die Gerichte mißachtet und den Kongreß beleidigt. Wenn er zum Generalpräsidenten befördert worden wäre, als der Watergate-Skandal herauskam, wäre es dem Land erspart geblieben, sich zwei Jahre lang mit der Frage herumzuquälen, wieviel er gewußt hat und seit wann. Und die schmerzliche Entscheidung, Anklage gegen diesen Präsidenten zu erheben, wäre vermieden worden.

Jeder dieser Präsidenten war aus einem anderen Grunde inkompetent, aber gute Generalpräsidenten wären alle gewesen. Grants Trinken, Wilsons schlechte Gesundheit, Hardings unselige Geschäftsverbindungen und Nixons Unehrlichkeit hätten die symbolischen Rituale des Staatsoberhaupts ohne konkrete Regierungspflichten nicht gestört. In der Tat sind ja Ehrlichkeit und Nüchternheit nicht selten Störfaktoren beim politischen Handeln.

Was immer die Fehler Richard Nixons gewesen sein mögen, er hätte das Zeug dazu gehabt, unser größter Generalpräsident zu werden. In dem Selbstgefühl, das die Beförderung in dieses neue und allerhöchste Amt des Landes ihm gegeben hätte, wären seine Fähigkeiten bestimmt zur vollen Blüte gekommen. Er war der einzige amerikanische Präsident, der während seiner Amtszeit alle fünfzig US-Staaten besucht hat. Er öffnete China und war international sehr anerkannt.

Er war kein netter Mensch oder feiner Kerl, aber er hatte im Umgang eine Förmlichkeit, die geeignet war, dem Ansehen des Landes eine gewisse Würde zu verleihen. Er war ein Freund von Orden, Emblemen und Uniformen. Deshalb wollte er die Uniform des Marine-Wachregiments des Weißen Hauses mit Litzen, Borten und Messingknöpfen in ein Operettenkostüm verschönern. Die Feiern zu seinem Amtsantritt 1972 haben vier Millionen Dollar gekostet und waren mit ihren Paraden, Konzerten, Empfängen und Bällen geradezu ein Bombenerfolg.

Das Amt des Generalpräsidenten wäre nie vakant gewesen, da die bisherigen Präsidenten alle in dieses Amt hätten geliftet werden können. Und mehrere Generalpräsidenten zur gleichen Zeit könnten nur von Vorteil sein.

COROLLARIUM 12: Personen in der höchsten Position einer Hierarchie neigen dazu, all ihre Zeit mit trivialem Kleinkram zu verbringen.

Das Präsidentenamt hat noch einen anderen großen Schwachpunkt, den erfolgreiche Industriefirmen nicht haben. Wenn diese einen neuen Präsidenten brauchen, greifen sie auf ihren meist übergroßen Vorrat an Vizepräsidenten zurück. Wenn nun einer ausgewählt wird, der als Vizepräsident noch nicht auf seiner Stufe der Unfähigkeit angekommen ist, dann ist die Wahrscheinlichkeit, daß er ein kompetenter Präsident sein wird, deutlich erhöht. Unsere Regierung ist da nicht so gut dran. Wenn während der laufenden Amtsperiode ein Präsident ersetzt werden muß, entweder weil er verstorben ist oder wegen irgendeiner Verdächtigung oder weil er (das wäre zu hoffen) durch den leisen Lift zum Generalpräsidenten befördert wurde, dann sitzen wir da mit nur einem einzigen möglichen Kandidaten.

Wenn man Woodrow Wilson zum Generalpräsidenten ernannt hätte, wäre Thomas Marshall zum Präsidenten befördert worden. Auf die Frage, ob er Präsident werden wolle, sagte er, der bloße Gedanke mache ihn schon krank. Und als man ihn fragte, was er täte, wenn er nun doch Präsident würde, da stöhnte er: »Ich mag nicht einmal daran denken.« Marshall hat nie an Kabinettssitzungen teilgenommen. Er sagte, wenn er die 75 000 Dollar Präsidentengehalt nicht bekomme, dann wollte er auch die Präsidentenarbeit nicht tun. In die Geschichte ist dieser Mann eingegangen mit seiner tiefsinnigen Beobachtung: »Was dieses Land braucht, ist eine gute Fünf-Cent-Zigarre.«

Mehr als fünfzig Jahre später, als Vizepräsident Spiro Agnew wegen Korruption aus dem Amt flog, hatten wir schließlich einen Präsidenten Gerald Ford, der nicht einmal zum Vizepräsidenten gewählt worden war. Da es menschliche Unzulänglichkeiten nun einmal gibt, sollte sich unser Land einen

Vorrat an Vizepräsidenten halten. Wenn ein Privatunternehmen zwanzig Vizepräsidenten für notwendig hält, warum sollte dann eine Supermacht wie Amerika mit nur einem einzigen auszukommen versuchen?

Scheinbare Abweichung Nr. 2:
Die seitliche Arabeske

Wenn ein Unfähiger eine Schlüsselposition besetzt und als Engpaß wirkt, der die Funktionsfähigkeit seiner ganzen Organisation behindert, kann dieses Problem schnell dadurch gelöst werden, daß man ihn aus dem Wege schafft, entweder nach oben (»leiser Lift«) oder zur Seite (»seitliche Arabeske«). Im Idealfall bekommt der Beförderte bei der seitlichen Arabeske einen längeren und eindrucksvolleren Titel, während er in einen entlegenen Winkel des Gebäudes versetzt wird. In der Regierung oder in großen Unternehmen kann das heißen: Versetzung in ein anderes Büro, einen anderen Bezirk oder ein anderes Land. Solange diese schmückende Pseudo-Beförderung denjenigen, die außerhalb der Hierarchie stehen, imponiert, ist dies eine erfolgreiche Maßnahme: Die Hierarchie bleibt erhalten.

General William C. Westmoreland, von 1964 bis 1968 Befehlshaber der US-Streitkräfte in Vietnam, leitete die Schlacht von Khe Sanh und die amerikanische Verteidigung von Saigon während der Tet-Offensive. Der amerikanischen Öffentlichkeit wurde nunmehr klar, daß wir in einen Krieg verwickelt waren, den wir nicht gewinnen konnten. Westmoreland bezeichnete dies als »Untergangsgerede« und forderte eine Truppenverstärkung von 206000 Mann. Das war zuviel. Präsident Lyndon Johnson verschrieb Westmoreland mit Wirkung vom Juni 1968 eine »seitliche Arabeske« zurück nach Washington als Stabsoffizier und ernannte General Creighton W. Abrams zum Kommandeur der US-Streitkräfte.

Die milde, leicht verträgliche Form der »seitlichen Arabeske« und des »leisen Lifts« und die erfreulichen Ergebnisse, die man erzielt, wenn man die Betroffenen nach oben oder zur Seite befördert, machen diese Verfahren zu einer echten Alternative, wenn ein einfacher Rausschmiß nicht möglich ist.

Scheinbare Ausnahme Nr. 3:
Ausschluß aus der Hierarchie

Verehrte Leser, zweifellos fragen Sie sich, *warum* Unfähige nicht einfach gefeuert werden. Manchmal, unter außergewöhnlichen Umständen, werden sie tatsächlich rausgeschmissen! Aber die Leute bei Akme Blei und Zinn GmbH stiegen auf bis zu ihrer Stufe der Inkompetenz und blieben dann da, weil diese Hierarchie darauf eingerichtet war, beide zu versorgen, die Fähigen und die Unfähigen. Solange Inkompetenz die Hierarchie nicht bedroht, wird sie gewöhnlich vom System toleriert. Die Gründe hierfür werden uns noch klarwerden, aber erst einmal müssen wir begreifen, daß eine Hierarchie aufgebaut wird, um eine Ordnung aufrechtzuerhalten, und nicht, um Unfähigkeit auszumerzen oder Fähigkeiten zu entdecken und zu belohnen. Wenn eine Organisation gegründet wird, dann gewöhnlich mit dem Ziel, bestimmte Dinge zu tun. Aber man kann nicht davon ausgehen, daß eine Organisation, nur weil sie in guter Absicht gegründet wurde, auch Gutes vollbringt. Wenn die Hierarchie einmal aufgebaut ist, wird ihre Existenz zum Selbstzweck. Bei Akme murkst Jerry Attrick als geschäftsführender Direktor so vor sich hin, und die anderen gehen nur deshalb nicht unter, weil die, die unter ihnen sind, genügend Kompetenz haben, um sie mit über Wasser zu halten.

> COROLLARIUM 13: Es ist schwieriger, einen Job zu kriegen, als ihn zu behalten.

Arbeitskräfte werden bei ihrem ersten Job vielleicht noch auf der Ebene der Kompetenz ausgesucht, aber wenn sie aufsteigen, werden sie vermutlich so eingestuft, wie die Normalverteilungskurve das zeigt. Die Gruppe der mäßig Befähigten bildet die Mehrheit, die Fähigen und Unfähigen bilden Minderheiten, wie die Grafik zeigt.
Es gibt zwei kleine Gruppen von Individuen, die nicht in dieses Schema passen: die Superkompetenten und die Superinkompetenten. Ein Superkompetenter ist jemand, der erkennt, wie man etwas besser machen kann. Als Lou Cid, Geschäftsführungsassistentin in der Akme Blei und Zinn GmbH, ein

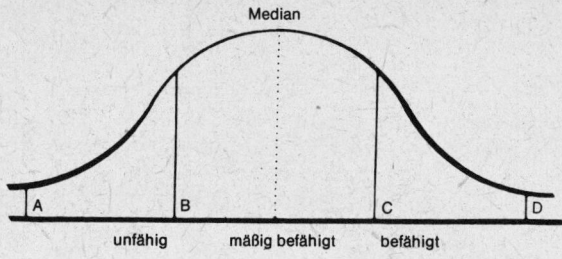

einfaches und praktisches Formular entwarf, um vierzehn verschiedene Formulare im hausinternen Verkehr zu ersetzen, empörte das Ann Jyna, die sich die meisten der vierzehn Formulare ausgedacht und ein ausgeklügeltes Ablagesystem dafür entwickelt hatte. Lou Cid konnte von Ann Jyna kaum viel Gegenliebe für ihren Verbesserungsvorschlag erwarten. Wenn sie das neue Formular ohne Genehmigung von oben eingeführt hätte, wäre das eine »Überschreitung ihrer Kompetenzen« gewesen. Und wenn sie ihren Entwurf dem Chef Jerry Attrick vorgelegt hätte, dann hätte man ihr vorgeworfen, den »Dienstweg nicht eingehalten« zu haben oder ihre Vorgesetzte zu übergehen. Welchen Weg sie auch gegangen wäre, man hätte bei ihrer Kündigung auf diesen Punkt angespielt – mit Sprüchen wie »Sie scheinen hier nicht glücklich zu sein«, »Sie sind unzufrieden und können sich nicht in unseren Arbeitsrahmen einfügen«, »Wir sind sehr stolz auf Miss Jyna und können nicht verstehen, warum Sie sich nicht an die Arbeitsweise halten, die sie eingeführt hat. Sie scheinen sich vorgenommen zu haben, das ganze System durcheinanderzubringen.« Superkompetenz führt häufig zur Entlassung, weil sie die Hierarchie sprengt. Deshalb ist sie innerhalb eines Unternehmens noch anrüchiger als Unvermögen. Gewöhnliche Unfähigkeit ist ein Hindernis für Beförderungen, aber sie ist kein Grund für eine Entlassung.

Die andere Möglichkeit, die ein Unternehmen hat, sich gegen störende Einflüsse durch Superkompetente zu schützen, ist Isolation. Mrs. Abel, eine superkompetente Lehrerin für Schulanfänger, konnte nicht entlassen werden, weil sie eine feste Anstellung hatte, ihre Befugnisse nicht überschritt und darauf achtete, daß sie ihren Vertrag einhielt. Indem man sie im Kellergeschoß der Schule unterbrachte und von den mei-

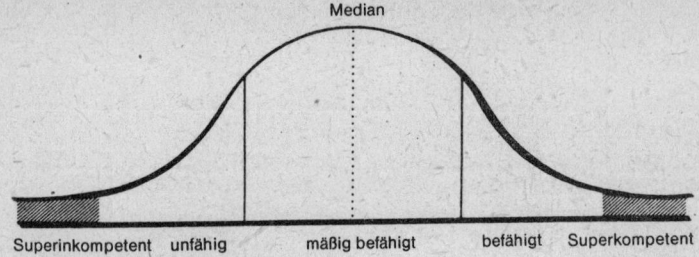

Superinkompetent   unfähig   mäßig befähigt   befähigt   Superkompetent

sten Aktivitäten der Kollegen und der Schule ausschloß, wurde ihre Gefährlichkeit für die Organisation reduziert, obwohl ihre erfolgreichen Unterrichtsmethoden immer noch eine Bedrohung waren für die althergebrachte Arbeitsweise. Jedes Jahr mußte der Schulleiter sich mit den Beschwerden der Lehrer aus der zweiten Klasse auseinandersetzen, die klagten, daß die Schüler von Mrs. Abel nicht in den Jahrgang paßten, weil sie schon so viel vom Stoff dieser Klasse beherrschten und immer schon Dinge ausprobieren wollten, die über ihre Altersstufe hinausgingen.

Der andere Angestelltentyp, der die Hierarchie bedroht und daher Gefahr läuft, entlassen oder isoliert zu werden, ist der Superinkompetente. Als Jerry Attrick von der Akme Gewichte und Senkbleie GmbH aufstieg zum Leiter der Akme Blei und Zinn GmbH, bewegte er sich vom Niveau mittlerer Befähigung auf seine Stufe der Unfähigkeit. Das stört die Hierarchie noch nicht. Aber wenn er durchgreifende Änderungen im Produktionsablauf vorgenommen hätte, die zum Verlust von Marktanteilen geführt hätten, wäre er zum Superimkompetenten geworden – und damit Kandidat für eine Entlassung. Wenn Mal Larkys moralische Inkompetenz an den Punkt gekommen wäre, wo er große Summen von Firmengeldern unterschlagen hätte, dann wäre für ihn die Ebene der Superinkompetenz erreicht gewesen. Angestellte dieser beiden Extremgruppen, der Superkompetenz und der Superinkompetenz (siehe erweiterte Grafik), sind Kandidaten für eine Entlassung aus der Hierarchie.

Scheinbare Ausnahme Nr. 4:
Der freischwebende Gipfel

Der Anblick eines Verwaltungsmannes mit nichts unter sich, was er verwalten könnte, hat einige Beobachter verwirrt. Sie fragen mich: »Wie kommt der da hin? Es gibt keine Hierarchie unter ihm, die als Stufenleiter zu seiner Ebene hinaufführt.« Diese seltsame Situation kann auf zweierlei Weise zustande kommen. Entlassungen fangen immer an der Basis der hierarchischen Pyramide an. Die leitenden Herren (oder Damen) sind immer die letzten, die gehen müssen. »Zuletzt geheuert, zuerst gefeuert« und andere hierarchiepolitische Maßnahmen können schließlich eine Pyramide zustande bringen, die nur noch aus der Spitze besteht, ohne jeden stützenden Unterbau. So ein freischwebender Gipfel kann auch entstehen, wenn eine Abteilung einer anderen Abteilung angegliedert wird und der Abteilungsleiter ohne rechte Abteilung zurückbleibt.

Scheinbare Ausnahme Nr. 5:
Hierarchiewechsel

Kritiker des Peter-Prinzips sind immer ganz versessen darauf, mir Beispiele vorzuhalten, wo Leute doch von Inkompetenz zur Kompetenz aufgestiegen sind. Ihrer Ansicht nach ist Harry S. Trumans Mißerfolg als Kaufmann und sein Erfolg als Politiker ein Beweis dafür, daß das Peter-Prinzip ungültig ist. Natürlich beweisen sie damit nur ihre eigene Unfähigkeit, weil sie das Prinzip nicht genau gelesen haben. Es lautet ja doch: »In einer Hierarchie . . .« Truman hat aber die Hierarchie, in der er versagt hat, verlassen und wechselte über in eine andere Hierarchie, in der er Erfolg hatte. Hierarchiewechsel erklären, warum viele frühere Niederlagen zu Erfolgen werden können.

Billy Bishop galt als der »schlechteste Schüler, den das Royal Military College jemals hatte«, aber er wurde ein kanadischer Held im Ersten Weltkrieg, ein Jagdflieger-As, weil er eine Rekordzahl feindlicher Flugzeuge abschoß. Dieser Erfolg beruhte auf zwei zuvor kaum gewürdigten Eigenschaften: Er hatte außergewöhnlich gute Augen und war ein hervorragender Schütze. Die Stadt Owen Sound in Ontario litt unter einer Eichhörnchenplage, und Bishops Vater bot 25 Cent für jedes tote Eichhörnchen. Billy Bishops Geschicklichkeit, Eichhörnchen abzuknallen, kostete Vater Bishop ein kleines Vermögen. Billy konnte *vor* ein laufendes Eichhörnchen schießen und traf es immer. Auf dem Kriegsschauplatz in Frankreich hatte er keine Lust, gefangengenommen zu werden, und wollte kein Risiko eingehen. Seine Fähigkeiten als Eichhörnchenjäger halfen ihm als Jagdpilot sehr. Er machte die gefährliche Verfolgungsjagd auf gegnerische Maschinen so kurz wie möglich. Er brachte sie schnell in Schußweite, schoß und drehte sofort wieder ab. Seine Begabung, zu töten, wurde beim Militär hoch geschätzt, aber in dieser Branche konnte er als Zivilist keine erfolgreiche Karriere aufbauen.

Ulysses S. Grant versagte als Farmer und als Geschäftsmann, jedoch in der Militärhierarchie des Mexikanischen Krieges und des Bürgerkrieges stieg er auf zu außergewöhnlichem Erfolg, weil er ein fähiger und geschickter Offizier war. Später, als er in eine andere Hierarchie – die politische – versetzt wurde, hat er sich Mitarbeiter ausgesucht, die sogar die an sich schon schmutzige Politik in den Dreck zogen.

Scheinbare Ausnahme Nr. 6:
Beförderung auf Bewährung

Manchmal landet ein Beförderter auf einer neuen hierarchischen Ebene und ist zunächst unsicher, ob er das Geforderte auch kann. Vielleicht liegt ihm das Arbeitsgebiet, aber vielleicht fehlt es ihm an speziellen Erfahrungen, an Wissen und Fertigkeiten für die vor ihm liegende Aufgabe. Mit der Zeit wird er durch Erfahrung und Übung kompetent. Mit anderen Worten: Er scheint anfangs ein Opfer des Peter-Prinzips zu sein, aber später beweist er, daß dem nicht so ist. Dies sollte eine Warnung sein, über die Befähigung eines Neuernannten nicht zu schnell zu urteilen. Geben Sie ihm einige Zeit, in die neue Position hineinzuwachsen, bevor Sie darüber entscheiden, ob er seine Stufe der Inkompetenz erreicht hat. Wenn er die Befähigung hat, werden Ausbildung und Zeit ihm helfen. Wenn er allerdings keine Eignung für den Job hat, kann gar nichts helfen.

Es gibt Leute, die der Ansicht sind, daß ein Individuum in allem erfolgreich sein kann, wenn es sich nur ernsthaft genug bemüht. Aber meine Beobachtungen können diese Auffassung nicht unterstützen. Cal Luss bei Akme war kompetent im Umgang mit Metallen, aber er hatte Schwierigkeiten im Umgang mit Menschen. Je mehr er sich um seine Mitarbeiter kümmerte, um so schlimmer schien es zu werden. Jerry Attrick bekam so viele Beschwerden, daß er Cal mit Assistenten umgab, die mit Angestellten umgehen konnten, und diese hatten dann mit dem Personal direkt zu tun. Die Abteilung Metallurgie lief so gut, daß jeder darüber sprach, wie gut Cal in seine Aufgabe hineingewachsen war. In Wirklichkeit war der Bereich reduziert worden auf das Maß von Cals Möglichkeiten. Das Hineinwachsen in eine Aufgabe liegt vielen Erfolgsgeschichten zugrunde, wo man dem Helden einfach zutraut, er werde sich schon »freischwimmen«.

Winston Churchill war in den dreißiger Jahren als Politiker ein Reinfall, aber seit 1940 ein überaus erfolgreicher Kriegspremier. *Er* hatte sich nicht verändert; seine Aufgabe war eine andere geworden. Politik in Kriegszeiten und Politik in Friedenszeiten sind zwei ganz verschiedene Dinge. Er war ein schlechter Gefolgsmann, aber ein starker Führer. Er hatte nicht die Geduld und das Fingerspitzengefühl, die man in Friedenszeiten als Politiker in einem demokratischen Staat braucht, aber als die Lage sich änderte und ein Führer gebraucht wurde, der die Nation in den Kampf führte, war er dazu bereit und befähigt. Er war nicht von einer Niederlage zum Erfolg aufgestiegen, sondern die Aufgabe hatte sich geändert, und infolgedessen war er erfolgreich.

Scheinbare Ausnahme Nr. 7: Der paternalistische Zugang

In Familienunternehmen war es früher Brauch, daß die Söhne in die Firma ihres Vaters eintraten in der Überzeugung und Absicht, daß der älteste Sohn schließlich in die Fußstapfen des Vaters tritt. Eine bevorzugte Behandlung der Söhne wurde als ein Privileg des Firmeneigentümers toleriert. Das ist der paternalistische Zugang. Dieser beschleunigte Aufstieg des Sohnes, der Nachfolger seines Vaters werden sollte, brachte den Erben in erheblich jüngeren Jahren auf seine Stufe der Inkompetenz, als das normalerweise der Fall gewesen wäre. Da das Geschäft in der Familie bleiben sollte, hatte der Vater seinen Sohn zum Nachfolger bestimmt, auch wenn dieser der Aufgabe nicht gewachsen war.

In heutigen Bürokratien wird die Vaterrolle vom »großen Bruder« übernommen. Regierungsposten werden nach Stellenplan mit Beamten besetzt. Das Budget einer Dienststelle hängt davon ab, wie viele Planstellen sie hat. Deshalb ist es so wichtig, auf einen leeren Stuhl jemanden draufzusetzen. Ob die Arbeit überhaupt gemacht werden muß oder ob der Stelleninhaber überhaupt fähig ist, sie zu leisten, ist daneben von zweitrangiger Bedeutung.

Was man sich klarmachen muß beim paternalistischen Zugang oder beim Planstellenspiel der Beamten, ist, daß diese Methoden allein den Zweck haben, eine bestimmte Position in der betreffenden Organisation zu besetzen. Mehr von ihnen zu verlangen ist unfair.

Scheinbare Ausnahme Nr. 8: Die kaputte Sprosse

Kritiker des Peter-Prinzips verweisen immer gern auf Beispiele, wo ursprünglich kompetente Personen inkompetent wurden, während sie auf derselben Stufe blieben. Wenn so etwas vorkommt, ergibt sich bei einer genaueren Prüfung, daß dies keine Verletzung des Peter-Prinzips ist.

Das Mißverständnis rührt daher, daß wir als Symbol für den Weg zum Erfolg die Leiter benutzen. Die »Erfolgsleiter« ist auch ein geeignetes Bild, aber wir übersehen vielleicht, daß sowohl die wirkliche Leiter als auch die »Erfolgsleiter« eine brüchige Sprosse haben kann. Der Maler, der durchaus fähig ist, ein Haus anzustreichen, wird unfähig, wenn die Sprosse unter seinen Füßen kracht. Seine Situation gleicht der des Sardinenfischers von Monterey, nachdem die Sardinen aus der Bucht verschwunden waren – die Sprosse, auf der er kompetent war, ist verschwunden.

In den Zeiten von Pferd und Wagen hatten die Kutschenbauer, Schmiede, Geschirrmacher, Stellmacher und Peitschenhersteller eine geachtete und finanziell sichere Position in der Wirtschaftsordnung. Die Massenproduktion und die Beliebtheit der Automobile veränderten alles. Die Leute in diesen schönen und nützlichen Handwerksberufen wurden weder durch Beförderung noch durch Nachlassen ihrer Fähigkeiten, sondern einfach dadurch überflüssig, daß sie bei dem blieben, was sie gut beherrschten. Die Sprosse, bis zu der sie aufgestiegen waren und auf der sie als tüchtige Handwerker (auf »goldenem Boden«) sachverständig gearbeitet hatten, war verschwunden.

Genauso verändern sich unzählige andere Berufe durch den technischen Fortschritt, und ein hochbefähigter Mensch auf irgendeiner Sprosse der Leiter wird dadurch unbrauchbar, daß er nicht mit der Zeit geht oder seine Stellung nicht schnell genug wechselt, wenn man an seiner Sprosse die ersten Risse und Spalten erkennen kann.

Personen, die auf eine, wie sie meinen, sichere Stufe der Kompetenz aufsteigen und dort stur ausharren und auf veränderte Bedingungen gar nicht eingehen, können ein Opfer der verzögerten Inkompetenz werden, weil ihre vorhergehende Stufe der Kompetenz nicht mehr existiert.

> *»Es liegt in der Natur des Menschen, wenn er älter wird, gegen Veränderungen zu protestieren – besonders gegen Veränderungen zum Guten hin.«*
> JOHN STEINBECK

Scheinbare Ausnahme Nr. 9: Diskriminierung des Geschlechts

Das Peter-Prinzip unterstützt die Gleichberechtigung von Mann und Frau im Berufsleben. Warum habe ich dann hauptsächlich über Männer geschrieben, die bis zu ihrer Stufe der Unfähigkeit in hohen Ämtern aufgestiegen sind? Weil bis vor kurzem rechtliche und soziale Vorurteile Frauen daran gehindert haben, bestimmte Berufe zu ergreifen und hohe Positionen zu erreichen. Obwohl inzwischen viele gesetzliche Hindernisse beseitigt sind, leben die alten Vorstellungen vom Mann als Leiter und Führer doch weiter.

> **»Eine Frau muß zweimal so gut sein wie ein Mann, um nur halb soviel zu erreichen.«**
>
> FANNY HURST

Gesetze und gesellschaftliche Schranken haben einige Frauen davor bewahrt, zu ihrer Stufe der Unfähigkeit aufzusteigen, während sie unzählige andere daran gehindert haben, ihre Fähigkeiten zu entwickeln und in allen Bereichen des menschlichen Lebens voll mitzuwirken. Als diese diskriminierenden Hindernisse durchlässiger wurden, konnten wir immer mehr Frauen erfolgreich in Führungspositionen aufsteigen sehen.

> PETERS GESCHLECHTER-PRINZIP: Die meisten Hierarchien wurden von Männern aufgebaut, die auch die höchsten Positionen für sich selbst reservierten und damit den Frauen die Gelegenheit raubten, die ihnen zustehende Stufe der Unfähigkeit zu erreichen.

Damit die Frauen ihr Potential ausschöpfen können, ist es für sie wichtig, daß man ihnen ihr Potential nicht nimmt: das der Fähigkeit und das der Unfähigkeit.

Obgleich die Männer auf eine lange Geschichte des Aufstiegs zur Unfähigkeit zurückblicken können, gab es doch da, wo Männer und Frauen gleichermaßen beteiligt sind (etwa als Gastgeber einer Talk-Show, als Schauspieler und als Prominente aller Art), einige Anzeichen dafür, daß Frauen über dieselbe Begabung verfügen, Fehler zu machen. In den fünfziger Jahren, als Virginia Graham eine Talk-Show moderierte, diskutierte sie mit Angie Dickinson über das Thema Mutterschaft. Virginia fragte Angie nach ihrer Tochter: »Wie alt war sie, als sie geboren wurde?«

Myrna Loy wurde die Hauptrolle in *It Happened One Night* angeboten, Frank Capras filmischem Meisterstück. Sie dachte, der Film würde kein Erfolg werden, weil ein großer

Teil der Handlung in einem Bus stattfand, und lehnte ab. Es wurde einer der größten Erfolge in der Filmgeschichte. Claudette Colbert spielte die Rolle und gewann einen Oscar.

Für das unsinnigste Tun einer Frauengruppe geht der erste Preis nach Ortow in England. Die Männer der Stadt hatten Frauen den Besuch im einzigen Pub des Ortes verboten. Die Frauen schlugen zurück. Sie verkündeten, aus Protest gegen diesen Ausschluß würden sie den Pub nun boykottieren.

Es ist sehr schwierig, politische Kompetenz objektiv zu beurteilen, wegen der großen Rolle, die die Parteien spielen. Aber wenn es die Aufgabe der Umweltschutzbehörde ist, die Umwelt zu schützen, dann war Anne Gorsuch Burford in vieler Hinsicht objektiv unfähig. Als Chefin dieser Behörde richtete sie ihr Büro zwei Meilen vom Dienstgebäude ihres Amtes entfernt ein, und zwar in Raum Nr. 6124 des Innenministeriums. Sie organisierte die Umweltschutzbehörde um und löste ausgerechnet die Überwachungsabteilung auf. Sie unterstützte Bestrebungen, die zulässigen Abgaswerte für Autos zu verdoppeln. Die regionalen Zweigstellen der Behörde wurden praktisch überflüssig, da alle Entscheidungen zur Genehmigung nach Washington gehen mußten, und alle, auch die allerkleinsten Entscheidungen, mußten von Mrs. Burford persönlich abgezeichnet werden. Was die Umwelt anging, war diese Frau eine Katastrophe. Politisch erregte sie den Zorn sowohl der Linken als auch der Rechten. Verwaltungstechnisch war ihre Behörde ein Chaos. Sie versagte sogar darin, sich selbst und ihre Position zu schützen.

»Der Präsident will keine Ja-Sager und keine Ja-Sagerinnen um sich herum haben. Wenn er nein sagt, sagen wir alle nein.«

ELIZABETH DOLE, Assistentin von Präsident Reagan

Frauen haben immer *indirekte* Macht gehabt durch ihren Einfluß auf die Männer und dadurch, daß sie die Kinder aufziehen, obwohl ihnen eigene direkte Macht verweigert wurde. Aber sogar im häuslichen Bereich ist es möglich, zur Inkompetenz aufzusteigen.

»Die Hand, die die Wiege hält, bewegt die Welt.«

PETER DE VRIES

In einem Artikel im *Washington Star* hat Janet Kamnikar beschrieben, wie die Rolle der Mutter sich mit der Zeit verändern kann. »Neulich hatte ich eine Offenbarung des Peter-Prinzips in meinem eigenen Leben. Es wurde mir klar, daß ich durch den Umzug in ein Haus mit vier Schlafzimmern tatsächlich auf meine Stufe der Unfähigkeit befördert worden war. Mit zwei Kindern und unserem vorigen kleinen Haus konnte ich klarkommen – aber das war noch lang kein Nachweis dafür, daß ich befördert werden sollte.«

Weiter beschrieb sie eine Nachbarin, die in ihrer Mutterrolle auch das Walten des Peter-Prinzips erlitten hatte, wenn auch auf ganz andere Weise. Sie war eine auffallend tüchtige Mutter von Babys, Klein- und Schulkindern. Aber als sich diese Mutter mit einem Teenagerkind konfrontiert sah, war dies ihr Untergang.

> COROLLARIUM 14: Chancengleichheit heißt, das jeder seine faire Chance bekommt, seine Unfähigkeit zu beweisen.

Scheinbare Ausnahme Nr. 10: Umkehr-Peter

Ein »Umkehr-Peter« ist ein Angestellter, der völlig in Anspruch genommen ist vom Input und vollkommen desinteressiert am Output. Normalerweise organisieren wir Arbeitskräfte und Arbeitsabläufe, um irgend etwas zu erreichen, zustande zu bringen – unser Tun ist Mittel zum Zweck. Bürokratien haben die Tendenz, Dienstpersonen und Dienstwege zum Selbstzweck zu erheben. In einem Produktionsbetrieb wird ein Angestellter nach seinem Output beurteilt – wieviel Stück er produziert, wie viele Aufträge er ausführt und wie viele Kunden er bedient. In einer Bürokratie ist es wahrscheinlicher, daß ein Angestellter nach dem Input beurteilt wird – nach dem Einhalten der Regeln und Rituale, dem Aufrechterhalten des Status quo, dem Schützen der Hierarchie.

Wo der Input das Wichtigste ist, da stehen Ritualverhalten, Übereinstimmung mit dem gewohnheitsmäßigen Trott, geziemender Respekt gegenüber der Autorität und Papierkrieg meist in hohem Ansehen.

»Icks arbeitet reibungslos.«

»Ypsilon ist verläßlich und hilfsbereit.«

»Zett ist vertrauenswürdig.«

Was dabei herauskommt, ist einfach nicht so wichtig wie die Einhaltung des Dienstweges. Das ist eine Umkehrung von Mittel und Zweck, wo der Papierkrieg selbst wichtiger ist als der Zweck, für den er geführt wird.

Wenn Steuerzahler, die eine Auskunft brauchen, Patienten, die medizinische Hilfe suchen, Kunden, die bedient werden möchten, auf einen »Umkehr-Peter« treffen, werden sie überzeugt sein, einen sturen, gefühllosen Unfähigen vor sich zu haben. Aber für die Bürokratie kann der »Umkehr-Peter« sehr wertvoll sein wegen seines Beitrags zum reibungslosen Funktionieren der Hierarchie. Der »Umkehr-Peter« verursacht keine Reibung, hält alle Regeln ein, duldet keine Abweichungen in der Arbeitsweise, nicht einmal in Notfallsituationen, und vor allen Dingen stützt er widerspruchslos die innere Ordnung der Organisation.

Der »Umkehr-Peter« sieht die Menschen nicht als die Öffentlichkeit, die bedient werden muß, sondern sie sind ihm eine Quelle für die Informationen, die er braucht, um die Formulare der Organisation ausfüllen zu können, sie dienen seinen Ritualen und der Datenbank. Die einfache Frage eines Bürgers wird beantwortet mit: »Ja, aber ich darf Ihnen diese Auskunft nicht geben.« – »Dazu kann ich nichts sagen. Wenn Sie Ihr Gesuch einreichen, werden wir Ihre Anfrage prüfen.« – »Wenn Sie mal in dieser Reihe warten wollen, dann wird der Auskunftsbeamte Ihnen sagen, in welcher Reihe Sie warten müssen.«

Das Staatsschiff

Wir haben gesehen, daß die vermeintlichen Ausnahmen vom Peter-Prinzip in Wirklichkeit nur ein deutlicher Beweis für die Gültigkeit dieses Prinzips sind. Nicht nur Einzelpersonen steigen auf bis zu ihrer Stufe der Unfähigkeit; ganze Abteilungen können wirkungslos und nutzlos werden. Die folgenden Beispiele veranschaulichen, wie Inkompetenz sich im Beamtenapparat offenbart.

> *»Es ist schwer, sich persönlich verantwortlich zu fühlen im Hinblick auf die unsichtbaren Vorgänge in einer riesigen Regierung irgendwo weit weg.«*
> JOHN GARDNER

Das Veteran's Administration Medical Center in Long Beach hat einen Umlauf an die Angestellten herausgegeben: Wenn am Telefon Morddrohungen gegen den Präsidenten geäußert würden, dann sollen sie sich »nach Möglichkeit den Namen und die Sozialversicherungsnummer des Anrufers notieren«.

Die Verwaltung der Nationalparks beschloß, an einem Wanderweg durch die Appalachen Toiletten aufzustellen. Eine Toilette, die fünf Meilen von der Autostraße entfernt auf einem Berggipfel steht, mußte mit einer Rollstuhlrampe versehen werden, um die gesetzlichen Vorschriften zu erfüllen.

Associated Press berichtet aus Indien, Pratap Singh Daulta sei im Bundesstaat Haryana drei Monate lang Minister für Fischerei und Forstwirtschaft gewesen, obwohl, wie er sagte, in diesem Landesteil weder Fische noch Wälder vorkommen.

Das Amt für Einzelhandel hat ein Komitee gebildet, das Prämien verteilen soll an die erfolgreichsten Mitarbeiter der Behörde. Der neunköpfige Prüfungsausschuß, bestehend aus der Führungsspitze des Amtes, überlegte gründlich. Als die Entscheidung fiel, waren von den neun Ausschußmitgliedern sieben auf der Liste. Einer der sieben bekam sogar eine Prämie von 4760 Dollar dafür, daß er die Idee zu diesen Prämien gehabt hatte.

Der Gouverneur von Massachusetts wollte die Sicherheit der Highways in seinem Staate erhöhen, obgleich sie gar nicht unsicher waren. Gouverneur Michael Dukakis wurde von der

Bundesregierung zu Washington mitgeteilt, diese Maßnahme erfordere die Bewilligung von fünfzig Millionen Dollar. Dieselben Beamten machten Dukakis darauf aufmerksam, wenn er die fünfzig Millionen Dollar nicht in einem Jahr vollständig ausgebe, werde er im nächsten Jahr gar keine Mittel mehr bewilligt bekommen.

Die Busse auf der Strecke zwischen Hanley und Bagnal in Staffordshire in England fahren regelmäßig an den wartenden Passagieren vorbei und halten nicht an. Als Antwort auf Beschwerden hat das Ratsmitglied Arthur Cholerton erklärt, wenn die Busse anhielten, um Fahrgäste einsteigen zu lassen, könnten sie den Fahrplan nicht mehr einhalten.

Irgendwo auf dem Lande in Kalifornien hatte ein Einwohner mehrere Tage keine Post mehr bekommen. Er fragte im örtlichen Postamt nach und erfuhr von seiner Briefbotin, daß kürzlich Regenfälle in der Nähe seines Postkastens eine Rinne ausgewaschen hatten. Da sie nicht nahe genug herankommen konnte, um die Post einzuwerfen, hatte sie sie zurückgehalten. Der Mann fragte, warum er nicht benachrichtigt worden sei. »Ich habe Sie benachrichtigt. Hier, sehen Sie, ist die Benachrichtigung!« beteuerte sie. Die Briefträgerin zeigte auf den amtlichen Brief oben auf dem Stapel Post, den sie nicht ausgeliefert hatte.

Als Dr. John Ziegler aus Cincinnati eine Veröffentlichung der Regierung mit dem Titel »Handbuch für Notfälle« bestellte, hat er sorgfältig die Bestellnummer 15700 dazu vermerkt. Zwei Wochen später kamen 15700 Exemplare dieser Broschüre bei ihm zu Hause an.

John Svahn, Beauftragter der Sozialversicherung, nannte es »erschreckend«: Eine Anzahl verstorbener Personen hatte jeden Monat Sozialhilfe vom Gesundheitsministerium bekommen, manche fünfzehn Jahre lang. In einer Doppelkontrolle der Sozialhilfeempfänger und der Unterlagen der Gesundheitsämter mit einer Liste der Verstorbenen entdeckte man 8518 Fälle, wo Freunde und Verwandte die Unterstützung eingesteckt hatten. Eine andere Überprüfung von 1290 Fällen zeigte, daß 190 Personen noch lebten, die als verstorben gemeldet waren. Wenn die Toten von den Sozialversicherungslisten gestrichen würden, wäre das schon im ersten Jahr eine Einsparung von 26 Millionen Dollar.

Bob Green ist Postangestellter in Seattle und Linkshänder. Ihm wurde gesagt, er müsse die Post mit der rechten Hand sortieren, sonst würde er entlassen. Als eine Gruppe von Postdirektoren das Postamt inspizierte, in dem Green arbeitete, haben sie seinem Vorgesetzten gesagt, daß er mit der rechten Hand arbeiten müsse, weil »die Dienstvorschrift der Post besagt, daß die Briefe mit der linken Hand gehalten und mit der rechten Hand verteilt werden«. Green sagte seinem Vorgesetzten Ed Scott, daß er seit vierundzwanzig Jahren Linkshänder sei, und wenn er mit der rechten Hand arbeite, werde dies sein Arbeitstempo beeinträchtigen. Scott sagte ihm, er müsse sich an die Vorschriften halten. Green tat das, und sein Arbeitstempo ging um fünfzig Prozent zurück. Die amerikanische Postgewerkschaft hat sich eingeschaltet. Die schätzt, daß die Regierung drei Monate braucht, um diese Bestimmung aufzuheben.

Associated Press berichtete, daß ein Atomkraftwerk in Knoxville, Tennessee, siebzehn Tage lang stillgelegt war, weil der Schutzstiefel eines Angestellten in den ersten Abschnitt der Drei-Reaktor-Anlage von Browns Ferry gefallen war. Die von sieben Bundesstaaten betriebene Verwaltungsbehörde des Tennessee-Tals und die Bundesatombehörde fanden schließlich einen Weg, den Stiefel zu beseitigen, bevor der Betrieb wiederaufgenommen wurde. Die Schließung kostete 2,8 Millionen Dollar. Die Tennessee-Tal-Behörde wies später darauf hin, die Stillegung wäre gar nicht nötig gewesen, wenn der Stiefel am Bein des Angestellten geblieben wäre.

Nach dem Erscheinen einer Neuauflage des Tagebuches von Samuel Pepys bekam der britische Verleger eine Anfrage der Regierung, ob der Autor eine Staatspension beziehe und ob er seine laufenden Einkünfte angegeben habe. Samuel Pepys starb im Jahre 1703.

Die Luftverkehrsvorschriften der kanadischen Regierung untersagen »das Besteigen eines Flugzeuges während des Fluges«.

Das Washingtoner Landwirtschaftsministerium finanzierte eine Untersuchung, die in der Aussage gipfelte, daß Mütter Kinderbekleidung bevorzugen, die nicht gebügelt werden muß.

Die Bundeshauptstadt Washington hat Styroporkugeln eingelagert, daß sie für vierzig Jahre reichen, genug Töpferton für fünfzehn Jahre, genug rote Ölfarbe und Staubtücher für 100 Jahre und einen 561-Jahre-Vorrat an elektrischen Glühbirnen. Außerdem hat die Stadt 2100 neue Schneeschaufeln liegen, die 1962 gekauft und nie benutzt wurden.

> *Nichts ist leichter, als öffentliche Gelder auszugeben. Sie scheinen niemandem zu gehören. Die Versuchung, sie irgendwie zu verwenden, ist überwältigend.*
> Calvin Coolidge

5. Business as usual

Peters Business-Prinzip: Macht man etwas Verbotenes, muß man Strafe zahlen; macht man etwas Erlaubtes, muß man Steuern zahlen.

Selbst wenn leitende Angestellte über dem totalen Chaos thronen, bleiben sie davon überzeugt, daß sie kompetente, effiziente und dynamische Führungspersönlichkeiten sind, die wissen, wie sie ihre Leute zu nehmen haben. Die Hochachtung, die Manager auch bei sonst sehr vernünftigen Leuten genießen, zeigt, wie geschickt sie diesen Mythos unters Volk zu bringen wissen.

Die folgenden Fallstudien dienen nicht dem Lob oder Tadel der beteiligten Manager. Sie sind einfach Beschreibungen einzelner bürokratischer Organisationen und der Manager, die für sie verantwortlich waren. Sie sind weder Geschichten vom großen amerikanischen Traum noch Beispiele für den großen amerikanischen Anti-Erfolgs-Mythos, sondern lediglich der Versuch, objektiv zu beobachten, genau zu berichten und vernünftig zu kommentieren.

Seitliche Arabeske:
Industrieakte Nr. 207a

Die meisten Amerikaner, die in den Jahren von 1957 bis 1959 den Edsel-Reinfall der Ford Motor Company miterlebt haben, kennen die Ereignisse, die zum Aufstieg und Fall des Edsel geführt haben. Sie bestaunten den gigantischen Werbeaufwand, mit dem die öffentliche Vorstellung des Edsel am 4. September – dem E-Tag (Edsel-Tag), wie er unternehmensintern hieß – inszeniert wurde. Zwei Jahre später lachten die Amerikaner über die Witze, die die Conferenciers rissen, als der Edsel sang- und klanglos von der Bildfläche verschwand, obwohl er zusammen mit der Titanic in die Geschichte eingehen wird als Beispiel für die »perfekte technische Entwicklung«, die zum Reinfall wurde.

1948 schlug Henry Ford II. seinem Vorstand vor, zu untersuchen, welche Aussichten die Entwicklung eines revolutionären Autos hätte. Vier Jahre später, 1952, wurde das Projekt »Neues Auto« von einer dynamischen Entwicklungsgruppe vorangetrieben, die den Namen »Zukunftsorientierter Produkt-Planungsausschuß« trug. 1954 legte dieser Ausschuß seinen sechsbändigen Bericht vor, der besagte, eine wachsende Zahl gutsituierter Amerikaner habe den Wunsch nach einem neuen, geräumigen, chromglitzernden Auto der mittleren Preisklasse, ausgestattet mit allem erdenklichen Komfort und einer Fülle technischer Extras. Präsident Henry Ford II. und die übrigen Vorstandsmitglieder billigten den Bericht des »Zukunftsorientierten Produkt-Planungsausschusses« und gaben grünes Licht für die Schaffung einer Abteilung, die die Richtlinien des Berichtes verwirklichen sollte. Sie wurde »Abteilung für Spezialprodukte« genannt und Richard Krafve unterstellt. Roy A. Brown, ein junger Designer, erhielt den Auftrag, für das »Styling« des neuen Autos zu sorgen. Man wollte ein Auto, das in seiner Formgebung einerseits unverwechselbar und andererseits vertraut und bewährt war. Der Edsel wurde angepriesen und aufgebaut als das Auto mit all den Eigenschaften, die die Leute sich wünschten. Zur Sicherheit wurden Meinungsumfragen durchgeführt, in denen Namensvorschläge und andere Merkmale des Autos getestet wurden, doch wurden für die endgültige Namens- und Formgebung die Ergebnisse der Befragungen nicht zu Rate gezogen.

Mit der Aufgabe, einen Namen für das Auto zu finden, wurde der Planungsdirektor der Marktforschungsabteilung betraut, der das Meinungsforschungsinstitut der Columbia University beauftragte, eine Befragung zum Beliebtheitsgrad von Namen in Peoria und San Bernardino durchzuführen. Die Untersuchung ergab, daß ein Autokäufer, der eine Vorliebe für eine bestimmte Marke entwickelt hat, sowenig wie ein Verliebter in der Lage ist, den Gegenstand seiner Leidenschaft einem Prozeß zu unterwerfen, der auch nur die geringste Ähnlichkeit mit einer rationalen Entscheidung hat.

Obwohl die Wissenschaft hier versagte, konnte Krafve das Problem lösen, indem er den Mitgliedern der Fordfamilie vorschlug, das neue Auto »Edsel« zu nennen – im Gedenken an Edsel Ford, den einzigen Sohn des Firmengründers Henry Ford.

Das Styling verdankte seine Entstehung nicht den kühnen Bleistiftstrichen eines Designers, sondern war das Ergebnis von mehr als viertausend bürokratischen Entscheidungen, die die Form eines Türgriffs, die Linienführung eines Kotflügels oder die Breite einer Chromleiste betrafen. Krafve und seine Mitarbeiter waren der Überzeugung, daß das stilistisch vollkommene Auto entstehen müsse, wenn sie nur die richtigen Entscheidungen über die mehr als viertausend Details trafen. 1955 hatte Roy A. Brown mit Hilfe von Richard Krafve und seiner Abteilung für Spezialprodukte das Styling des Edsel abgeschlossen. Der Blickfang war ein neuartiger, klobrillenartiger Kühlergrill, der senkrecht in einer konventionellen breiten Front saß. Das Ziel einer Mischung aus Unverwechselbarkeit und Vertrautheit war erreicht. Auch die Formgebung der Heckflossen war unverwechselbar. Sie glichen waagerecht ausgebreiteten Flügeln, ein Anblick, den man, bevor es den Edsel gab, noch nie an einem Automobil wahrgenommen hatte. Der besondere Komfort der Innenausstattung bestand aus einer

Reihe automatischer Bedienungsknöpfe auf dem Mittelstück des Lenkrads.

Im Frühling des Jahres 1957 rollten die ersten Edsel vom Band. Der Werbefeldzug sorgte für ein angemessenes öffentliches Interesse. Am E-Tag wurde die Öffentlichkeit des Edsel erstmals ansichtig. Leider konnte das Auto nie die Gunst der Käufer gewinnen. Es wurden so wenige Wagen verkauft, daß das Unternehmen an jedem verkauften Auto mehr als 3000 Dollar verlor. Der Gesamtverlust des Unternehmens wurde nie verraten, aber er dürfte mehr als 350 Millionen Dollar betragen haben.

Die ersten Edsel steckten voller Fehler. Die Bedienungsknöpfe klemmten, Verdeck und Kofferraum öffneten sich nicht, und schon kurz nach der Lieferung begann der Wagen Öl zu verlieren. Krafve erklärte, daß alle neuen Wagen unter kleinen Geburtswehen zu leiden hätten. Der Marktforscher David Wallace machte für die Edsel-Pleite den sowjetischen Sputnik haftbar, der, wie er behauptete, dem Mythos von der technischen Überlegenheit Amerikas den Garaus gemacht habe. Der Designer Roy A. Brown gab schlechtem Timing die Schuld an dem Fiasko und erklärte, das Styling habe wenig oder gar nichts mit dem mangelnden Erfolg des Autos zu tun. Offensichtlich waren die Manager ohne Fehl und Tadel, und der Edsel war rein zufällig das falsche Auto zur falschen Zeit für den falschen Markt.

Der Edsel machte amerikanische Wirtschaftsgeschichte, indem er eine neue Rekordmarke setzte: die Multimillionen-Dollar-Abschreibung der Ford Motor Company. Sie ist ein perfektes Beispiel dafür, wie das gesamte Management eines Riesenunternehmens zu seiner Stufe der Unfähigkeit aufsteigen kann. Was aber noch wichtiger ist: Es zeigt auch, wie die Verantwortlichen einer solchen Pleite durch seitliche Beförderung gehalten werden können. Die meisten wirkten an anderer Stelle im Unternehmen fort. So wurde Roy A. Brown zum Beispiel Fords Chefdesigner für Nutzfahrzeuge. Richard Krafve wurde der Assistent von Robert S. McNamara, der damals Abteilungsvizepräsident bei Ford war.

PETERS BEHARRUNGSPRINZIP: Ein Unternehmen weiß, warum es seinen Mann hält.

Ursprünglich wurde die Militärmaschine C_5A vom Pentagon als gigantisches Transportflugzeug geplant. Sie sollte 160 Quadratmeter ebene Ladefläche und eine Tragfähigkeit von mehr als 200 Tonnen aufweisen. Der unvermeidliche Planungsausschuß trat zusammen. Die Lockheed Aircraft Corporation verpflichtete sich, das Flugzeug zu einem Stückpreis von 28,5 Millionen Dollar zu bauen. Dann nahm die Planungsgruppe mit einer großen Zahl von militärischen Abteilungen Kontakt auf, sammelte die an sie herangetragenen Wünsche und Vorstellungen und baute sie alle in die Pläne der C_5A ein. Das an sich schon gigantische Projekt schwoll zu einem unförmigen Monster an, als man alle Bedürfnisse der Beteiligten zu berücksichtigen suchte. Das zusätzliche Gewicht machte verbesserte Flugeigenschaften erforderlich, so daß die technischen Vorarbeiten und Kosten eskalierten. Das Ergebnis waren Mehrkosten von 29 Millionen Dollar pro Flugzeug – der Endpreis sprang auf das Doppelte des vereinbarten Preises.

Ernest Fitzgerald, ein Rechnungsprüfer der Luftwaffe im Offiziersrang, stellte fest, daß die Ausgaben den Kostenvoranschlag weit übersteigen. Er begann Fragen zu stellen. Lockheed und das Pentagon waren nicht erfreut. Fitzgerald wurde zunächst versetzt, dann auf einen obskuren Posten abgeschoben und schließlich entlassen. Ironischerweise begründete die Luftwaffe Fitzgeralds Entlassung mit notwendiger »Kostenersparnis«.

Als Rechnungsoffizier hatte Ernest Fitzgerald die Aufgabe, die Staatsausgaben zu kontrollieren. Er nahm diese Aufgabe so sorgfältig wahr, daß er entlassen wurde, wodurch er zu einem superkompetenten Ausschußprodukt wurde.

PETERS KOMPETENZPRINZIP: Fehler vermeidet man, indem man Erfahrung sammelt; Erfahrung sammelt man, indem man Fehler macht.

Akte »Freischwebender Gipfel« Nr. 11

Bei der RCA erwirtschaftete David Sarnoff große Gewinne und machte sich einen guten Namen, weil er das Farbfernsehen einführte. Sein Sohn Robert Sarnoff sollte unter allen Umständen in die Fußstapfen seines Vaters treten, zog es aber vor, sein Glück auf dem Computersektor zu versuchen. Die Computerabteilung der RCA hatte einen guten Namen in der Branche, blieb aber ein Zwerg neben dem Riesen IBM. 1969 wurde L. Edwin Donegan durch RCA aus der Verkaufsabteilung der Datenverarbeitung von IBM abgeworben. 1971 leitete er eine neue Organisation innerhalb des Unternehmens, RCA Computer Systems. Außerdem war er Vizepräsident und Generaldirektor des Gesamtunternehmens. Er umgab sich mit einer IBM-Garde und entließ den alten RCA-Stab oder schob ihn auf unwichtige Posten ab.

RCA machte in der Computerabteilung die größten Investitionen seiner Geschichte. Donegan und seine Neuanwerbungen versuchten, durch eine ganze Batterie von Strategien IBM seinen Markt streitig zu machen, doch alle Versuche schlugen fehl. Schließlich strich Robert Sarnoff das ganze Computerprogramm, und RCA mußte 490 Millionen Dollar abschreiben, womit der alte Rekord, die Edsel-Abschreibung der Ford Motor Company, überboten und ein neuer Maßstab für wirtschaftliche Fehlleistungen gesetzt war.

L. Edwin Donegan ist zwar nicht mehr Herr über zehntausend Mitarbeiter, aber er leitet die Abteilung noch und sitzt in einem fast leeren Gebäude. Die meisten seiner früheren Mitarbeiter haben ihn verlassen. Sie hatten auf das falsche Pferd gesetzt.

Donegan ist bis zur Spitze aufgestiegen und dort geblieben, auch wenn es die Spitze eines leeren Verwaltungsapparates ist. Er ist zu einem freischwebenden Gipfel geworden.

> PETERS SCHWEBEPRINZIP: Wenn das Fundament einer Pyramide abbröckelt, kann sich ihre Spitze trotzdem halten, wenn genügend Geld da ist.

Streben nach Kompetenz

Natürlich sind diese wahren Geschichten ein Beleg für die Gültigkeit des Peter-Prinzips, doch wirklich von Nutzen sind sie nur, wenn wir neue Erkenntnisse aus ihnen gewinnen können. Nicht jeder kommt für eine Beförderung in Frage. Manch einer wird nicht befördert, weil er für unersetzlich gehalten wird. Er hat seine Stufe der Unersetzlichkeit erklommen. Wenn bei einem Mitarbeiter die Stufe der Unfähigkeit mit der der Unersetzlichkeit zusammenfällt, haben wir die merkwürdige Anomalie des unentbehrlichen Inkompetenten. Ein unfähiger Mitarbeiter, der viel Einfluß bei der Gewerkschaft hat, ist ein unentbehrlicher Inkompetenter, und sein Vorgesetzter wandert auf dem schmalen Grad zwischen Szylla und Charybdis. Ein Unternehmen, dessen Manager die Stufe seiner Führungsunfähigkeit erreicht hat, aber ein gutes Image in der Öffentlichkeit besitzt und gerade mit dem großen Verdienstkreuz ausgezeichnet worden ist, hat einen unentbehrlichen Inkompetenten am Hals. Wenn es sich von ihm trennt, gerät es in große Schwierigkeiten, und wenn es ihn behält, gerät es ebenfalls in große Schwierigkeiten.

Aus den oben geschilderten Fällen darf man wohl den Schluß ziehen, daß eine Fehlinvestition von 490 Millionen Dollar noch nicht das Ende einer Managerkarriere bedeuten muß, während der Versuch, Millionen zu sparen, sehr wohl ein Entlassungsgrund sein kann.

PETERS BEWERTUNGSPRINZIP: Superinkompetenz und Superkompetenz sind gleichermaßen schädlich für das System.

Wir haben auch gesehen, daß großer Erfolg bei der Herstellung von Autos, Fernsehgeräten oder anderen Waren noch keine Garantie für kluge Entscheidungen über künftige Projekte oder Produkte ist.

PETERS INVESTITIONSPRINZIP: Narren handeln blindlings, wo kluge Leute zögern zu verhandeln.

Noch eine weitere Beobachtung drängt sich auf: Das Überleben eines Managers hat nichts mit seiner beruflichen Fähigkeit zu tun. Einige Manager mit besonders ausgeprägter Überlebensfähigkeit leiden unter einer pathologischen Unfähigkeit zu sinnvoller Arbeit.

PETERS ERWARTUNGSPRINZIP: Das, was geschieht, ist nicht nur merkwürdiger, als wir uns vorstellen, es ist auch merkwürdiger, als wir uns vorstellen *können*.

Das Wirtschaftsleben hat so viele Aspekte, daß sein potentieller Spielraum für Unfähigkeit unbegrenzt zu sein scheint. Aus diesem Grunde kratzen die folgenden Beispiele nur an der Oberfläche. Andererseits können wir nur an der Oberfläche kratzen, denn wenn wir tiefer kratzen, sind wir nicht mehr an der Oberfläche.

General Motors rüstete seine Autos mit einer besonders wirksamen Stoßstange aus, die absolute Sicherheit bei jedem Zusammenstoß garantierte ... der bei Geschwindigkeiten bis zu 4,5 Stundenkilometern erfolgte.

José Yera, ein Wachbeamter in Los Angeles, verklagte einen Hersteller in Point Black Armor. Er machte geltend, die kugelsichere Weste der Firma habe versagt, als er sich mit einem Messer in den Bauch gestochen habe, um das Kleidungsstück zu testen.

Das Sicherheitspersonal bei Pan Am war alarmiert über die große Zahl von kleinen Spirituosenflaschen, die während der Flüge spurlos verschwanden, deshalb wurde eine Uhr an den Spirituosenschrank angeschlossen, die die Diebstähle zeitlich registrieren sollte. Während des Fluges hörte eine Stewardess das Ticken des Uhrwerks und glaubte, es sei eine Bombe an Bord. Der Flugkapitän änderte den Kurs und landete in Berlin, wo die Passagiere über die Notausgänge evakuiert wurden. Die unplanmäßige Landung kostete 15000 Dollar. Die kleinen Spirituosenflaschen kosteten 35 Cent pro Stück.

Der Fleischschneider in einem Schweizer Hotel verlor einen Finger und verlangte eine Versicherungsentschädigung. Die Versicherungsgesellschaft entsandte einen Schadenssachbearbeiter in das Hotel. Er bat, an der Maschine arbeiten zu dürfen . . . und verlor einen Finger.

Ein Schild in einem Büro: »Der Ersatzschlüssel für den Erste-Hilfe-Raum ist im Erste-Hilfe-Raum erhältlich.«

Elizabeth Kovacs, eine Erdnußpackerin bei der Q-Peanuts-Company in England, wurde entlassen, weil sie beharrlich zu früh zur Arbeit erschien. Ihre Kolleginnen beklagten sich bei der Direktion, und die Direktion verwarnte Miss Kovacs. Da sie ihre Gewohnheit trotzdem nicht ablegte, wurde sie entlassen. Ein Sprecher des Unternehmens erklärte: »Wir halten unsere Mitarbeiter dazu an, rechtzeitig zu erscheinen, aber darunter verstehen wir: zur rechten Zeit und nicht zu früh.«

Die Matratzenfirma Simmons & Company startete 1963 einen aufwendigen Werbefeldzug in Japan. Vier Jahre später schrieben sie das Ganze als totales Verlustgeschäft ab. Die Japaner schlafen auf Fußmatten, sogenannten Futons.

Die Neugier eines neuen Direktionsassistenten in einem Johannesburger Hotel wurde geweckt, als er jedesmal im zweiten Stock landete, wenn er im Hotelfahrstuhl auf den Knopf für den ersten Stock drückte. Seine Nachforschungen führten ihn vor eine verschlossene Tür, hinter der sich nach ihrer Öffnung ein erster Stock mit vierzehn Zimmern auftat, die seit mehr als zwanzig Jahren nicht mehr benutzt worden waren. Einige der älteren Angestellten erklärten auf Befragen, sich erinnern zu können, daß es in dem Hotel einmal einen ersten Stock gegeben habe.

Eine neue mit Sonnenlicht gespeiste Armbanduhr ist mit einem Computerprogramm ausgerüstet, das sie in die Lage versetzt, in den nächsten 125 Jahren Datum und Zeit anzugeben. Die Garantiezeit der Uhr geht über − zwei Jahre.

Ein Laboratorium für Fluginstrumente auf Long Island setzte in eine Lokalzeitung ein Stellenangebot für einen Prozeßinspektor. Durch einen Druckfehler bemühte sich die Firma in der Anzeige um einen »Proussinspektor«. Obwohl es das Wort »Prouss« gar nicht gibt, bat am nächsten Morgen ein Mann um ein Vorstellungsgespräch. Er behauptete, zwei Jahre lang als »Proussinspektor« gearbeitet zu haben.

Joseph Begley aus Evesham in England schickte an die Werbeabteilung einer Tabakfirma zweitausend Zigarettenkupons, wofür es eine Armbanduhr geben sollte. Als keine Uhr kam, schrieb Begley die Firma an und fragte nach dem Grund. Er erhielt drei Uhren, von denen er zwei zurückschickte. Am folgenden Tag trafen zehn Pakete von der Zigarettenfirma ein. Am Tag darauf erhielt er achtzehn Pakete. Am dritten Tag kamen nochmals zehn. Er war nun stolzer Besitzer von drei Tonbandgeräten, einer Golfausrüstung, einem Dampfkochtopf, zwei elektrischen Heizdecken, einem Kinderbett und einer Puppe. Als Begley die Firma bat, ihm keine Prämiengeschenke mehr zu schicken, erhielt er ein Entschuldigungsschreiben und zehntausend Kupons als Entschädigung für seine Unannehmlichkeiten. Er schickte die Kupons ein und bestellte eine Tagesdecke und einen Werkzeugkasten. Geschickt wurden ihm zwei Stehleitern und ein Pflanzenregal.

Das Büropersonal im Sunset House hatte Schwierigkeiten, Papier der Normgröße in den neuen Xerox-Apparat einzulegen. Als die Wartungsabteilung einen Mechaniker schickte, stellte dieser fest, daß trotz der Millionenausgaben für Forschung und Entwicklung ein kleiner Fehler bei der Planung des neuen Apparates unterlaufen war: Die Normgröße beträgt 8,5 Zoll mal 14 Zoll. Für den neuen Kopierer mußte die Normgröße zurechtgeschnitten werden – auf die Maße 8,5 Zoll mal 13 Zoll.

Die Zeitschrift *National Underwriter* berichtete, daß der Computer einer Autoversicherungsgesellschaft einen Kunden in Saint Louis eine Rechnung über 0,00 Dollar geschickt habe. Als der Computer eine »letzte Mahnung« geschickt habe, in der mit der Aufkündigung der Police gedroht worden sei, habe der Kunde seinen Versicherungsagenten angerufen. Der Agent habe ihm geraten, einen Scheck über 0,00 Dollar einzureichen. Als der Versicherungsnehmer dies tat, erhielt er ein Dankschreiben, in dem ihm mitgeteilt wurde, daß seine Police verlängert sei.

Penn Country Farms in New Holland, Pennsylvania, beliefert Supermärkte mit tiefgefrorenen Brathähnchen. Als die gebratenen Hähnchenbrüste nicht mehr in die Normpackung paßten, bemerkte man, daß die Brüste falsch halbiert worden waren. Fünfundachtzigtausend Portionen waren auf diese Weise zerteilt worden, bevor man den Fehler entdeckte.

Neunzig Jahre baute man an der Kathedrale von Corcuetos in Spanien. Am Tage nach ihrer Fertigstellung im Jahre 1625 stürzte sie ein.

Hinweisschild in einem Restaurant: »Gäste, die unsere Kellnerinnen für unhöflich halten, sollten sich erst einmal mit unserem Geschäftsführer unterhalten.«

Im Howard-Hotel in Baltimore entzündeten die Mechaniker der Lieferfirma das Feuer in den Heizungskesseln, um anschließend festzustellen, daß sie vergessen hatten, einen Schornstein einzubauen.

Die General Telephone Company in Los Angeles drehte einen Schulungsfilm für ihre Mitarbeiter. Das Drehbuch enthielt ursprünglich die folgende kleine Spielszene, die zeigen sollte, wie man auf Kundenbeschwerden humorvoll reagieren kann:

> KUNDE: Man kann sich bei dieser verdammten Telefongesellschaft aber auch auf gar nichts verlassen!
> ANGESTELLTER: Sie bekommen doch jeden Monat pünktlich Ihre Telefonrechnung, oder?

Aus zuverlässiger Quelle in der Unternehmensleitung verlautet, daß diese Szene herausgeschnitten wurde.

Eine Baufirma in Moçambique hatte den Auftrag, ein sieben Jahre altes Krankenhaus um einen Anbau zu erweitern. Die Bauarbeiter brachen ein Loch in eine Mauer und entdeckten medizinische Geräte im Wert von 125 000 Dollar und eine vergessene Entbindungsstation. Vertreter des Krankenhauses meinten, irgend jemand habe dort wohl eine Mauer anstelle einer Tür hingesetzt.

Viele Science-fiction-Spielzeuge sind nicht ungefährlich. Nimmt ein Kind zum Beispiel das Raumschiff *Kampfstern Galaktika* mit dem vorderen Ende in den Mund, so erhält es ein Geschoß mit solcher Wucht in den Rachen gejagt, daß das Projektil tief in die Luftröhre eindringt. Das ist ein offenkundiger Mißbrauch des Spielzeugs, da es nicht für Kinder unter drei Jahren bestimmt ist. Nachdem etliche Kinder schwere Verletzungen davongetragen hatten, hat der Hersteller das Problem gelöst, indem er einen Hinweis auf die Schachtel drucken ließ, der die Kinder auffordert, das Spielzeug nicht auf diese Weise zu verwenden.

Aus einer Packungsbeschriftung: »Dieser Fertigteig reicht für vier Erwachsene oder zwölf Törtchen.«

Ein neuer Glasbau in Arlington, Virginia, hatte Toiletten, die mit Milchglas ausgestattet waren, so daß völlige Abgeschiedenheit garantiert schien, bis jemand beim Vorbeigehen feststellte, daß man von außen ungehindert betrachten konnte, was im Inneren der Toilette vor sich ging. Die Einwegscheiben waren falsch eingesetzt worden.

Als man einen der leitenden Angestellten davon in Kenntnis setzte, lief er aufgeregt auf den Flur, sah sich die Sache an, errötete und rief aus: »Mein Gott! Das ist ja meine Sekretärin!«

Archie R. McCardell war zweieinhalb Jahre Präsident des kränkelnden Unternehmens International Harvester. In dieser Zeit bezog er ein Jahresgehalt von 1,4 Millionen Dollar, obwohl die Gesellschaft 1980 einen Verlust von 397 Millionen Dollar und 1981 von 393 Millionen Dollar machte.

Wenige Tage nachdem General Motors mit der Autogewerkschaft Lohnkürzungen ausgehandelt hatte, beschloß sie, ihren sechstausend Topmanagern Gewinnprämien auszuzahlen. Der Zorn der Gewerkschaft zwang GM, den Plan fallenzulassen.

Es mag bezeichnend sein für unsere Zeit, daß die Seite A-7 des Telefonbuchs von Los Angeles die Überschrift »Überlebensratgeber« trug, ansonsten aber leer war.

> *»Die Wirtschaftslage wird entweder besser oder schlechter.«*
>
> CALVIN COOLIDGE

6. Wem der Schuh paßt

> *»Es gibt keine größere Lüge als eine mißverstandene Wahrheit.«*
>
> WILLIAM JAMES

Ein Zoologe, der die Hyäne studiert, wird sich seine Objektivität gegenüber dem Verhalten der Hyäne bewahren, obwohl er vielleicht Mitleid mit den Opfern der Hyäne empfindet. Der Hierarchologe, der menschliches Verhalten untersucht, muß sich die gleiche wissenschaftliche Einstellung zu eigen machen. Obwohl wir uns der katastrophalen Folgen bewußt sind, die das Peter-Prinzip oft genug hervorruft, ist unser Untersuchungsansatz nicht moralischer, sondern wissenschaftlicher Natur. Es reicht nicht aus, daß wir die unerquicklichen Folgen übermäßigen Aufstiegsbegehrens untersuchen, wir müssen uns auch mit den Gründen befassen, die uns veranlassen, bis zur Stufe unserer Unfähigkeit aufzusteigen.

Daß jemand auf seiner letzten Stufe verharrt, ist nicht nur deshalb wenig wünschenswert, weil er dann seinen Beitrag zur Unfähigkeit in einer Welt leistet, die damit überreichlich versorgt ist, sondern auch, weil Mitarbeiter, die zu lange auf ihrer Stufe der Unfähigkeit bleiben, die Arbeitsmoral der Organisation untergraben. Ihr bloßes Vorhandensein beweist den anderen Mitarbeitern, daß Kompetenz keine notwendige Voraussetzung für Erfolg ist. Dieser Umstand erklärt auch, warum es keine Rolle spielt, ob eine Bürokratie sich ausdehnt oder schrumpft. Der Wasserkopf wächst mit gleichbleibender Geschwindigkeit.

Zwar liefert das Peter-Prinzip eine genaue Beschreibung menschlichen Verhaltens, jedoch keine Antwort auf die Frage: »Warum erklimmen Menschen ihre Stufe der Unfähigkeit?« Meist lautet die Antwort darauf: »Weil es natürlich ist, sich aggressiv zu verhalten und mit anderen zu konkurrieren.« Das unwiderlegliche Argument, daß menschliches Verhalten durch die menschliche Natur bedingt ist, läßt uns weder das eine noch das andere besser verstehen.

Der berühmte Psychologe Abraham Maslow vertrat die Auffassung, daß es in der menschlichen Natur liege, vorwärts und aufwärts zu streben, weil nach jeder Bedürfnisebene, auf der Befriedigung erreicht sei, eine höhere Bedürfnisebene in Sicht komme. In jedem Menschen gibt es verschiedene Bedürfnisse, und diese Bedürfnisse stehen in einer hierarchischen Beziehung zueinander. Sobald die für das physische Überleben notwendigen Grundbedürfnisse befriedigt sind, treten die Sicherheitsbedürfnisse in den Vordergrund, dann die sozialen Bedürfnisse, die Selbstachtungs- oder Ich-Bedürfnisse und schließlich die Selbstverwirklichungsbedürfnisse.

Bei den sozialen Bedürfnissen geht es um den Wert der eigenen Position im Vergleich zu anderen. Zu den Ich-Bedürfnissen gehören Anerkennung und Prestige, Selbstvertrauen und Führungsqualität, Erfolg und Fähigkeit. Von all den Theorien, die die menschliche Natur zur Erklärung des unersättlichen Drangs nach oben heranziehen, gehört Maslows Konzept zu den bestechendsten.

Die menschliche Aggressivität äußert sich in vielen Formen – vom subtilen Streben nach sozialer Anerkennung bis hin zum brutalen Gewaltakt, der körperliche Überlegenheit demonstrieren soll. In manchen Situationen versuchen wir, andere dadurch in den Schatten zu stellen, daß wir ihnen im Beruf, auf dem Golfplatz oder in der Anhäufung von Statussymbolen den Rang ablaufen. In anderen Situationen manifestiert sich Überlegenheit durch mehr Lohn, mehr Prämien, mehr Preise oder mehr Orden. Symbolische Schlachten werden unter dem Diktat eines strengen Regelwerks auf dem Schachbrett und dem Fußballfeld geführt, und Kämpfe bis zum symbolischen Tod des Gegners werden beim Ringen, Fechten und Boxen ausgetragen. Wenn der Konkurrenzkampf an keine Regeln gebunden ist, kommt es auf individueller Ebene zu Schlägereien und auf staatlicher zu Kriegen. Die Beweislage ist klar: Dem Menschen ist ein erhebliches aggressives Potential angeboren, gleichgültig, ob es sich im symbolischen Spiel äußert, in einem organisierten Wettbewerb kanalisiert wird oder sich in Gewaltakten Bahn bricht.

Andererseits gibt es sogar in unserer modernen, gewalttätigen Gesellschaft viele Menschen, die keinerlei Neigung zu Aggression und Gewalt verspüren, und in einigen zivilisationsfernen Naturvölkern gibt es noch nicht einmal den Konkurrenztrieb. Bei den nomadisch lebenden Eskimos in der amerikanischen Arktis war es üblich, sich Nahrung und Unterkunft zu teilen und Streitigkeiten gewaltlos zu schlichten. Die Tangus in Neuguinea teilten ihre Nahrung zu gleichen Teilen unter den Stammesmitgliedern auf und liebten Spiele, deren Ziel ein unentschiedener Ausgang war. Die von der Landwirtschaft lebenden Semai in Malakka vermieden Gewalt jeder Art. Früher kamen viele Nomadenstämme, die als Jäger und Sammler lebten, ohne Konkurrenz und Verteidigung ihres Territoriums aus. Zwar wurde die Erde schließlich von den aggressiveren, konkurrenzorientierteren und stärker auf ihre territorialen Ansprüche pochenden Völkern in Besitz genommen, trotzdem darf man angesichts der Stämme und Einzelpersonen, die weder aggressiv noch konkurrenzorientiert waren und sind, bezweifeln, daß diese Eigenschaften unbedingt zur menschlichen Natur gehören. Zumindest sprechen viele Anhaltspunkte dagegen, daß es sich um universelle oder wesentliche Aspekte der menschlichen Natur handelt.

> *Wir genießen nicht die Macht, Berge zu versetzen und den Lauf der Flüsse zu verändern, sondern die Macht, aus Menschen Gegenstände, Roboter, Marionetten, Automaten oder Tiere zu machen. Macht ist für uns die Macht, dem Menschen seine Menschenwürde zu nehmen.*
>
> ERIC HOFFER

Bis vor kurzem hielten Neurologen das menschliche Gehirn für einen grauen, schwammigen Computer, der in zwei gleiche Hälften geteilt ist – die linke und die rechte Hemisphäre. Dann entdeckte die Hirnforschung, daß den Hemisphären verschiedene Aufgaben zufallen: Die linke Gehirnhälfte übernimmt die Sprachfunktionen, während die rechte Hälfte sich um die räumliche Wahrnehmung kümmert. Die linke Gehirnhälfte denkt linear, analytisch und deduktiv, die rechte dagegen erfaßt das Gesamtbild und übernimmt die ganzheitlichen, kreativen Denkfunktionen.

Wenn zwischen den beiden Gehirnhemisphären im großen und ganzen ein Gleichgewicht der Kräfte herrscht, kann der Mensch logisch denken, folgerichtige Handlungspläne anlegen, zusammenhängende Anweisungen geben und alle anderen linkshemisphärischen Aufgaben bewältigen, während seine rechte Gehirnhälfte in der Lage ist, sich den nötigen Überblick zu verschaffen, um die Bedeutung der linkshemisphärischen Einzelaktionen und ihre Beziehung zueinander zu erfassen. Ist die eine Hemisphäre stärker ausgebildet als die andere, löst der Mensch die meisten Problemlösungsaufgaben mit *ihrer* Hilfe, ob sie sich nun für solche Aufgaben eignet oder nicht. Wenn ein Mensch mit dominanter rechter Hemisphäre und schwacher linker ein Problem zu lösen hat, das eine Analyse im Detail verlangt, wird er entweder zu groben Verallgemeinerungen greifen oder die Daten vernachlässigen und zu impulsiven Schlußfolgerungen neigen. Menschen mit einer dominanten linken und schwachen rechten Hemisphäre verlieren sich in Einzelheiten und endlosen Analysen, neigen zu zwanghafter Regelproduktion, bekommen aber nie das Gesamtbild in den Blick. Sie begraben sich so tief in isolierte Arbeitsvorgänge, daß sie nie die Bedeutung ihrer Tätigkeit in einem größeren Zusammenhang erfassen.

Stets ist es der linkshemisphärisch dominierte Typus, der blind die Stufenleiter des Peter-Prinzips emporklettert, der zu autoritärem Verhalten neigt und der letztlich die Regeln und Maßstäbe unserer Gesellschaft festsetzt. Linkshemisphärische Vorherrschaft erklärt, warum innerhalb von Bürokratien und anderen sehr streng gefügten Hierarchien manchen Menschen das methodische, fachidiotische, ritualistische Verhalten besonders leichtfällt, für das Bürokraten bekannt sind.

»Solange er noch auf den unteren Sprossen der Leiter kämpft, verhält sich der Aufsteiger etwas unterwürfiger, wenn auch nicht weniger ehrgeizig, keinen Schlich verschmähend, bis er es auch geschafft hat.«

STEPHAN POTTER

Einen unstrittigen Tatbestand verdanken wir den Psychologen. Am ehesten werden die jungen Verhaltensweisen wiederholt, die ein Gefühl der Befriedigung hervorrufen oder auf die ein Gefühl der Befriedigung folgt. Von Beginn unseres Lebens an ist die Befriedigung unseres physischen Bedürfnisses nach Nahrung und Wärme sowie unseres emotionalen Bedürfnisses nach Sicherheit ein Bekräftigungsmittel unseres Verhaltens. Wenn ein Baby lächelt oder sprachähnliche Laute produziert, wird man es eher auf den Arm nehmen, streicheln und mit ihm sprechen – Reaktionen, die ein Gefühl der Befriedigung in dem Kind hervorrufen. Wenn das Kind dann lernt, zu gehen, zu sprechen, selber zu essen und auf den Topf zu gehen, erfährt es die Billigung der Eltern, wodurch diese Verhaltensweisen bekräftigt werden. In der Schule werden Leistungen, die sich in guten Noten und sportlichen Erfolgen ausdrücken, durch Anerkennung und Lob der Eltern, Lehrer und Kameraden belohnt, verstärkt durch Zeugnisse, Preise und Geld. Entschließt sich der junge Mensch zu einer längeren Ausbildung und gelingt es ihm mit Erfolg, sich in der

Ausbildungshierarchie nach oben zu arbeiten, so erwirbt er sozialen Status und wird mit akademischen Graden und/oder beruflichen Qualifikationen ausgezeichnet.

Mit dem Eintritt in die Arbeitswelt setzt der Mensch seinen Fuß auf die untere Sprosse einer weiteren Stufenleiter, auf der jeder Schritt nach oben mit Lohnerhöhung und Statuszuwachs belohnt wird.

In unserem Leben wird jede erklommene Stufe auf der Entwicklungsleiter, der Ausbildungshierarchie und der Karriereleiter belohnt. Aufsteigen wird ständig bekräftigt und fest in unserer Persönlichkeit verankert. Es ist eine konditionierte Reaktion.

>> *Die schönsten wie die häßlichsten Neigungen des Menschen sind nicht Teil einer festgelegten, biologisch vorgegebenen menschlichen Natur, sondern ergeben sich aus dem gesellschaftlichen Prozeß.* <<
ERICH FROMM

Wir sind Exemplare einer seltsamen Spezies, denn wir verwenden all unsere Energie darauf, die Erfolgsleiter emporzuklettern, um Geld zu verdienen, damit wir Dinge kaufen können, die wir nicht brauchen, um mit ihnen Leute zu beeindrucken, die wir nicht leiden können. Es mag ein Aspekt der menschlichen Natur sein, daß wir zwanghaft emporsteigen, obwohl es keinen vernünftigen Grund dafür gibt. Es könnte sich darin ein neurologisches Ungleichgewicht ausdrücken. Vielleicht beherrscht die linke Gehirnhemisphäre das Verhalten so stark, daß für die Menschen, die von dieser Anomalie betroffen sind, der einzige Ausweg aus ihrem gegenwärtigen Dilemma die Leiter hinaufführt. Meine Untersuchungen haben ergeben, daß fast alle Bürokraten und viele Leute in leitenden Verwaltungspositionen so sehr von ihrer linken Hemisphäre beherrscht werden, daß sie nur noch linear denken können und keines konstruktiven Gedankens mehr fähig sind. Natürlich besitzt der linkshemisphärisch ausgerichtete Mensch die besten neurologischen Voraussetzungen dafür, sich Schritt für Schritt in der Hierarchie hinaufzuarbeiten. Und selbstverständlich werden wir alle in unserem Aufstiegsverhalten bekräftigt, so daß es für uns zur konditionierten Reaktion wird, in der Organisation so weit emporzusteigen, wie es Zeit und Gelegenheit zulassen.

Höchstwahrscheinlich sind diese drei unbewußten Antriebskräfte alle sehr wirksame Einflußfaktoren, aber wir sind Meister im Rationalisieren und versuchen, unserem Verhalten nach Möglichkeit bewußte Gründe unterzuschieben. Wir versuchen zu rechtfertigen, daß wir, auch wenn wir genügend Geld haben, um alle unsere wirklichen Bedürfnisse zu befriedigen, stets nach noch mehr jagen. Wir beklagen uns über die Last unserer Verantwortung und streben doch nach höheren Posten und noch mehr Verantwortung. Wenn wir unsere Aufgaben kompetent und ohne Streß erledigen können, erklären wir, daß unsere Position uns nichts mehr gibt, und verlangen nach Beförderung auf eine Stufe, wo uns Ärger, Enttäuschung und möglicherweise Unfähigkeit erwarten. Viele Menschen finden, daß ein so irrationales Verhalten nach einer rationalen Erklärung verlangt.

Wir haben einen hohen materiellen Lebensstandard erreicht und besitzen von den meisten Dingen mehr als genug. Wir geben einen Haufen Geld für unsere Unterhaltung aus und wahre Vermögen für Gesundheit, Schönheit und arbeitssparende Geräte. Die Kosten für das Gesundheitswesen sind astronomisch. Angesichts dieser Situation sollte man meinen, daß wir glücklich, gesund und zufrieden wären.

> *»Bedenkt man, unter welch unsicheren Bedingungen der größte Teil der Menschheit früher leben mußte, unter welcher Not, Bedürftigkeit und Knappheit er zu leiden hatte, welche Ängste er ausstand, um auch nur seine dringendsten Bedürfnisse zu befriedigen, so muß man für diese neue Quantitätsbesessenheit Verständnis haben.«*
>
> LEWIS MUMFORD

Wir glauben, wenn wenig gut ist, ist mehr besser. Doch wenn man eine Uhr hat, weiß man, wie spät es ist, mit einer zweiten weiß man keinen Deut mehr. Wir glauben, wir könnten unseren Problemen, dem Frust und dem Gefühl der Vergeblichkeit durch Beförderung oder Aufstieg in höhere Positionen entrinnen. Doch eine Beförderung heißt unter Umständen nur, daß wir unsere Befehle in Zukunft von einer besseren Kategorie von Vorgesetzten entgegennehmen. Wir glauben, daß mehr besser sei und daß es oben besser sei. Wir glauben, daß wir mit mehr Autorität mehr zustande bringen würden. Wir glauben, daß mehr Besitz, ein größeres Haus oder ein Zweithaus, ein neues Auto, ein neuer Fernsehapparat, ein Segelboot oder eine Yacht unser Leben verändern würden. Wir glauben, daß Geld und Status die Erfüllung bringen. Wir glauben, daß der Aufstieg zu unserer Stufe der Unfähigkeit das Höchste ist. Wir glauben, wir müssen arbeiten, uns abstrampeln und die Erfolgsleiter hochklettern. Wovon soll man sonst seinen Herzinfarkt bezahlen?

> *»Ringel, Rangel, Rosen,*
> *Koronarthrombosen,*
> *Herzanfall auf Herzanfall,*
> *alle tun den großen Fall.«*
> A. BARD

Dieses Glaubensbekenntnis ist so alt wie Luzifer und der Fall der Engel.

> *»Und ihm träumte,*
> *und siehe, eine Leiter stand auf Erden, und die rührte mit der Spitze an den Himmel, und siehe, die Engel Gottes steigen darauf auf und nieder.«*
> 1. MOSE 28,12

Auf den Niedergang des Klassensystems folgte die neue Statushierarchie des Geldes.

> *»Um Erfolg in der Welt zu haben, tun wir alles in unserer Macht Stehende, um erfolgreich zu erscheinen.«*
> LA ROCHEFOUCAULD

Materieller Wohlstand besaß den Vorteil, eindimensional zu sein. Quantität war die einzige Bedingung, so daß man nur mehr haben mußte als die anderen, um einen größeren Status zu besitzen. Als unsere Vorfahren die Gesellschaftsordnung der Neuen Welt schufen, wurde das Geld nicht nur zum einfachsten und bequemsten Statusmaß, sondern bot dem Bürgertum zugleich die Gelegenheit und den Anreiz, in die Gesellschaftspyramide einzudringen und sich Status zu erwerben.

> *»Die materialistische Doktrin Amerikas war eine Triebkraft für individuelle und nationale Stärke.«*

> *»Solange in Amerika der Wettstreit um materielle Vergütungen lebendig war und die Menschen von dem Ehrgeiz getrieben waren, diese Ziele zu erreichen, gab es keine Schwäche durch Wohlleben, sondern Macht durch Produktivität.«*

> *»Der amerikanische Wohlstand begann mit Sparsamkeit und Strenge im privaten Bereich.«*
> RICHARD M. HUBER, *The American Idea of Success*

> *»Profit bemißt sich nach der Zahl der Dollars. Jeder weiß, was ein Dollar ist, und alle sind sich darin einig, daß er eine gute Sache ist. Sein besonderer Zauber ist, daß er sich zählen läßt. Er ist eindeutig. Er ist einfach. Jeder versteht und schätzt ihn. Darüber gibt es keinen Zweifel. Der Amerikaner liebt seinen Dollar, weil er philosophisch so überaus anspruchslos ist – anspruchsloser, glaube ich, als je ein Menschenschlag zuvor. Er kann sich mit keiner Sache anfreunden, die man nicht zählen kann, weil er keinem anderen Maßstab vertraut. Er kann Qualität weder einschätzen noch wertschätzen. So bleibt ihm nur die Quantität.«*
> ROBERT MAYNARD HUTCHINS

Das neue Wertsystem setzt Erfolg mit Geld gleich, so daß der Gelderwerb sowohl der Erfolg selbst als auch das Symbol des Erfolgs ist.

*»Zur moralischen Laschheit, die wir der ausschließ-
lichen Verehrung der hundsföttischen Gottheit Erfolg verdanken, die . . . schmutzige pekuniäre Definition des Wortes Erfolg . . . das ist unsere Natio-
nalkrankheit.«*

WILLIAM JAMES AN H. G. WELLS

Wer Leistungen aufzuweisen hatte, die sich nicht direkt in
Geldwert umrechnen ließen, wurde weit unten in der Statushierarchie eingestuft.

*»Ich habe die Geschichte des Einwanderers erzählt,
der Schiffbruch erlitt, weil er es ablehnte, sich auf
die Bedingungen des American way of life einzulas-
sen — Status zu erwerben durch die Anhäufung von
Geld.«*

HARRY GOLDEN

Selbst die Leute, die schon ihre Stufe der Unfähigkeit erreicht
haben, geben noch keine Ruhe und versuchen, weiter nach
oben zu kommen. Eine Erklärung dafür ist die Freude am
Aufstieg oder am Überflügeln anderer.

*»Und ist die Not der Freunde noch so groß,
Zuerst da denken wir ans eigne Los,
Indessen die Natur — da haben wir's bequem —
Uns richtet alles denkbar angenehm.«*

JONATHAN SWIFT

Nach oben kann man auf zwei Arten kommen. In einem Spiel
gewinnt gewöhnlich der Spieler, der besser als die anderen ist,
manchmal aber auch derjenige, dem es gelingt, seine Konkurrenz physisch oder psychologisch aus dem Konzept zu
bringen. Wie die meisten Dinge ist auch der Erfolg relativ
und kann deshalb den eigenen Verdiensten oder den Fehlern
der anderen zu verdanken sein.

Als Jay Gould, der Wallstreet-Bonze und Multimillionär, von
seinem Pfarrer um einen Anlagetip gebeten wurde, ließ er den
Geistlichen schwören, seinen Ratschlag für sich zu behalten.
Der Pfarrer tat es, und Gould sagte: »Kaufen Sie Missouri Pacific.« Der Kirchenmann tat, wie ihm geheißen, und ein paar
Monate lang gingen die Kurse hinauf. Doch dann fielen sie,
und der Pfarrer war ruiniert. Niedergeschlagen suchte er
Gould auf. »Ich bin Ihrem Rat gefolgt, und nun habe ich alle
meine Ersparnisse verloren.«

»Das tut mir leid«, sagte Gould. »Doch damit Sie Ihren
Glauben nicht verlieren, gebe ich Ihnen vierzigtausend für die
dreißigtausend, die Sie verloren haben.« Gould schrieb einen
Scheck aus, den der Pfarrer widerstrebend entgegennahm.

»Ich muß Ihnen noch etwas gestehen«, sagte der Geistliche.
»Ich habe mein Wort nicht gehalten. Ich habe den Tip an ein
paar Gemeindemitglieder weitergegeben.«

»Das weiß ich doch«, gab Gould heiter zurück. »Um die
ging es mir ja.«

*»Der eitle Wunsch, bekanntzumachen, daß einem
ein Geheimnis anvertraut wurde, ist eines der wichtigsten Motive, es zu verraten.«*

SAMUEL JOHNSON

Das Bestreben, anderen zu imponieren, hat einen derartigen
Suchtcharakter angenommen, daß sich das Image und die Ac-
cessoires des Erfolges größerer Wertschätzung erfreuen als der
Erfolg selbst. Das Auto, das man fährt, die Adresse, die man
hat, die Art, wie man sich kleidet, und die Macht, die man
entfaltet, sind wichtiger für den Status als der Beitrag, den
man für die Gesellschaft leistet. Eine wachsende Zahl von Experten ist mit nichts anderem beschäftigt, als das Erfolgs-
image von irgend jemand anderem aufzupolieren. Unter anderem bringen sie ihren Klienten bei, was für Kleidung man tragen muß, wie man Essen und Wein bestellt und wie man seine
Worte wählt. Die Graduate School of Business der Universität

von Chicago unterweist ihre Studenten in der richtigen Auswahl der Weine, wenn sie mit Kunden essen gehen. In der *New York Times* kam einer der »Weinprofessoren« zu Wort: »Zwar muß mangelnde Kenntnis bei der Auswahl des richtigen Weins den Geschäftsabschluß nicht zum Scheitern bringen, doch die Auswahl des richtigen Weins ist keine schlechte Gelegenheit, den Kunden zu beeindrucken.« Auch andere Business-Schools haben die Weinauswahl inzwischen in ihren Lehrplan aufgenommen.

> *»Die Amerikaner verbringen einen wahrhaft erschreckenden Teil ihrer Zeit damit, andere schlechtzumachen oder sich in der Angst zu verzehren, andere könnten sie schlechtmachen, weil sie das falsche Wort benutzt haben, den falschen Wein bestellt haben, das falsche Buch gelobt, das falsche Restaurant empfohlen oder die falsche griechische Insel besucht haben. Die damit verschwendete Zeit sollten sie lieber für die lohnende Verständigung mit anderen verwenden – entweder über persönliche Probleme oder über lebenswichtige Fragen, die unseren Staat und die Welt betreffen. Am gefährlichsten ist der Snobismus, wenn er entscheidet, daß eine dieser lebenswichtigen Fragen* in *ist, während er andere als* out *klassifiziert, die vielleicht von gleicher oder noch größerer Bedeutung sind.«*
>
> CHARLES PETERS

Am Anfang unserer Artgeschichte entdeckten wir, daß wir uns durch Grunzlaute und Gebärden verständigen konnten, und schon bald darauf begannen wir, uns gegenseitig durch die artistische Vollkommenheit unseres Ausdrucks zu beeindrukken. Mit fortschreitender Kultur ließen sich die verschiedenen hierarchischen Schichten innerhalb einer Gesellschaft nicht nur durch das identifizieren, was sie sagten, sondern auch durch ihre Sprechweise. Parvenüs versuchten, sich die Sprachmuster, den Akzent und den Wortschatz der Klasse anzueignen, in die sie Eingang zu finden hofften. Heute, da die meisten Klassenschranken gefallen sind, hat es den Anschein, als ob die Menschen aller Schichten von ihrem hierarchischen

Trieb zu immer eindrucksvolleren sprachlichen Exzessen gedrängt werden. Dadurch hat die Sprache ihren Wert als Verständigungsmittel weitgehend eingebüßt und ist mehr und mehr zu einer Prestigeleiter geworden. Die Sprachleiter wächst ständig, wobei ein Zustrom von legitimen Wörtern zu beobachten ist, die neue Technologien und Entdeckungen beschreiben, aber auch von völlig nichtkommunikativen Jargonausdrücken, von Schwulst und Amtssprache, alle in dem einzigen Zweck vereint, andere zu beeindrucken.

Jedes Jargonwort beginnt als Wort für Eingeweihte, das einer bestimmten Gruppe, einem bestimmten Berufszweig oder einer bestimmten Kultgemeinschaft vorbehalten ist. Schließlich verliert das Erkennungswort durch den Kontakt der Gruppenmitglieder mit Außenstehenden seine Exklusivität und findet als eine weitere Sprosse auf der nichtkommunikativen Leiter Eingang in die Umgangssprache. Nun wird es höchste Zeit für die exklusive Gruppe, sich für die alte Bedeutung ein neues Wort zuzulegen, und der ganze Vorgang wiederholt sich.

> *»Ich habe nie verstanden, wie es kommt, daß mich, bloß weil ich unverständlich bin, niemand versteht.«*
> Milton Mayer

Ich schreibe, weil ich mich gerne mitteile, und weil ich mich gerne mitteile, ärgert es mich, wenn ein Mitteilungsdrang an meiner Wortwahl scheitert. Genauso ärgert es mich, wenn die Worte anderer ihren Mitteilungszweck verfehlen. Ich bin für eine Sprache, die zusammenhängende Gedanken, sachdienliche Informationen oder verständliche Anweisungen ausdrückt. Ich habe nichts gegen die Verwendung von Slang, von bequemen Klischees oder nachlässiger Grammatik, solange es dem Sprecher oder Schreiber gelingt, sich verständlich zu machen, aber ich habe etwas gegen eine Sprache, die ihren Gegenstand in Dunkelheit hüllt, statt Klarheit zu schaffen. Dieser Wunsch nach Klarheit hindert mich allerdings nicht daran, Doppeldeutigkeiten zu genießen, vor allem wenn klar ist, was der Schreiber meint.

Am Schluß einer Warenhausanzeige hieß es: »Wir können Ihnen Ihr Geld nicht zurückgeben, aber wenn das Produkt nicht alles hält, was wir versprechen, können Sie es behalten.«

The Times (London): »Sein Gesicht war faszinierend, und selbst wenn er nichts angehabt hätte, hätten sich die Leute nach ihm umgedreht.«

In der Studentenzeitung der Wittenberg University fand sich folgende Überschrift: »UNTERSUCHUNG DES SEXUELLEN KLIMAS: DIE VERANTWORTLICHEN STOSSEN AUF ENTSCHEIDENDE PUNKTE.«

Auf einem Schild im Fenster eines texanischen Restaurants: »WIR SUCHEN: MANN ZUM ABWASCH VON GESCHIRR UND ZWEI KELLNERINNEN.«
Überschrift im *State Journal* von Pocatello: »DIE MATRATZEN- FABRIK VON POTACELLO SPIELT EINE WICHTIGE ROLLE FÜR DAS WACHSTUM DER STADT.«

In einem Geschäft in Tulsa, Oklahoma, stand auf einem Hin- weisschild zu lesen: »DAMENTOILETTE AUSSER BETRIEB. BENUTZEN SIE BITTE DAS TREPPENHAUS!«

Eine Überschrift im *Herald* von Glover (New York) verkün- dete: »ORGANIST ZEIGT NEUEN CHORSÄNGERINNEN SEIN PRACHT- STÜCK.«
Ich begann meine Laufbahn als Lehrer in einer Kleinstadt, deren Lokalzeitung ich abonniert hatte. Sie bot eine amüsante Lektüre, weil zahlreiche Druckfehler die ansonsten langweili- gen Artikel mit einem unfreiwilligen humoristischen Anstrich versahen. Wie es zu solchen Druckfehlern kommt, wurde im *Wintness* von Dubuque erklärt:

»In einem normalen Zeitungsartikel stehen zehntausend Buchstaben, wobei es für jeden Buchstaben sieben falsche Plätze gibt, was insgesamt 70 000 Fehlermöglichkeiten und ein paar Millionen Umstellungsmöglichkeiten ergibt. Wenn wir nun überlegen, wie viele Artikel jede Zeitung enthält... Wußten Sie, daß in dem Satz ›To be or not to be‹ durch Um- stellung 759 022 Fehler gemacht werden können?«

Diese Wahrscheinlichkeit und die menschliche Fehlbarkeit machen eine gewisse Anzahl von Fehlern unvermeidlich. Den meisten tüchtigen Persönlichkeiten, die wir aus der Geschichte kennen, unterliefen irgendwelche Versprecher, Dummheiten oder Peinlichkeiten. Umgekehrt sorgt der Zufall dafür, daß auch der Unfähige von Zeit zu Zeit recht hat. Diese nüchterne Überlegung sollte uns davon abhalten, gelegentliche Fehler allzu tragisch zu nehmen.

Euphemismen – Wörter, die beschönigen, was sonst allzu kraß klingen könnte – erleben in den letzten Jahren eine auffällige Hochkonjunktur. Unerwünschte oder kranke Haustiere werden »eingeschläfert«. Beerdigungsunternehmen haben »Schlummerträume« – ein Ausdruck, der seine Unschuld nur so lange bewahrt, bis man versucht, die »Schlummernden« aufzuwecken. Echte Kommunikationsprobleme treten auf, wenn die Sprache dazu benutzt wird, die Wirklichkeit vor denen zu verbergen, die ein Recht hätten, über sie informiert zu werden. Das Aufsichtspersonal im Nationalpark wollte der Öffentlichkeit nicht erklären, daß es die Esel im Grand Canyon tötet, deshalb war immer nur von »direkter Reduzierung« die Rede. In CIA-Dokumenten finden sich Formulierungen wie »extrem nachteiliger Ausgang« als Euphemismen für Mord. Bei der Polizei heißt die Krawallbekämpfung »Konfrontationsmanagement«.

Der amerikanische Rat der Englischlehrer verleiht jährlich seinen Preis für Doppelzüngigkeit an bekannte Persönlichkeiten aus Wirtschaft und Politik für besondere Verdienste beim Täuschen, Hinters-Licht-Führen, Verwirren und Reinlegen der Öffentlichkeit. Diese Anerkennung für Menschen, die sich eine besonders unehrliche, ausweichende, euphemistische, verwirrende oder widersprüchliche Sprache zuschulden kommen lassen, wird seit 1974 jährlich verliehen.

William Lutz von der Rogers University, Vorsitzender des Komitees für Öffentliche Doppelzüngigkeit, gab die Preisträger 1983 bekannt. Der erste Preis ging an Ronald Reagan. In der Laudatio wurden drei seiner Sprachleistungen hervorgehoben: der Beiname »Peacemaker« für die MX-Rakete, seine Erklärung, daß »eine Stimme gegen die MX-Produktion eine Stimme gegen die Rüstungskontrolle der Zukunft« sei, und seine Rede vor der Nationalversammlung von Costa Rica, in der er erklärte: »Jede Nation, die ihre Nachbarn durch die Unterstützung von Guerillakämpfern und Export von Gewalt destabilisiert, hat das Recht auf enge und fruchtbare Beziehungen zu all den Völkern verwirkt, die Frieden und Freiheit wahrhaft lieben.«

Den zweiten Preis erhielt Colonel Frank Horton, Kommandant des Luftwaffenstützpunktes in Grand Forks, North Dakota, weil er die Titan II, die Rakete, die mit den schwersten Atomsprengköpfen bestückt ist, als ein »sehr großes Wiedereintrittssystem mit potentieller Explosivkraft« bezeichnet hatte.

Die Wirtschaftsprüfungsfirma Ernst & Whinney kam auf den dritten Platz, weil sie in dem Bemühen, Steuererleichterungen für einen ihrer Klienten zu erwirken, verschiedene Teile eines Gebäudes höchst phantasievoll umgetauft hatte. Eine Feueralarmanlage erhielt die Bezeichnung »Verbrennungsindikator«, und die fünfzehn Meter hohen Reklameschilder eines Einkaufszentrums wurden als »Erkennungstafeln« ausgewiesen.

Letzter Preisträger wurde das Pentagon für die Umschreibung der Neutronenbombe als »Strahlenverstärkungsgerät«. Der Rat der Lehrer stellte außerdem fest, daß niemand im Verteidigungsministerium den Begriff der »nationalen Sicherheit« definieren konnte.

Im Pentagon wird ein Krieg als »Verteidigungsfall« oder »Polizeiaktion« bezeichnet: Waffen sind »Präzisionsgeräte«; Geschosse sind »kinetische Energieträger mit Durchschlagskraft«; Bombardierung heißt »Luftunterstützung«; der Rückzug wird als »Frontbegradigung« bezeichnet, und die Entlaubungsaktionen in Vietnam nannte man »Beseitigung schädlicher Vegetation«.

Der *Sonoma County Realtor* riet Grundstücksmaklern: »Sagen Sie nicht Anzahlung, sagen Sie Anfangsinvestition. Sagen Sie nicht zweite Hypothek, sagen Sie: ›Vielleicht können wir Ihnen eine Zusatzfinanzierung zusichern.‹ Benutzen Sie nicht das Wort Vertrag, lassen Sie einen Vorschlag oder ein Angebot unterschreiben.«

Nach der Sprachregelung der amerikanischen Finanzbehörde bedeutet: »Einkommensverbesserung« Steuererhöhung, »Verbrauchertarif« meint Steuer, unter »Rückgewinnung von Überschußgewinnen« wird die Besteuerung der Sozialhilfe verstanden. Eine besondere Gruppe kann einen »notwendigen Steueranreiz« erhalten, was für andere schlicht und einfach eine Gesetzeslücke ist.

Montreal, Quebec: Die 450 Mitglieder der Gesellschaft der Beerdigungs- und Einbalsamierungsunternehmen änderten den Namen ihrer Organisation in Gesellschaft der Thanatologen – von dem griechischen Wort Thanatologie, Wissenschaft vom Tode. Die Beerdigungsunternehmer erklärten: »In zwanzig Jahren wird das Wort so geläufig sein wie Schlachter oder Bäcker.«

Bürokraten haben es schwer, das Ergebnis ihrer Arbeit objektiv zu messen. Deshalb produzieren sie einen Wust von Wörtern, um ihren Wert unter Beweis zu stellen und ihre Pfründe zu verteidigen. In der Amtssprache werden Substantive zu Verben gemacht, wodurch anstelle der Wortbedeutung die Aktivität in den Vordergrund rückt: *formalisieren, funktionalisieren, aktivieren, optimieren.*

Der Bürokrat und der gestandene Politiker sprechen beide ihre eigene Sprache, allerdings mit erheblichen Überschneidungen. Deshalb enthält die folgende kleine Stichprobe Wörter aus beiden Sondersprachen. Sie werden feststellen, daß der Wortschatz des Bürokratenchinesisch aus Neuschöpfungen besteht sowie aus bekannten Wörtern, die einfach eine neue Bedeutung erhalten. Ein Beispiel für ein neues Wort ist marginalisieren. Ein Bürokrat, der nicht seine Quote an Aktennotizen erhält, wird »marginalisiert« – das heißt, aus der Kommunikationshierarchie ausgeschlossen. Das verursacht in dem Opfer der Marginalisierung beträchtliche Angst, denn der Vorgang bedeutet, daß »sie« daran denken, ihn zu ersetzen, in einen anderen bürokratischen Apparat zu versetzen oder zu entlassen. Die bürokratische Bedeutung von *akzeptabel* zeigt, wie ein altes Wort eine neue Bedeutung annehmen kann. *Akzeptabel* heißt für einen Bürokraten, daß die richtigen Leute geschützt werden – so zum

Beispiel in der Formulierung »eine akzeptable Zahl von Arbeitslosen«, die bedeutet, daß »unsere« Arbeitsplätze gesichert sind, oder ein »akzeptabler Haushalt«, worunter zu verstehen ist, daß einige Leute empfindliche Einbußen erleiden werden, nicht aber wir.

AGGRESSION: militärischer Ausdruck, der eine feindliche Invasion auf neutralem Gebiet bezeichnet. Der gleiche Vorgang heißt Vordringen, wenn eigene Truppen im Spiel sind.

BRÜDER UND SCHWESTERN: Bürger der DDR.

DRITTER LEBENSABSCHNITT: Sozialarbeiterausdruck für das Alter.

GESUNDSCHRUMPFEN: einen Großteil der Beschäftigten eines Unternehmens entlassen.

HWG: häufig wechselnder Geschlechtsverkehr, Behördenausdruck für Prostitution.

INFORMIERTE KREISE: undichte Stellen in der Regierungsbürokratie.

KONJUNKTURSCHWEMME: Wirtschaftskrise.

KONTROVERS: ein Wort, das Politiker gern in öffentlichen Reden verwenden, um in einer Frage, der sie ablehnend gegenüberstehen und gegen die sie stimmen werden, keine Farbe bekennen zu müssen. Bürokraten bedienen sich des Wortes einfach, um ihre Unentschlossenheit zu rechtfertigen.

LEBENSGEMEINSCHAFT: Behördenausdruck für ein unverheiratetes Paar, das zusammenlebt.

ÖKO: Saloppe Bezeichnung für Umweltschützer und andere Bürgerinitiativen.

OPTIMIEREN: die Komplexität zum Schutze der eigenen Position steigern. Wenn ein Bürokrat sagt: »die Kommunikation optimieren«, meint er einen Sprachgebrauch, der das Problem verschleiert, unter den Teppich kehrt oder gar nicht zur Sprache bringt.

PROBAND: Bezeichnung von Bewährungshelfern für ihre Schützlinge.

QUERULANT: jemand, der Unregelmäßigkeiten aufdeckt.

REIZVERARMUNG: Sozialarbeiterausdruck für Einsamkeit.

UNGENAUIGKEITEN: Lügen.

VERKAUFEN: der Öffentlichkeit eine unpopuläre Entscheidung oder Tatsache schmackhaft machen.

VERTIEFEN: Darlegung einfacher Begriffe in eindrucksvoller akademischer Sprache.

VORAUSPLANEN: planen.

ZEITPUNKT: allgemeiner Ausdruck zur Abwälzung von Verantwortung – etwa in Sätzen wie: »Zum fraglichen Zeitpunkt war mir die Sachlage noch nicht zur Kenntnis gelangt.«

Ein Senatsausschuß für die Streitkräfte bat das Verteidigungsministerium um je ein Exemplar der im Pentagon gebräuchlichen Formulare. Er erhielt 11116 Formulare.

Die oberste Verwaltungs- und Rechnungsbehörde berichtete, daß 25 Prozent der Planungskosten für Bundesstraßen auf Schreibarbeiten zurückzuführen seien.

In den Büros aller amerikanischen Geheimdienste fallen pro Tag hundert Tonnen Papierabfälle an, die der Geheimhaltung unterliegen.

Das Gesetz zur Reduzierung der Schreibarbeiten aus dem Jahre 1980 verlangt, daß auf den unteren Rand aller Regierungsformulare ein Zusatzabsatz gedruckt wird, der die Auflagen ebendieses Gesetzes erläutert.

Der Kongreßabgeordnete Jim Santini (ein Demokrat aus Nevada) hat geschätzt, daß ein Fünftel der Staatsbeamten und Tausende von Rechtsanwälten arbeitslos würden, wenn die Bundesvorschriften und -verordnungen verständlich wären.

Eine Veröffentlichung, die kürzlich vom kalifornischen Ministerium für Verbraucherangelegenheiten herausgegeben wurde, beginnt mit den Worten: »Bei den in diesem Kapitel enthaltenen Regeln und Vorschriften gilt das Präsens für das Präteritum und Futur und das Futur für das Präsens, das Maskulinum für das Femininum und das Femininum für das Maskulinum, der Singular für den Plural und der Plural für den Singular.«

In einer Vorschrift des Komitees für Effekten und Wechsel heißt es: »Wenn irgendein Punkt einer Frage, die Gegenstand dieser Regelung ist, der Information bedarf und diese Frage andere Fragen einschließt, hinsichtlich derer ebenfalls ein Informationsbedürfnis vorliegt, müssen die Informationen, die für diese anderen Punkte erforderlich sind, ebenfalls gegeben werden.«

I. E. Solberg, einem Mitglied des Senats von North Dakota, saß wohl der Schalk im Nacken, als er erklärte: »Das Gebot der Stunde ist offensichtlich, alle konkreten Maßnahmen so lange zurückzustellen, bis wir durch Volksentscheid eine Planungsgruppe zusammengestellt haben, die eine Kommission wählt mit dem Auftrag, eine neue Expertengruppe zu gewinnen, die die Möglichkeit überprüfen müßte, ob sich eine Zusammenstellung aller Ausschüsse anfertigen läßt, die in der Vergangenheit die verschiedenen Untersuchungen erfaßt und katalogisiert haben, durch die ermittelt werden sollte, was aus all den politischen Maßnahmen geworden ist, die dem Rotstift zum Opfer fielen, als irgend jemand anders neue politische Maßnahmen beschloß. Sobald das erledigt ist, können wir uns, wie ich meine, mit all unserer Kraft der vorläufigen Planung einer neuen Studie mit Bundesmitteln zuwenden, in der zu klären wäre, warum nichts sofort getan werden kann.«

Sprache ist Macht. Durch sie erhält man Zugang zu vielen Bereichen, wird aber auch durch sie von vielen Bereichen ausgeschlossen. George Bernard Shaw schrieb: »Jeder Berufsstand ist eine Verschwörung gegen die Laien.« Die Prestigesucht bevorzugt die Machtsprache auf Kosten funktionierender Verständigung. Das Problem der Statussprache liegt darin, daß sie selten vom Leser verstanden wird – und möglicherweise nur sehr ungefähr vom Schreiber –, doch das hält uns nicht davon ab, eine ständig wachsende Hierarchie der Nichtverständigung zu errichten. Beim Aufstieg innerhalb dieser Sprachhierarchie erreichen wir verschiedene Ebenen der Verständigungsfähigkeit. Wenn Wörter ihre Bedeutung verlieren, verlieren sie ihren Wert und mit ihnen die Gedanken, die sie darlegen. Wenn dieser Prozeß fortdauert, werden sich die Bürger eines Tages nicht mehr mit ihren Politikern verständigen können. Die Unterschiede zwischen den sozialen Schichten werden sich vertiefen, und die Entfremdung wird zunehmen. Die Gruppen werden in zunehmende Isolierung geraten, wenn sie sich nicht mehr über die Grenzen ihrer unverständlichen Jargons hinweg verständigen können, und die Menschen werden zu Fremden im eigenen Lande werden.

COROLLARIUM 15: Hoch, höher und Hoppla!

7. Geist der Truppe

Im Erziehungswesen und beim Militär ist das Peter-Prinzip in seiner reinsten Form anzutreffen, weil diese Hierarchien eindeutig festgelegte Rangstufen oder Dienstgrade haben, die die Sprossen der Beförderungsleiter bilden. Der Aufstieg beim Militär geht nach dem alten Sprichwort: »Man muß gehorchen lernen, um befehlen zu können.« Wie kann die Fähigkeit zu führen auf der Fähigkeit zu gehorchen beruhen? Genausogut könnte man behaupten, daß die Fähigkeit zu schwimmen auf der Fähigkeit unterzugehen beruht. Die größten Führer in der Geschichte waren berüchtigt für ihren mangelnden Gehorsam.

Wer gut gehorchen kann, führt die Entscheidungen aus, die andere getroffen haben. Ein Musterbeispiel für Gehorsam liefert Andy Anderson aus Marina, Kalifornien. Als er auf Taiwan stationiert war, testete er seine Offiziere mit folgender Mitteilung: »Das angefügte Rundschreiben wurde irrtümlich in Umlauf gebracht. Die Abteilungsleiter werden gebeten, ihr Zeichen zu streichen und die Streichung durch ihr Zeichen zu bestätigen. Cap. Anderson.« In einem Brief stellte er fest: »Die Abteilungsleiter taten, wie ihnen befohlen, und stellten keine Fragen.«

Gelegentlich erweist sich jemand, der auf unteren Rangstufen oder als Kadett auf der Militärakademie gut gehorchen kann, als guter Führer, wenn er befördert wird, doch häufig erschöpft sich die Fähigkeit dieses Typus im Gehorsam, ganz gleich, wie hoch er in der Hierarchie klettert.

»Ich bin von einer lähmenden Gleichgültigkeit gegenüber unseren Offizieren. Zuviel Körper und zuwenig Gehirn.«

T. E. LAWRENCE

Umgekehrt waren einige der größten Führungspersönlichkeiten in der Geschichte bekannt für ihren Ungehorsam. Wer gut gehorchen kann, besitzt die Fähigkeit, die Befehle anderer auszuführen, während gute Führer die Fähigkeit besitzen, Entscheidungen zu treffen und Befehle zu erteilen.

Feldmarschall Bernard Montgomery war einer der fähigsten alliierten Kommandanten im Zweiten Weltkrieg. Er war ein fürchterlicher Dickkopf, aber als es sehr schlecht um England stand, entschied Winston Churchill, daß man Montgomerys militärische Führungsqualitäten brauche. 1942 wurde Montgomery zum Chef der achten britischen Armee ernannt, die gerade von Generalfeldmarschall Rommel in Nordafrika besiegt worden war. Montgomery erwies sich als außergewöhnliche Führungspersönlichkeit. Er stellte die Kampfmoral der Truppe wieder her, sorgte für eine Überlegenheit an Menschen und Material, zwang Rommel zu einem Rückzug quer durch Nordafrika und schließlich zur Kapitulation in Tunesien.

In einer Folge von Siegen, die ihren Höhepunkt mit der deutschen Kapitulation in Norddeutschland am 4. Mai fanden, folgte Montgomery einer beständigen Politik entschlossenen Handelns. Langsam und zäh rückte er vor und erfreute sich großer Beliebtheit bei seinen Männern. Häufig warf man ihm unüberlegtes Draufgängertum vor, doch er handelte nie, bevor die Situation nicht reif und seine Truppen in geeigneter Verfassung waren. Als er dem Kommando von Dwight D. Eisenhower unterstellt wurde, gab es viele persönliche und politische Reibereien zwischen den beiden. Seine ganze Laufbahn hindurch erwies sich Montgomery als schlechter Gehorcher und großer Führer.

In der Geschichte gibt es genügend Beispiele für den entschlossenen, unabhängigen, mutigen Einzelgänger, der in die Bresche springt, wenn der Führer fällt, der die Verantwortung übernimmt, den Feind zurückschlägt und seine Kameraden in Sicherheit bringt. Menschen, die ein solches Maß von Unabhängigkeit, Initiative und Führungsqualitäten aufweisen, haben mehr Chancen, im Feld befördert zu werden als auf normalem Wege oder in Friedenszeiten.

Das Scheitern fähiger Männer, die auf zu hohe Entscheidungsebenen gelangen, hat eine lange Tradition. 115 v. Chr. wurde Marcus Licinius Crassus geboren und erwies sich im Zusammenwirken mit anderen als ein fähiger Administrator in Wirtschaft, Politik und Militärwesen. Doch 54 v. Chr. führte er als römischer General Tausende von Soldaten in den Tod, als er in einem schlecht vorbereiteten Feldzug gegen die Parther militärischen Ruhm zu ernten hoffte. Er wurde gefangengenommen und hingerichtet, indem man ihm geschmolzenes Gold in die Kehle goß.

Da sich John Frémont als junger Offizier in den Indianerkriegen hervorragend bewährt hatte, wurde er 1861 als Generalmajor in die Nordstaatenarmee eingestellt. Er erlitt gegen die sehr viel kleinere Konföderiertenarmee im Shenandoah Valley eine Reihe von Niederlagen und nahm 1864 seinen Abschied. Er hatte nicht eine einzige Schlacht gewonnen.

Alexei Kuropatkin war ein brillanter russischer Generalstabsoffizier, der bis in den Rang eines Generals aufstieg. 1904, zu Beginn des Russisch-japanischen Krieges, wurde Kuropatkin mit dem Kommando der russischen Armee in der Mandschurei betraut. In dem einen Jahr seiner Armeeführung verlor er jede Schlacht und wurde 1905 von seinem Kommando entbunden.

*»Das Wesen militärischer Unfähigkeit und die Ei-
genschaften, die den fähigen vom unfähigen Befehlshaber unterscheiden, sind sich im Laufe der
Zeit erstaunlich gleich geblieben, obwohl andere
Faktoren, die den Gang der Geschichte prägten, erheblichen Veränderungen unterworfen waren.
Ob gut oder schlecht ausgerüstet, ob Männer be-
fehligend, die mit Speeren oder mit Panzern und
Raketen ausgerüstet sind, ob Engländer, Russen,
Deutsche, Zulus, Amerikaner oder Franzosen, gute
Befehlshaber sind immer aus dem gleichen Holz ge-
schnitzt. Genau wie alle schlechten Befehlshaber
zum gleichen Schlag gehören.«*

NORMAN F. DIXON, *On the Psychology of Military Incompe-
tence*

Welche medizinischen und psychologischen Probleme sich
einstellen, wenn jemand aufgrund seiner Fähigkeit zu gehorchen, befördert wird, hat R. Brown von der psychiatrischen
Abteilung des National Defense Medical Centre in Ottawa in
einem Artikel berichtet, der den Titel trägt »The Obsessive
Compulsive Personality in the Canadian Forces« (erschienen
in: *Medical Services Journal, Canada*, Bd. XX, Nr. 11). Seine Befunde gelten nicht nur für die militärische Hierarchie. Einige
besonders auffällige Eigenschaften des zwangsneurotischen
Persönlichkeitstyps – der sich eben durch Gehorsam auszeichnet – sind Gewissenhaftigkeit, Ordnungsliebe, Zuverlässigkeit, Disziplin, Ausdauer, Pünktlichkeit, Genauigkeit, Ab-
hängigkeit und Zurückhaltung. Personen mit leichten zwangsneurotischen Zügen fühlen sich am wohlsten in einer Welt,
die von Befehlen geregelt ist, und sind meist in den höheren
Rängen der Beamtenhierarchie anzutreffen. Brown erläutert:
»Viele Zwangsneurotiker erleben vorübergehende Zusammen-
brüche, wenn sie die Beförderungsleiter zu hoch hinaufklet-
tern oder wenn sie mit ungewohnten Aufgaben betraut werden.« Diese Situation wird als »Beförderungsneurose« bezeichnet.

»Der englische Soldat nimmt es mit jedem auf, nur mit dem englischen Heeresministerium nicht.«

<small>GEORGE BERNARD SHAW</small>

In einem kalten Krieg beschließt ein Staat freiwillig, einen anderen Staat als Gegner zu betrachten und mit dessen militärischer Stärke Schritt zu halten oder sie sogar zu übertreffen. Kalter Krieg heißt, daß man diesem Gegner einen Teil der zur Verfügung stehenden Rohstoffe, der industriellen Kapazitäten und Arbeitskräfte opfert. Solche Dinge werden dem Gegner geopfert, wenn man sie anderer Zweckbestimmung vorenthält, ob man sie nun lagert oder bereithält. In der gegenwärtigen militärischen Konkurrenzsituation zwischen den Vereinigten Staaten und der Sowjetunion hat es den Anschein, als ob jede Seite es darauf anlege, die andere in den wirtschaftlichen Ruin zu treiben. Der Sieger in diesem ohne Schießen ausgetragenen Konflikt ist derjenige, der die Wirtschaft seines Gegners kaputtmacht, wobei er aber auch eine fürchterliche Schwächung der eigenen Wirtschaft in Kauf nimmt – eine Pattsituation.

In einem heißen Krieg opfert man die eigenen Energiequellen, um die des Gegners zu zerstören. In früheren Zeiten, als Menschen und Land die wichtigsten Aktivposten der Staaten waren, zahlten sich Kriege noch aus. Besiegte Armeen wanderten in die Sklaverei, und ihre Gebiete wurden besetzt. Heute sind die wirtschaftlichen Ressourcen der Sieger in der Regel erschöpft, während die Verlierer ein Wirtschaftswunder erleben.

> COROLLARIUM 16: Je höher man steigt, desto tiefer fällt man.

Unter den gegenwärtigen Verhältnissen wäre das einzig Vernünftige ein funktionierendes internationales Recht. Da keine der führenden Weltmächte sich zu einer solchen Politik verstehen kann, müssen wir militärische Fähigkeiten nach kriegerischen Kriterien beurteilen, auch wenn in unserem atomaren Zeitalter – in der der Overkill der Erdbevölkerung ohne weiteres möglich ist – Sicherheit nicht durch immer höhere Kapazitäten gegenseitiger Vernichtung erreicht werden kann. Im folgenden kurzen Überblick wollen wir uns mit einigen der Menschen, Gelder und Dinge befassen, die in militärischen Aktionen eine Rolle gespielt haben.

>>*Mit Beispielen aus zwei Jahrtausenden hinter uns haben wir keine Entschuldigung, wenn wir schon Kriege führen, sie dann nicht wenigstens gut zu führen.*<<

T. E. LAWRENCE

Menschen

Die Entscheidungen, die von militärischen Führern getroffen wurden, sind von großer Bedeutung für den Erfolg oder Mißerfolg von Kriegen und müssen deshalb einen Schwerpunkt unseres Interesses bilden. Natürlich spielt Kompetenz auf allen Ebenen eine Rolle. Niemand wird die Untauglichkeit des Postens in Frage stellen, der General Stonewall Jackson, als dieser von einer Geländeerkundung in sein konföderiertes Lager zurückkehrte, nicht erkannte und infolgedessen erschoß.

Kaum läßt sich wohl ein eindeutigerer Fall von Unfähigkeit finden als der des R. E. de Bruyeker. Als Spion brach er 1976 in den Nato-Flottenstützpunkt in Agnano bei Neapel ein und entkam mit einigen Geheimdokumenten. Zu seinem Pech hinterließ er allzu deutliche Spuren: Er vergaß seine Reisetasche am Ort des Geschehens, die nicht nur sein Handwerkszeug enthielt – einen Hammer, eine Feile und ein Playboyheft –, sondern auch alles Wissenswerte über seine Person, einschließlich seiner Adresse. Man hatte ihn sehr schnell gefaßt.

Ein besonderes Maß an Untauglichkeit bewies Colonel John Finnis, ein britischer Armeekommandant in Indien. 1857 wurde er von seinen eigenen Leuten getötet, nachdem er ihnen unmittelbar zuvor einen Vortrag über militärischen Ungehorsam gehalten hatte.

»Sollen sie uns nur angreifen . . . Wir sind auf jeden denkbaren Schritt vorbereitet . . . Die englische Armee verfügt über die beste Ausrüstung der Welt.«

General EDMUND IRONSIDE, 1940

»Ihr (der deutsche) Erfolg wäre leicht zu verhindern gewesen, wären da nicht die Schnitzer der Alliierten gewesen, Schnitzer, die größtenteils auf völlig veraltete Vorstellungen zurückgingen.«

LIDDELLHART, 1940

Führungsqualität ist die Fähigkeit, richtige Entscheidungen zu treffen, einen Weg zu zeigen und zu befehlen. Eine falsche Entscheidung kann auf falsche Überlegungen oder falsche Informationen zurückgehen.

Wir werden niemals erfahren, ob Edgar Allan Poes Rausschmiß in West Point ein Beispiel für Kompetenz oder Inkompetenz war, es sei denn, wir gewinnen eines Tages Klarheit über die Motive seines Handelns. 1831 wurden die Kadetten angewiesen, »mit weißen Gürteln, weißen Handschuhen und in Waffen« zur Parade zu erscheinen. Poe wurde »wegen grober Pflichtverletzung« der Kadettenanstalt verwiesen – er war zu der anberaumten Parade mit Ausnahme des weißen Gürtels, der weißen Handschuhe und seines Gewehrs völlig nackt erschienen.

Im Krieg von 1812 erlitt der amerikanische General William Henry Winder trotz vierfacher Überzahl gegenüber den englischen Truppen in der Schlacht von Stony Creek eine Niederlage und geriet in Gefangenschaft. Die Engländer erkannten, daß Winder dank seiner Unfähigkeit ein idealer Gegner war, und tauschten ihn in der Hoffnung aus, daß er den Amerikanern weitere katastrophale Niederlagen einbrocken würde. Winder rechtfertigte das in ihn gesetzte Vertrauen. Als er die Hauptstadt Washington verteidigte, wurde sie geplündert und größtenteils niedergebrannt.

1959 wurde Ugo Mamolo in den Vereinigten Staaten zum Wehrdienst eingezogen. »Ich sprach kaum Englisch«, berichtete der italienische Staatsbürger. »Deshalb steckten sie mich in die Schreibstube.«

Die kommandierenden Offiziere der USA schreiben einmal im Jahr Beurteilungen der ihnen unterstellten Offiziere. Einige Auszüge aus solchen Dokumenten:

»Dieser Offizier ist begabt, aber weiß es gut zu verbergen.« – »Kann einen Satz jederzeit in zwei Absätzen ausdrücken.«
»Ein ruhiger, verschwiegener Offizier. Fleißig, ausdauernd, sorgfältig und sauber. Ich möchte ihn nie in meinem Stab haben.«
»Verfügt über einen scharfen analytischen Verstand und große geistige Fähigkeiten. Empfiehlt sich für den Forschungs- und Entwicklungsbereich. Ihm fehlt es an gesundem Menschenverstand.«

Der Herzog von Medina Sidonia wurde 1558 mit dem Kommando über die spanische Armada betraut. Er schrieb seinem König: »Meine Gesundheit läßt sehr zu wünschen übrig, und aus den wenigen Erfahrungen, die ich auf dem Meer gemacht habe, weiß ich, daß ich sofort seekrank werde. Der Kommandant einer so umfangreichen, lebenswichtigen Expedition muß etwas von Navigation und Seekriegführung verstehen. Mir ist beides völlig fremd. Seien Sie versichert, daß ich, sollten Sie mich doch entsenden, das in mich gesetzte Vertrauen nicht zu rechtfertigen wissen werde.« Philipp II. entsandte ihn trotzdem!

1948 wurde Colonel David Marcus, Angehöriger der israelischen Armee, von seinen eigenen Soldaten getötet, weil sie dachten, er sei ein Araber. Um vor seinem Zelt zu urinieren, hatte er sich ein Bettuch umgeworfen!

Alexander Samsonow war ein farbloser russischer Bürokrat, der zum kommandierenden General der zweiten russischen Armee im Ersten Weltkrieg ernannt wurde. Er war von außergewöhnlicher Unfähigkeit. Vergeblich suchte er die Deutschen, aber die Deutschen suchten und fanden ihn bei Tannenberg, wo sie seine Truppen niedermetzelten. Er war so verzweifelt, daß er den Tod suchte, indem er in die vordersten Linien ritt, aber auch das gelang ihm nicht. Schließlich zahlte sich seine Ausdauer doch noch aus, als er einen Selbstmordversuch erfolgreich abschloß.

1956 befahl ein Sergeant in einem Ausbildungslager des Marine Corps auf Parris Island einem Zug Rekruten, in ein Gewässer hineinzumarschieren, in dem sie nicht mehr stehen konnten. Sechs ertranken, weil sie nicht schwimmen konnten.

Der japanische Leutnant Hiroo Onoda führte den Zweiten Weltkrieg bis zum März 1974. Das Fehlen bewaffneten Widerstands konnte ihn nicht von seinem Entschluß abbringen, das entlegene Eiland der Philippinen zu verteidigen, auf dem er stationiert war. Genausowenig vermochten es die Briefe, die von Flugzeugen abgeworfen wurden und ihn aufforderten, nach Hause zu kommen. Er hielt sie für eine Kriegslist der Amerikaner, die ihn zur Aufgabe bewegen sollte. So setzte er seinen Krieg fort, kam gelegentlich aus dem Dschungel heraus und gab einen Warnschuß im Namen seines Kaisers ab. Als er 1974 gefunden und nach Japan zurückgebracht wurde, brauchte man sechs Monate, um ihn davon zu überzeugen, daß der Krieg vorüber war.

Antonio López de Santa Anna richtete sein ganzes Leben nach seinem großen Vorbild Napoleon aus und hielt sich für einen großen Strategen. Obwohl er Napoleons Haartracht imitierte und sich das Haar in die Stirn kämmte, gelang es ihm nicht, wie Napoleon auszusehen, denn Napoleon war klein und dick gewesen, während Antonio groß und dürr war. Außerdem hatte Santa Anna nur noch ein Bein. Das andere hatte er von einem Spezial-Begräbnisunternehmen auf dem Friedhof von Santa Paula beisetzen lassen, nachdem er es 1838 auf dem Feld der Ehre in Frankreich eingebüßt hatte.

Trotz seiner Verehrung für Napoleon gingen ihm dessen strategische Fähigkeiten ab. In der Absicht, den Feind zu verwirren, ließ er seine Truppen feindliche Uniformen anziehen und unternahm einen Überraschungsangriff. Das Ergebnis war eine totale Verwirrung und ein völliger Mißerfolg.

Der Höhepunkt seiner militärischen Laufbahn war die zwölftägige Belagerung der ehemaligen Franziskanermission Alamo in San Antonio – vom 23. Februar bis zum 6. März 1836. Mit seinen viertausend mexikanischen Soldaten machte Santa Anna die knapp zweihundert texanischen Freiwilligen, die Alamo verteidigten, bis auf den letzten Mann nieder.

Sam Houston, der Kommandant der Armee, schürte die Wut seiner Männer mit dem Ruf: »Denkt an Alamo!« Mit sträflichem Leichtsinn schlug Santa Anna am 20. April 1836 sein Lager an dem Fluß San Jacinto auf, in dessen Nähe sich die Texaner, wie bekannt war, verbargen, und befahl seinen Männern, sich zur Ruhe zu begeben. In der Frühe des nächsten Morgens wurde seine Armee in achtzehn Minuten vernichtet. Als Santa Anna vom Kampfeslärm aus dem Schlaf geschreckt wurde, rief er: »Der Feind ist da!«, warf sich auf sein Pferd und galoppierte von dannen. In dem Mexikanischen Krieg von 1846 bis 1848 verlor er jede Schlacht, die er schlug.

In der Regierungszeit von Kennedy sollte ein Evakuierungsplan für den Fall eines Atomkriegs ausgearbeitet werden. Ohne Wissen Kennedys wurden zwei Pläne erstellt. Der eine räumte den Pentagongenerälen die Befehlsgewalt ein und wurde dem Generalstab gezeigt, der andere überließ der zivilen Führung die Verantwortung und wurde dem Kabinett vorgelegt. Da beide Pläne höchster Geheimhaltung unterlagen, wußte keine der beiden Gruppen von dem anderen Plan. Hätte es einen Alarm gegeben, wäre es zu einer schier unvorstellbaren Verwirrung gekommen. Der Mann, der die Pläne aufstellte, setzte seinen Namen in beiden ganz weit nach oben.

Am 25. Oktober 1854 führte James Thomas Brudenell während des Krimkriegs bei Balaklawa einen englischen Kavallerieangriff gegen die Russen. Die Geschichte dessen, was dann geschah, machte Lord Tennyson in seinem Gedicht »The Charge of the Light Brigade« unsterblich. Brudenell, ein streitsüchtiger Leuteschinder, der sich die meisten Beförderungen mit seinem Geld erkauft hatte, machte seine Kavalleristen zur bestgekleideten Truppe der ganzen Armee, indem er große Summen aus eigener Tasche beisteuerte. In Balaklawa erhielt er mißverständliche Befehle, und obwohl ihm ihr Sinn zweifelhaft erschien, führte er sie aus, indem er seinen Angriff in die falsche Richtung und gegen die falschen Einheiten führte. Seine Abteilung bekam es nicht mit einer geschwächten Flanke zu tun, sondern mit dem stärksten Abschnitt der feindlichen Linien, so daß 268 seiner 670 Soldaten von der russischen Artillerie niedergemäht wurden. Brudenell wurde leicht verwundet und verließ das Schlachtfeld, während seine Männer noch weiterkämpften. Die aussichtslose Tapferkeit des Angriffs nahm die Phantasie der englischen Öffentlichkeit gefangen, und er war der Held des Tages bei seiner Rückkehr nach England.

> *»In einer Situation, in der die Folgen einer falschen Entscheidung so grauenhaft sind, in der ein leichter Anflug von Irrationalität eine ganze Kette traumatischer Ereignisse auslösen kann, können wir uns meiner Meinung nach nicht damit zufrieden geben, daß die meisten Menschen sich die meiste Zeit über rational verhalten.«*
>
> C. E. Osgood

Eine sechs Mann starke Einheit wurde nach Brownsville in Texas geflogen zu einer geheimen Übung. Mit Maschinengewehren ausgerüstet, sollte die Gruppe in die Stadt hinein- und wieder herausgelangen, ohne gesehen zu werden. Doch die Einheit verlief sich und mußte schließlich einen Farmer um Hilfe bitten. Der Farmer rief den Sheriff an, der sich bereit erklärte, die Soldaten in die Stadt fahren zu lassen. Der Funkspruch, mit dem die Polizisten zur Farm geschickt wurden, wurde von dem Brownsviller Reporter Don Arnwine abgehört, der der Sache nachging. Arnwine schoß Fotos von der Einheit, als sie aus den Polizeiautos kletterte. Ein Polizist wollte den Film aus »nationalen Sicherheitsgründen« konfiszieren. Trotz seiner Drohungen machte die abgebrochene »Geheimaktion« Schlagzeilen in Brownsville und in den amerikanischen Pressediensten.

»Gegenwärtig ist das Verhalten zwischen Reserve und aktiven Streitkräften größer als fünf zu eins ... Augenblicklich weisen unsere Streitkräfte mehr Admiräle und Generäle, Captains und Colonels auf als auf dem Höhepunkt des Zweiten Weltkriegs, als wir mehr als 12 Millionen Männer unter Waffen hatten. Auf jeden einfachen Soldaten kommt ein Offizier oder Unteroffizier!«

HERBERT SCOVILL JR., ehemaliger stellvertretender Direktor des CIA

»Die Armee hat gegenwärtig mehr Oberstleutnants in der Personalverwaltung (903) als im aktiven Infanteriedienst (838). Und doppelt so viele in der Materialverwaltung (1148) wie in der Artillerie (547).«

Washington Monthly

T. K. Jones, stellvertretender Staatssekretär im Verteidigungsministerium und zuständig für strategische und taktische Atomstreitkräfte, hat zur Situation der amerikanischen Bevölkerung in einem Atomkrieg erklärt: »Jeder muß ein Loch graben, zwei Türen daraulegen und einen knappen Meter Erde und Sand darüber werfen ... Sand und Erde sind entscheidend ... Wenn es genügend Schaufeln gibt, kann es jeder schaffen.«

»Der Krieg ist viel zu ernst, um ihn den Militärs zu überlassen.«

TALLEYRAND

Die Than-Hoa-Brücke, hundertfünfzig Kilometer südlich von Hanoi, war während des Vietnamkriegs ein Schlüsselziel der amerikanischen Luftwaffe. Die Bombardierung wurde befohlen, als die Luftwaffenoffiziere zu dem Schluß kamen, die Brücke liege auf einer Hauptnachschublinie Nordvietnams. Die Nordvietnamesen behaupteten, sie hätten mehr als hundert Flugzeuge bei dem Versuch abgeschossen, die Brücke zu bombardieren, doch im Mai 1972 wurde sie endlich zerstört. Seit Jahren brachten die Nordvietnamesen indessen ihren Nachschub über eine Furt ungefähr acht Kilometer flußabwärts.

»Seit der Landung in Intschön, Korea, ist kein amerikanisches Militärunternehmen mehr von Erfolg gekrönt gewesen. Unsere militärischen Leistungen seit 1950 lassen den Schluß zu, daß wir kein Verhältnis mehr zur Kunst der Kriegführung haben. Auf Intschön folgte die Schlappe der amerikanischen Streitkräfte am Jalu, auf Jalu das Fiasko in der Schweinebucht, auf die Schweinebucht das Desaster in Indochina, auf Indochina der verpatzte Sturm auf Son Toy, um die amerikanischen Kriegsgefangenen herauszuholen, die man in Nordvietnam eingesperrt wähnte, auf Son Toy der Reinfall in der iranischen Wüste.«

JEFFERY RECORD

General Andrew J. Goodpaster von der Militärhochschule The Citadel in Charleston, South Carolina, führt die immer schlechter werdende Qualifikation der Armeeangehörigen auf Vietnam und die »falschen Berichte über Ausrüstung und Moral zurück«. Zwar mag das Problem etwas komplizierter liegen, doch fest steht, daß viele öffentliche Verlautbarungen stark von den Tatsachen abwichen.

»Es ist das selbstverständliche Recht der Regierung, im eigenen Interesse zu lügen.«

ARTHUR D. SYLVESTER, Staatssekretär im Verteidigungsministerium, am 6. Dezember 1962

»Weihnachten ist alles vorbei.«

PAUL D. HARKINS im April 1963

»Wir haben nicht die Absicht, unsere Jungs fünfzehn- oder sechzehntausend Kilometer um die halbe Welt zu schicken, um dort zu erledigen, was die asiatischen Jungen selbst tun sollten.«

Präsident LYNDON B. JOHNSON, am 21. Oktober 1964

»Über kurz oder lang wird der Vietkong ausbluten.«

General MAXWELL D. TAYLOR, am 27. Oktober 1965

»Ende 1967 werden wir das Licht am Ende des Tunnels sehen, und jeder wird spüren, daß sich die Dinge zum Besseren wenden.«

HENRY CABOT LODGE, US-Botschafter in Südvietnam, am 16. Dezember 1966

»Hanoi hat seine fast totale Niederlage eingestanden ... Jeder, der über ein bißchen praktischen Menschenverstand verfügt, kann erkennen ... daß Hanoi eine solche Niederlage eingestanden hat ... Die vielen amerikanischen Politiker und Politologen, die endlos verkündet haben ... für uns sei kein ehrenhafter Abschluß dieses Krieges mehr möglich ... werden nun ein ziemlich dummes Gesicht machen.«

JOSEPH ALSOP, am 1. November 1972

Geld

Jede Minute werden auf der Erde eine Million Dollar für die Rüstung ausgegeben, mehr als die Hälfte davon von den Vereinigten Staaten und der Sowjetunion. Schon heute verfügen die beiden Supermächte über Kernwaffen mit einer Sprengkraft von 32 Billionen Pfund TNT, genug, um jeden Mann, jede Frau und jedes Kind auf der Erde mit 4 Tonnen zu belegen, genug für 800 000 Bomben von der Größe der Hiroshimabombe.

Die Rüstungsausgaben eskalieren weiter und sind die wichtigste Ursache der Inflation. Die Rüstung entzieht die natürlichen, technologischen, industriellen und menschlichen Ressourcen der allgemeinen Nutzung und führt sie in immer höherem Maße einem nicht-produktiven, aufwendigen und letztlich zerstörerischen Verwendungszweck zu. So wird der reale Wohlstand der Welt aufgezehrt, wie sich am ständig sinkenden Wert der Währung zeigt.

In Amerika wird mehr als ein Viertel der wissenschaftlichen und technischen Talente für Verteidigungsanstrengungen eingespannt. Das hat die Fähigkeit der Vereinigten Staaten verringert, mit Japan und anderen Industrienationen auf Konsumgütermärkten zu konkurrieren, die nicht der Waffentechnologie vorbehalten sind. Die besten Universitätsabsolventen Japans gehen in die Industrie, um die Qualität von Kameras, Fernsehapparaten, Computern und Autos zu verbessern. Sie stellen ihre Begabung und ihren Sachverstand in den Dienst der Konsumgüterindustrie.

Die Eskalation der amerikanischen Verteidigungsausgaben führt zu Haushaltsdefiziten, malt das Gespenst der Rezession an die Wand und schränkt unsere Konkurrenzfähigkeit auf internationalen Märkten weiter ein.

Das Pentagon ist der größte Käufer von Waren und Dienstleistungen in den USA. Dank seiner Größe und seiner enormen Haushaltsmittel kann es Kongreßabgeordnete und andere Politiker unter Druck setzen. Sie stimmen für die Militärausgaben, weil ihr politisches Überleben davon abhängt. Unter diesen Umständen können die verfassungsmäßigen Kontrollen der amerikanischen Regierung natürlich nicht greifen.

Die von der amerikanischen Regierung für die nächsten fünf Jahre ins Auge gefaßten Rüstungskosten von 1,6 Billionen Dollar ergeben pro Privathaushalt einen Anteil von 20 000 Dollar, der tatsächlich noch höher liegen wird. Das Überschreiten von Finanzplänen ist gute militärische Tradition, deren Ursachen in der Politik, in veränderten Herstellerpreisen und in der Unfähigkeit der Beteiligten zu suchen sind.

Verteidigungskosten werden grundsätzlich zu niedrig angesetzt, damit sie ihren parlamentarischen Segen erhalten, denn man weiß, daß Mehrkosten fast automatisch gebilligt werden, wenn der Haushalt erst einmal verabschiedet worden ist. Herstellerfirmen, die für das Verteidigungsministerium arbeiten, machen stets extrem niedrige Angebote, weil sie davon ausgehen, daß die Regierung, wenn sie den Auftrag erteilt hat, die Vertragsfirmen nur ungern auf ihren Kostenvoranschlag festnagelt und die Verzögerung durch die Suche nach neuen Lieferfirmen in Kauf nimmt. Die Lieferfirma Pratt & Whitney veranschlagte die Kosten für ein bestimmtes Maschinenteil auf 16 Dollar. Später »korrigierten« sie den Preis auf 3033,82 Dollar.

Wie teuer Unfähigkeit ist, läßt sich auf jeder Stufe der Hierarchie erkennen. Das Pentagon räumt ein, daß ihm bei der Berechnung der Kosten für vierundvierzig neue Waffensysteme ein Fehler von 114,5 Milliarden Dollar unterlaufen ist.

In einem separaten Speisezimmer des Pentagons essen 126 Admiräle zu Mittag. Die Kosten pro Essen belaufen sich auf 31 Dollar, und jedes Essen wird mit 26,98 Dollar aus Steuermitteln subventioniert.

Die Armee tadelte ihren Rechnungsprüfer und einen anderen General wegen nachlässiger Buchführung, durch die 165 Millionen Dollar mehr ausgegeben wurden, als der Kongreß bewilligt hatte. Zwar ging es nur um die fehlende Registrierung von Verkäufen und Lieferungen militärischen Geräts ins Ausland, aber es blieben beträchtliche Steuereinbußen. Die Armee erklärte, sie habe ihren beiden Generälen einen brieflichen Verweis erteilt.

In einer sechsmonatigen Untersuchung wurden vom Büro des Generalinspekteurs die Kosten von ungefähr fünfzehntausend verschiedenen militärischen Ersatzteilen überprüft. Dabei stellte sich heraus, daß die Kosten für zwei Drittel der Posten zwischen 1980 und 1982 um fünfzig Prozent gestiegen waren, für viertausend Posten gar um mehr als 500 Prozent.

In einer kürzlich durchgeführten Luftwaffenstudie über die Preisexplosion bei den Ersatzteilen kam man zu dem Schluß, daß die Bestandsliste bald um vier Milliarden Dollar hinter der aktuellen Preisentwicklung zurückbleiben werde.

Nach einem häufig von der Marine und der Luftwaffe verwendeten Normvertrag sind zwischen Bestell- und Lieferdatum eines Ersatzteils Preiserhöhungen zulässig. So wurde beispielsweise eine Rohrverbindung, die man für 117,26 Dollar bestellte, von Pratt & Whitney schließlich für 1308,08 Dollar geliefert, was eine Kostensteigerung von 1016 Prozent bedeutet.

Im Bericht des Generalinspekteurs wird erklärt, daß in vielen Fällen die Lieferfirma nicht die Herstellerfirma ist. Weiter heißt es: »Der Endpreis enthält Pauschalaufschläge und andere kostentreibende Faktoren, die man sich ersparen könnte, wenn man direkt beim Hersteller kaufen würde.« Diese Aufschläge sind für einen Großteil der 1,8 Milliarden Dollar verantwortlich, die 1981 für Ersatzteile ausgegeben wurden. Ein Bolzen, der im Einzelhandel für 67 Cents verkauft wird, kostet das Militär 17,59 Dollar, und ein Stecker für 2,83 Dollar kostet 57,52 Dollar.

Hunderttausende von ehemaligen Militärangehörigen beziehen Pensionen, während sie gleichzeitig in anderen Berufen tätig sind. Nach zwanzig Jahren Militärdienst steht dem ehemaligen Armeeangehörigen eine Pension von 50 Prozent seines letzten Solds zu. Die steigenden Lebenskosten eingerechnet, erwartet man für das Jahr 2000 jährliche Pensionskosten von 28 Milliarden Dollar.

Vor drei Jahrzehnten wurden zwei militärische Kommissionen gegründet, um die Amerikaner vor den Nazis zu beschützen. Die Kommissionen, mit einem gemeinsamen Haushalt von 30 000 Dollar pro Jahr, kommen noch immer regelmäßig zusammen. Oberstleutnant John Child erklärt, daß das Geld für Gehälter und Veranstaltungen aufgewendet wird: »Wir haben keine formellen Sitzungen mehr. Die Kommissionsmitglieder treffen sich zu geselligen Veranstaltungen.«

Eine Revision der Beratungsausgaben des Verteidigungsministeriums in Höhe von vier Milliarden Dollar durch das allgemeine Rechnungsbüro ergab, daß mehr als fünfzig Prozent an ehemalige Mitarbeiter des Verteidigungsministeriums gezahlt wurden. Vierzig Prozent der Beratungsverträge waren unaufgefordert zustande gekommen.

Darius King, ein Teilnehmer des Krieges von 1812, wurde 1813 aus der Armee entlassen. 1869, Anfang siebzig, nahm er eine neunzehnjährige Braut. Er starb achtzehn Jahre nach seiner Hochzeit. Mrs. King bezog von der Armee ihre Witwenpension, bis sie 1938 im Alter von neunundachtzig Jahren starb. Darius King hatte vierundfünfzig Tage in der Armee gedient, seine Pension jedoch wurde 124 Jahre gezahlt.

Der ehemalige Abgeordnete Otis Pike aus New York brachte einen kleinen Stahlstab in den Sitzungssaal des Repräsentantenhauses mit. »Im Herstellerkatalog«, erklärte Pike, »wird dieser Stab als ›Präzisionsstiel‹ ausgewiesen. Dieses Mal, so scheint es, bekommen die amerikanischen Steuerzahler einen reellen Gegenwert für ihr Geld.« Daraufhin erklärte er, daß der 50-Cent-Stab in seiner Hand den Steuerzahler 25,55 Dollar koste.

Eine alte Redensart lautet: »Es gibt drei Arten, eine Sache zu machen – die richtige Art, die falsche Art und die militärische Art.« Armee, Marine und Luftwaffe können noch immer nicht so verfahren, wie es alle Welt sonst tut. Sie können nicht hingehen und irgend etwas kaufen, was sie brauchen, auch wenn es zum normalen Angebot des örtlichen Supermarktes oder Eisenwarengeschäfts gehört. Zuerst müssen komplizierte »militärische Bedarfsbeschreibungen« angefertigt werden. Vierundzwanzig Seiten sind erforderlich für T-Shirts, fünfzehn Seiten für Kaugummi und siebzehn für Worcestershire-Soße. Die Beschreibungen für einen interdentalen Holzstimulator (Zahnstocher), eine Schraubenmutter oder einen Bolzen und die erforderlichen Codenummern werden als ein Grund für den hohen Preis genannt. Das Magazin *Time* berichtete:

> **Der Ingenieur Ralph Applegate wurde vor sechs Jahren vom Verteidigungsministerium entlassen, weil er enthüllte, daß das Ministerium 1130 Dollar für einen Kolbenring zahlte, den der zivile Käufer für ganze 100 Dollar bekam. Noch immer sucht man nach einer Erklärung dafür, daß die Marine für eine Couch in der Offiziersmesse eines Zerstörers 18 000 Dollar ausgegeben hat. Auf die Frage, durch welche Besonderheiten die Couch so teuer sei, erwiderte ein Admiral, die Offiziere würden sie ›lange benutzen‹.«**

Die Luftwaffe mußte einundsiebzig Aluminiumleitern von drei Meter Länge kaufen, mit deren Hilfe die Piloten in das A-10-Flugzeug klettern sollten. Das Stück kostete 1676 Dollar.

In den meisten Metallwarengeschäften kostet eine Leiter dieser Art weniger als 100 Dollar.

Steward Storm, ein ehemaliger Marineoffizier, der jetzt für die Regierung in Washington arbeitet, untersuchte die enormen Preisunterschiede für ganz normale Waren im militärischen und im zivilen Sektor. Er stellte fest, daß der militärische Benutzer eines Produkts gewöhnlich keine Vorstellung von seinen Kosten hat, weil Käufer und Benutzer in verschiedenen Abteilungen sitzen. Dank dieser Situation konnte beispielsweise die Sperry Corporation der Navy 110 Dollar für eine Diode abknöpfen, die man im Großhandel für vier Cent bekommt. Zum Beispiel ging Storm in ein Radiogeschäft und kaufte eine Zehnerpackung der 110-Dollar-Dioden für 99 Cent.

Die Marine wollte 1366 neue F/A-18-Hornet-Flugzeuge für insgesamt 41 Milliarden Dollar oder 30 Millionen Dollar pro Stück bestellen – für das Dreifache des ursprünglich veranschlagten Preises. In Testflügen verbrauchte die Maschine ihren Brennstoff so rasch, daß man von einem Aktionsradius von höchstens 600 Kilometern ausgehen kann. Die Flugzeugträger müßten also näher an feindliche Küsten heran, als wünschenswert ist. Andere Tests haben neben weiteren Unzulänglichkeiten gezeigt, daß das Luft-Boden-Radar »sehr ungenau« ist. Die Marine erwägt nun, ihren Auftrag zu stornieren – was die Kosten des einzelnen Flugzeugs noch weiter in die Höhe treiben würde – und anstelle der abgelehnten Hornets die noch teureren Tomcats zu einem Stückpreis von 44,3 Millionen Dollar zu kaufen.

1952 die Sowjetunion gibt 34 Milliarden Dollar für die Rüstung aus,
      Amerika 43 Milliarden Dollar
1960 die Sowjetunion gibt 33 Milliarden aus
      Amerika 45 Milliarden
1965 die Sowjetunion 45 Milliarden
      Amerika 52 Milliarden
1970 die Sowjetunion 63 Milliarden
      Amerika 78 Milliarden

1980 die Sowjetunion erhöht den Einsatz auf über 100 Milliarden
Amerika bemerkt das und geht mit 126 Milliarden darüber.

Präsident Reagan beantragte im Kongreß für 1984 einen Verteidigungshaushalt von 274 Milliarden Dollar und schlug einen Fünfjahresplan vor, der Militärausgaben in Höhe von 2 Billionen Dollar vorsieht.

> **»Den Rüstungswettlauf mit den Sowjets können wir nur gewinnen, wenn sie zuerst pleite gehen.«**
> ART BUCHWALD

Sachen

Auch Waffen und anderes militärisches Gerät zeigen die Tendenz, Stufen der Unfähigkeit zu erreichen. Es wird berichtet, daß 1628 das größte Kriegsschiff seiner Zeit, die *Wasa*, in Schweden vom Stapel lief. Nicht nur am größten war sie, sie war auch am besten bestückt: vierundsechzig Kanonen auf zwei Decks. Gleich nach dem Stapellauf ist sie infolge Topplastigkeit gesunken.

1870 gewann Deutschland die Sedanschlacht gegen die Franzosen dank der Überlegenheit seiner Stahlrohrgeschütze, die von Alfred Krupp hergestellt worden waren. Die Franzosen verwendeten Bronzekanonen. Vor dem Krieg hatte sich Krupp häufig um Aufträge der französischen Armee bemüht. Auf alle seine Briefe setzten die zuständigen französischen Offiziere den Vermerk »ohne Belang«.

Ein spektakulärer englischer Beitrag zur Waffenunfähigkeit war im Zweiten Weltkrieg die Handgranate Nr. 74 (ST), die den Spitznamen »sticky bomb«, Klebebombe, trug. Sie hatte drei charakteristische Eigenschaften: 1. einen Haftüberzug, dank dessen sie an einem feindlichen Panzer klebenbleiben konnte – leider aber auch an der Hand des Werfers. 2. Ihr Gewicht von viereinhalb Pfund machte es für den Soldaten außerordentlich schwer, sie so weit zu werfen, daß seine eigene Sicherheit gewährleistet war. 3. Die Sicherheitsfrist von fünf Sekunden reichte – auch wenn der seltene Fall eintrat, daß die Granate den Panzer traf und an ihm haftenblieb – für den Soldaten kaum aus, um in Deckung zu gehen.

Der Gouverneur des Staates Utah, Scott M. Matheson, protestierte gegen die Lagerung von Nervengas – in einer Menge, die ausreicht, um die Weltbevölkerung zweiundvierzigmal umzubringen – im Tooele Armeedepot, nur fünfundvierzig Kilometer von Salt Lake City entfernt. Das Gas wird in »Beton-Iglus« an einer erdbebenaktiven geologischen Falte gelagert. 1972 erklärte sich das Verteidigungsministerium bereit, das Gas zu neutralisieren, doch offensichtlich ist bisher nichts geschehen. Man scheint sogar zu planen, weiteres Gas in großen Mengen anzuliefern. Dieses Gas wirkt so vernichtend, daß eine Patrone das Leben auf Tausenden von Quadratkilometern auslöschen kann. Es ist unsichtbar, geruch- und geschmacklos und tötet innerhalb von vierzehn Sekunden. Ein Gegengift ist nicht bekannt.

Der 2,7 Millionen Dollar teure M-1-Panzer hat auf den ersten 6000 Kilometern eine 63prozentige Wahrscheinlichkeit des Motorenschadens. Die Panzerketten halten nur 2000 Kilometer, und das Fahrzeug braucht 1,34 Wartungsstunden je 1 Einsatzstunde. Als dem Chrysler-Unternehmen mitgeteilt wurde, die Armee erwäge, den Auftrag einem anderen Hersteller zu geben, erklärte ein Sprecher des Unternehmens: »Chrysler hat ein technisch vollkommenes und neuartiges Kampfgerät entwickelt.«

General Charles F. Kuyk erklärte gegenüber dem *Wall Street Journal*, daß er mit dem Transportflugzeug C-5A sehr zufrieden sei. Mit einer kleinen Einschränkung: »Nur daß die Tragflächen nach 8000 Flugstunden abfallen, ist ein Problem.«

Im zweiten Weltkrieg gaben die Vereinigten Staaten 2 Millionen Dollar für die Entwicklung von Fledermausbomben aus. Der Plan, ein genialer Einfall des Kieferchirurgen Lytle S. Adams aus Pennsylvania, sah vor, Zeitbomben chirurgisch mit Fledermäusen zu koppeln. Die Fledermäuse sollten von einem Flugzeug über Japan abgeworfen werden. Man nahm an, daß sie unter Dachtraufen Zuflucht suchen, explodieren und die betreffenden Häuser in Brand setzen würden. Im März 1944 sollte die Produktion von einer Million Fledermausbomben in Angriff genommen werden. Der Kommandant der Marinestreitkräfte stoppte das Programm, weil das Verhalten der freigelassenen Fledermäuse »ungewiß« sei.

Die Marine opferte vier Jahre und 375 000 Dollar, um die militärischen Anwendungsmöglichkeiten der Frisbee-Scheibe zu erproben. Die Wissenschaftler des Marineluftkommandos versuchten ein »in die Luft zu schleuderndes Beleuchtungssystem mittels einer gyroskopisch stabilisierten Scheibe« herzustellen. Der Plan mußte fallengelassen werden, als die Marine entdeckte, daß Frisbee-Scheiben nicht immer dorthin fliegen, wohin man sie haben möchte.

Die Armee brauchte einen geländegängigen Lastwagen. Ling-Temco-Vought, eine Vertragsfirma der Raumfahrtbehörde, entwickelte einen Plan, der der Armee zusagte – den Gamma Goat, ein kleines amphibisches Fahrzeug, das an einem Fallschirm vom Flugzeug abgeworfen werden kann.

In der Entwicklungszeit stiegen die Kosten für den Goat von 69 Millionen Dollar auf 439 Millionen Dollar, und das ursprünglich in Jeepgröße geplante Fahrzeug entwickelte sich zu einem 7,5-Tonnen-Ungetüm. Drei Jahre nach dem ursprünglich angesetzten Datum war es fertig. Brigadegeneral Vincent Ellis, für die Materialbeschaffung der Armee zuständig, erklärte, er sei mit dem Ergebnis sehr zufrieden.

Senator William Proxmire, der einem Parlamentsausschuß zur Überprüfung von Kostenüberziehungen vorsitzt, teilte General Ellis unter anderem mit: »Sie haben das Entwicklungsprogramm mit dreijähriger Verspätung abgeschlossen. Sie haben einen Lastwagen, der dreimal so schwer ist wie ursprünglich angenommen, ohne eine höhere Nutzlast befördern zu können, und Sie haben einen Preis, der doppelt so hoch liegt wie der Kostenvoranschlag. Mir scheint, Sie sind sehr leicht zufriedenzustellen.«

Elmer Staats, ein Armeerechnungsprüfer im Generalsrang,

nannte den Gamma Goat ein schönes Beispiel dafür, was passiert, wenn man etwas kauft, ohne eigentlich zu wissen, was man haben möchte.

Im deutsch-französischen Krieg von 1870/71 wurde die neue Waffe – die Mitrailleuse oder das Maschinengewehr – mit solcher Geheimniskrämerei umgeben, daß man noch nicht einmal eine Bedienungsanleitung herausgab.

1917 baute die englische Kriegsmarine eine Anzahl von K-Booten, von denen sie sich den Sieg erhoffte. Die dampfgetriebenen U-Boote bewährten sich nicht halb so gut wie erhofft. Nr. 2 fing bei seiner ersten Tauchfahrt Feuer. Nr. 3 sank mit dem Prinzen von Wales an Bord. Es wurde geborgen, dann aber von Nr. 6 gerammt und versenkt. Nr. 4 lief auf Grund. Nr. 5 sank mit Mann und Maus. Nr. 7 rammte Nr. 17 und wurde verschrottet. Nr. 14 bekam ein Leck, als es noch im Dock lag, wurde später von Nr. 22 gerammt und sank. Bei der Jungfernfahrt rammte Nr. 17 einen Kreuzer und sank. Nr. 22 wurde von einem Begleitschiff gerammt. Das Projekt wurde 1918 aufgegeben.

Auszug aus den Armeevorschriften 135 – 300: »Zeltpflöcke ... sind orangefarben zu streichen. Anhand der leuchtenden Farben lassen sich die Pflöcke leicht ausmachen ... Wenn hell orangefarbene Pflöcke verwendet werden, müssen sie ganz in den Erdboden getrieben werden, so daß sie nicht mehr zu sehen sind.«

Um das Gewicht der supermodernen Radarausrüstungen, Raketenbestückung und computergesteuerten Gefechtszentralen auszugleichen, baute die Kriegsmarine Schiffe mit Aluminiumaufbauten, wodurch gegenüber den herkömmlichen Stahlaufbauten das Gewicht um 5 Prozent und die Kosten um 2 Prozent vermindert werden konnten. Leider brennt Aluminium. 1975 kollidierte der amerikanische Kreuzer *Belknap* mit dem Flugzeugträger *John F. Kennedy*. Die *Belknap* brannte bis auf die Schanzdeckel nieder, und ihre Reparaturarbeiten dauerten mehr als vier Jahre.

Nach einem Bericht des Rechnungshofes hat die Armee die Pershing II-Raketen nur dadurch ins Ziel gebracht, »daß sie die Zielgebiete veränderte, indem sie Aluminiumreflektoren in einem bestimmten geometrischen Muster anbrachte, so daß das Ziel ein klar erkennbares Radarbild erkennen ließ«.

Die Armee will in den nächsten Jahren 13,4 Milliarden Dollar für den Kauf von 6882 Bradley-Kampffahrzeugen ausgeben, obwohl jedes dieser Fahrzeuge durch eine M-42-Granate für 2 Dollar außer Gefecht gesetzt werden kann. Der Aluminiumpanzer verwandelt sich in einen Feuerball, wenn er von einer Rakete getroffen wird.

1970 lehnte die Armee einen ersten Entwurf des Panzers ab, weil er ihr mit einem Stückpreis von 151 000 Dollar zu teuer war. Doch 1977 wurde der Bradley für einen Preis pro Panzer von 338 000 Dollar in Auftrag gegeben. 1982 hatte sich der Stückpreis auf 1,94 Millionen Dollar erhöht.

Der Panzer ist mit einem 500-PS-Dieselmotor ausgerüstet, der mit einem Liter Treibstoff siebenhundert Meter weit kommt. Der Platz des Fahrers ist so angebracht, daß diesem bei einer Rechtskurve die Sicht genommen ist. Als das Fahrzeug 1980 in Fort Knox vorgeführt wurde, erwiesen sich die Schwimmtanks als unzureichend, so daß der Panzer mitten im Ohio River versank. Die Raketenabschußvorrichtung weist eine Ladezeit von zweieinhalb Minuten auf. Der Panzer ist drei Meter hoch, so daß er auf dem Schlachtfeld ein ideales Ziel bietet. Er muß teilweise auseinandergenommen werden, damit er in das Standardtransportflugzeug C-141 hineinpaßt, und er muß vollständig anhalten, um seine Panzerabwehrrakete abfeuern zu können.

1980 hat ein Computerchip von Pfenniggröße Amerika zweimal in höchste nukleare Alarmbereitschaft versetzt. Innerhalb des drei Minuten während en Alarms war bereits ein unbewaffnetes Kommando- und Kontrollflugzeug aufgestiegen, bevor man bemerkte, daß keine Raketen auf Amerika zusteuerten. Die Techniker des Pentagons ersetzten den fehlerhaften Chip im Werte von 46 Cents, der die Fehlinformation aus einem Computer unterhalb der Cheyenne Mountains in Colo-

rado an die Kommandozentralen überall im Lande weitergegeben hatte.

Ein anderer falscher Alarm dauerte ungefähr sechs Minuten, als derselbe Computer die Informationen über einen si-
mulierten Atomangriff in die falschen Kanäle speiste.

*»Die Grundprobleme, vor denen die Welt heute
steht, lassen sich militärisch nicht lösen.«*
JOHN F. KENNEDY

8. Abkürzungen

*»Doch fürchtet Euch nicht vor Größe: Manche wer-
den groß geboren, manche erwerben Größe, und
manchen wird Größe aufgezwungen.«*
WILLIAM SHAKESPEARE

Und manche werden unfähig geboren, manche erwerben Unfähigkeit, und manchen wird Unfähigkeit aufgezwungen. Cal
Luss, der Metallurg bei Akme Blei und Zinn, war sogar schon
unfähig, bevor er geboren wurde, doch das zeigte sich erst bei
seiner Geburt. Mr. und Mrs. Luss hatten sich ein Mädchen
gewünscht. Cals lebenslange Schwierigkeiten im Umgang mit
Menschen begannen damit, daß er seine Eltern nicht zufrie-
denstellen konnte, weil er das falsche Geschlecht hatte.

COROLLARIUM 17: Unfähigkeit kennt keine zeitlichen und
räumlichen Grenzen.

Es lassen sich viele angeborene Defizite denken, die letztlich
zu Unfähigkeit führen. Stu Pidd, der Vorarbeiter bei Akme,
war wahrscheinlich mit einer angeborenen Beschränkung seiner geistigen Fähigkeiten geschlagen, so daß man auch hier
sagen könnte, daß ihm seine Unfähigkeit von Geburt an vor-
herbestimmt war.

»Die Welt der Zukunft wird einen immer anstrengenderen Kampf gegen die Grenzen unserer Intelligenz bringen.«

NORBERT WIENER

Hy Sterik, der begabte Künstler, der seine Stufe der Unfähigkeit als Werbechef bei Akme fand, ist ein typisches Beispiel für die Menschen, die zu ihrer Stufe der Unfähigkeit aufsteigen. Er war ein brillanter Student an der Kunsthochschule, ein begabter freischaffender Künstler und ein fähiger Gebrauchsgraphiker bei der Hartzinn-Stimmgabel GmbH. Nur dank seiner Begabung konnte er als Verwaltungsmann Unfähigkeit erwerben.

»Es ist deutlich zu erkennen, daß die Leistung von heute die Verwirrung von morgen ist.«

WILLIAM DEAN HOWELLS

Jerry Attrick war ein kompetenter Manager bei Akme Gewichte und Senkbleie, als der Vorstand auf Expansionskurs ging. Es war nicht Jerrys Wille, sich mit dem Zinngabelgeschäft zu belasten und sich damit eine Aufgabe aufzuhalsen, an der er scheiterte. So darf man mit Fug und Recht sagen, daß ihm die Unfähigkeit aufgezwungen wurde.

»Sie müssen wissen, daß ich das Ergebnis von Kräften bin, die sich meiner Kontrolle entziehen.«

A. R. AMMONS

Es gibt Lebensbereiche, in denen der Mensch auf Anhieb des Erfolgs oder Mißerfolgs teilhaftig werden kann, ohne die Leiter bis zu seiner beruflichen Erfüllung Sprosse um Sprosse erklimmen zu müssen. Wer ein unvorhersehbares Ereignis verblüffend genau vorhersagt, wird sofort als medial veranlagter Wahrsager oder Hellseher gepriesen. Man kann in der Unterhaltungsbranche ein völlig unbeschriebenes Blatt sein und trotzdem mit *einem* Hit oder *einer* erfolgreichen Rolle über Nacht zu einem hochbezahlten Star werden. Wer in der Bundesliga ein paar Tore schießt, braucht nicht lange auf Ruhm und Reichtum zu warten.

Wahrsager und Wahrheitssager

Manche Ereignisse lassen sich leicht vorhersagen. Zum Beispiel: »Du wirst in Jahresfrist nach deinem letzten Geburtstag sterben.« Doch einige Hellseher nehmen freiwillig das Risiko auf sich, Ereignisse vorherzusagen, die nicht zwangsläufig eintreten müssen.

> **»Wahrsagen ist äußerst schwierig – besonders wenn es um die Zukunft geht. Wer von dem Blick in die Kristallkugel lebt, blickt bald nicht mehr durch.«**
> EDGAR FIEDLER

1878 gab das englische Parlament eine Untersuchung der elektrischen Glühlampe von Thomas A. Edison in Auftrag. Der Bericht schloß mit den Worten: »Edisons Ideen mögen für unsere überseeischen Freunde gut genug sein, sie verdienen aber nicht die Aufmerksamkeit praktischer oder wissenschaftlicher Männer.«

Lieutenant Joseph Ives vom Topologischen Corps der amerikanischen Armee erklärte 1861: »Der Grand Canyon ... ist natürlich gänzlich wertlos. Wir sind die erste und wahrscheinlich die letzte Gruppe von Weißen, die diesen unergiebigen Ort besucht.«

Der Remington Arms Company wurde 1897 von der Wagner Typewriting Machine Company das Patent der Schreibmaschine angeboten. Remington kaufte die Maschine nicht, weil »keine mechanische Maschine einen zuverlässigen und ehrlichen Schreiber ersetzen kann«. Underwood übernahm die Wagner Company und verkaufte in den folgenden fünfzig Jahren mehr als 12 Millionen Schreibmaschinen.

Der hervorragende Schriftsteller H. G. Wells erreichte seine Stufe der Unfähigkeit als Seher im Jahre 1902. »Ich muß gestehen«, erklärte er, »daß ich mir beim besten Willen nicht vorstellen kann, wie ein Unterseeboot mehr zu leisten vermag, als seine Besatzung elendig zu ersticken und selber im Meer zu versinken.«

1912 wandte sich der englische Chemiker Samuel Courtauld an den Präsidenten von Lister & Co., einer Weberei in Yorkshire. Courtauld bot Lister die Formel für eine Kunstseide an. Lister erklärte öffentlich: »Das wird sich niemals durchsetzen – die Kunden werden niemals künstliche Seide akzeptieren.«

1930 stellte Konteradmiral Clark Woodward von der amerikanischen Kriegsmarine fest: »Was das Versenken eines Schiffes mittels einer Bombe anbelangt, so ist das schlicht und einfach nicht möglich.«

Am 22. Juli 1832 bewarb sich ein gewisser Giuseppe Verdi um einen Studienplatz am königlich-kaiserlichen Konservatorium in Mailand. Der Direktor des Instituts, Maestro Francesco Basily, lehnte den Jungen wegen »sicher zu erwartender Mittelmäßigkeit« ab.

1874 las sich ein vehementer Angriff auf Paul Cézanne wie folgt: »Monsieur Cézanne muß unter irgendeiner Art von Irrsinn leiden, vom Delirium tremens heimgesucht sein, wenn er malt.«
    Zwanzig Jahre später, als er mit anderen von der französischen Regierung geehrt wurde, schrieb ein Kritiker: »Wenn ein solcher Dreck öffentlich geehrt wird, so zeigt das nur, welch ein Maß von moralischer Verderbtheit in unserem Gemeinwesen herrscht.«

Ein Französischlehrer am Lycée d'Aix gab einem seiner Schüler eine Fünf im Aufsatz und in französischer Literatur. Der Name des Schülers war Emile Zola.

Der Erzbischof Hieronymus, Graf Colloredo von Salzburg, hörte Mozarts erste große Oper *Idomeneo* und entließ ihn aus seinem Hofamt mit der Begründung, er sei unfähig.
    Nach der Uraufführung der *Hochzeit des Figaro* in Wien 1786 äußerte Kaiser Joseph II. folgende kritischen Worte: »Viel zu laut, mein lieber Mozart, viel zu viele Töne.«

Der Musikkritiker Philip Hale aus Boston schrieb 1837: »Wenn Beethovens siebte Symphonie nicht erheblich gestrafft wird, wird sie bald in Vergessenheit geraten.«

Rembrandt starb 1669 in Armut und völliger Vergessenheit. Zwei Jahrhunderte später äußerte John Ruskin, Englands namhaftester Kunstkritiker, weitgehend die gleiche Auffassung wie des Malers Zeitgenossen: »Alle Farben sind falsch ... Derbheit, Langweiligkeit und Pietätlosigkeit drücken sich in der Malerei stets in diesen für Rembrandt typischen Braun- und Grautönen aus. Das Bestreben der besten Maler ist es, die edelsten Dinge darzustellen, die sie im Licht der Sonne wahrzunehmen vermögen. Rembrandts Bestreben war es, die gemeinsten Dinge, derer er ansichtig werden konnte, im Zwielicht abzubilden.«

»In der Menschendarstellung ist Rembrandt nicht mit unserem gottbegnadeten englischen Maler Mr. Rippingille zu vergleichen.«
JOHN HUNT (1775–1848)

»Wir halten dieses Schiff für unsinkbar«, erklärte der Vizepräsident der White Star Line und meinte die *Titanic*, Kapitän E. J. Smith stieß in dasselbe Horn: »Ich kann mir keine Situation vorstellen, der dieses Schiff nicht gewachsen wäre. Ein lebensgefährlicher Unfall ist einfach nicht denkbar. Dank der modernen Schiffbautechnik gehört so etwas der Vergangenheit an.«

Als die *Titanic* Funksprüche empfing, die vor Eisbergen auf den Schiffahrtsrouten warnten, behielt Kapitän Smith in der Hoffnung auf eine neue Rekordzeit ungerührt die Höchstgeschwindigkeit bei.

Da das Schiff mit wasserdichten Schotten ausgerüstet war, diente die kleine Zahl von Rettungsbooten eher dazu, den Schein zu wahren. Als die *Titanic* längsseits mit einem Eisberg kollidierte, wurden zu viele Schotten aufgerissen. Verzweifelte SOS-Rufe wurden von einem Schiff in der Nähe der Unfallstelle nicht gehört, weil der Funker nach einer Doppelschicht sein Funkgerät ausgeschaltet hatte, um ein bißchen Schlaf zu bekommen. Nur 705 der 2208 Passagiere und Besatzungsmitglieder, die sich an Bord der *Titanic* befanden, überlebten die Katastrophe des Jahres 1912.

Die Stadtväter von Pompeji wurden von den Sibyllen, den Propheten der Römer, gedrängt, ihre Stadt zu evakuieren. Die Stadtväter beschlossen, die Bürger zu warnen und zu bleiben. Die Sibyllen flohen. Am folgenden Tag begrub der Vesuv Pompeji unter einer drei Meter hohen Schicht von Vulkanasche.

Der Tabakfabrikant John Player schlug E. G. Alton, dem Präsidenten von E. G. Alton & Co., eine Partnerschaft vor. Player wollte feingeschnittenen Tabak in Papier eingerollt verkaufen. Der Zigarrenhersteller lehnte ab und erklärte: »Ihre Zigaretten werden sich nie durchsetzen.«

Brian Epstein spielte Dick Rose, einem Plattenproduzenten bei Decca, im Jahre 1962 ein Demonstrationsband der Gruppe vor, die er gerade managte. Rose hörte sich die Aufzeichnungen an, lehnte es aber ab, die Gruppe unter Vertrag zu nehmen. »Gruppen mit Gitarrenbesetzung sind nicht mehr gefragt«, sagte er. Mit ebensowenig Erfolg wurden die Beatles Columbia Records, Pye und HMV angeboten. Später kam die Gruppe bei EMI unter und verkaufte innerhalb von sechs Jahren 100 Millionen Langspielplatten und 100 Millionen Singels dieser Firma.

Albert Einstein, der von der Technischen Hochschule München abgelehnt wurde, weil »er zu keinen Hoffnungen Anlaß« gab, formulierte die Relativitätstheorie in der Freizeit, die ihm sein Inspektorenposten beim Schweizer Patentamt in Bern ließ.

Die englische Gesellschaft für parapsychologische Forschung führte in den neunziger Jahren des vorigen Jahrhunderts an der Universität Cambridge Tests zur außersinnlichen Wahrnehmung (ASW) durch. Alle Tests waren negativ ausgegangen, als sich zwei junge Männer meldeten – Smith und Blackburn mit Namen – und erklärten, sich mittels Gehirnwellen verständigen zu können. Smith wurden die Augen verbunden, die Ohren verstopft und der Leib mit dicken Tüchern verhängt. Trotzdem konnte er Wörter und sogar Bilder reproduzieren, die ihm von Blackburn übermittelt wurden. Die Experimente wurden überall als eindeutiger Beweis für ASW veröffentlicht.

Zwanzig Jahre später enthüllte Blackburn, wie Smith und er die Experten zum Narren gehalten hatten. Blackburn hatte Smith mit einer Fingerfertigkeit, um die ihn jeder Zauberkünstler beneidet hätte, kleine Stückchen Zigarettenpapier zugespielt. Smith betrachtete sie mit Hilfe eines Leuchtsteins, den er in seiner Jacke verborgen hatte. Blackburn erläuterte, er habe das Schelmenstück ersonnen, um zu beweisen, daß man Wissenschaftlern alles vormachen könne, wenn sie nur recht glauben wollten.

Edgar Cayces berühmtester Blick in die Zukunft war die Voraussage, daß Kalifornien abbrechen und im Meer versinken würde. Obwohl er sich nie auf ein Datum festlegte, erklärten seine Jünger, es werde im April 1969 geschehen. Dann wurde das Ereignis auf 1975 verschoben und schließlich auf 1982.

Christopher Columbus verschlug es, bar aller Vorräte, an die Küste Jamaikas. Er wußte, daß es am folgenden Tag, dem ersten März des Jahres 1504, eine Mondfinsternis geben würde. So teilte er dem Stammeshäuptling mit: »Der Gott, der mich beschützt, wird euch strafen. Noch heute nacht wird seine Rache euch heimsuchen. Der Mond wird seine Farbe verändern und sein Licht verlieren zum Zeugnis all der Übel, die der Himmel euch schicken wird.«

Als die Mondfinsternis den Himmel verdunkelte, bekam Columbus alle Vorräte, die er brauchte.

Anfang des 20. Jahrhunderts versuchte ein Engländer den gleichen Trick bei einem sudanesischen Häuptling. »Wenn ihr meinen Befehlen nicht gehorcht«, warnte ihn der Offizier, »dann bringe ich einen großen Zauber über euch und beiße ein großes Stück aus dem Mond.«

»Wenn Sie von der bevorstehenden Mondfinsternis sprechen«, erwiderte der Häuptling, »so wird sie nicht vor übermorgen eintreten.«

No Business Like Show Business

Die Beispiele für militärische, politische und wirtschaftliche Unfähigkeit verdienen unsere Aufmerksamkeit, weil die Verantwortlichen es ernst meinten oder meinen. Im Showgeschäft haben die Unfähigkeitskriterien umgekehrte Vorzeichen. Die höchste Unfähigkeit ist erreicht, wenn der Unterhaltungskünstler vom Publikum aus den falschen Gründen als unterhaltsam empfunden wird. Oft sind in die Katastrophen, Pannen und Zwischenfälle Künstler verwickelt, die sonst sehr fähig sind.

Der Höhepunkt der Nummer von Janos, des unglaublichen Gummimenschen, war der Augenblick, da er seine Beine hinter seinem Kopf verschränkte und auf der Bühne umherrollte. Im August 1978 konnte Janos nach seinem Auftritt im Roberts Brother Zirkus im englischen Southend seine Beine nicht mehr entflechten. Hilflos saß er wie eine menschliche Brezel auf der Bühne, bis ein Zirkusangestellter ihn in einen Lieferwagen tragen ließ und ins Krankenhaus fuhr. Die Ärzte brauchten eine halbe Stunde, um den Artisten zu entknoten. Sie ordneten an, Janos müsse eine Woche flach auf dem Rükken liegen.

Viele Unterhaltungskünstler haben Inkompetenzbereiche, die nichts mit ihrem eigentlichen Betätigungsfeld zu tun haben.

Ein persönliches Problem und eine öffentliche Darbietung fielen zusammen, als der große französische Komödiendichter Molière von einer tödlichen Krankheit ereilt wurde, während er die Rolle des Hypochonders in seiner Komödie *Der eingebildete Kranke* spielte.

Bela Lugosi, der die Titelrolle in *Dracula* und anderen Horrorfilmen gespielt hat, wurde beim Anblick seines eigenen Blutes ohnmächtig.

1976 spielte der Romancier Truman Capote eine Rolle in dem geheimnistuerischen Schinken *Murder by Death*. Vollmundig tönte Capote gegenüber der Zeitschrift *People:* »Was der *Dom Perignon* unter den Champagnermarken ist, bin ich unter den Schauspielern.« Doch seine schauspielerischen Fähigkeiten glichen wohl eher schaler Limonade. John Simon schrieb in der Zeitschrift *New York:* »Bisher meinte ich, daß in der Zunft der ›Schauspieler‹ niemand Zsa Zsa Gabor das Wasser reichen könne, was die Unfähigkeit anbelangt, sich selbst auf der Leinwand darzustellen. Doch jetzt macht ihr Capote diesen traurigen Ruhm streitig.«

Aus manchen Schauspielern wurden erfolgreiche Regisseure – Richard Attenborough, Woody Allen, Paul Newman –, während andere mit diesem Wechsel weniger Erfolg hatten.

Antony and Cleopatra aus dem Jahre 1971 war Charlton Hestons erster Regieversuch. Außerdem spielte er die Hauptrolle und machte sich als Drehbuchautor verdient – ein Verdienst, das er sich großmütig mit William Shakespeare teilte. Der Film war so schlecht, daß er in den Vereinigten Staaten niemals zur Aufführung kam.

Westernheld John Wayne führte Regie und spielte die Hauptrolle in *The Green Berets.* Der 1968 gedrehte Film war der Versuch einer politischen Stellungnahme zu Vietnam. Die Kritikerin Penelope Gilliatt kommentierte: »Ein Film, den man nur mit der Zange anfassen kann.« Den Höhepunkt des Films bildet die mittlerweile berühmte Szene, in welcher die Sonne im Osten untergeht.

Die mächtigen Produzenten besorgten ihre Filmgeschäfte mit großer Kompetenz. Doch als Hellseher erreichten sie ihre Stufe der Unfähigkeit, wie die folgenden Zitate beweisen:

Louis B. Mayer: »Das Fernsehen ist eine Plage und ein Fluch, und ich möchte nicht, daß einer von unseren Leuten dort arbeitet. Und ganz gewiß werden wir ihm nie einen von unseren Filmen verkaufen.«

Darryl F. Zanuck: »Die Anfangserfolge des Fernsehens werden nicht von Dauer sein. Die Leute werden es bald satt haben, Abend für Abend auf eine Sperrholzschachtel zu starren.«

> »*Was wir brauchen, ist eine Geschichte, die mit einem Erdbeben beginnt und dann langsam auf ihren Höhepunkt zusteuert.*«
>
> SAM GOLDWYN

Auszeit

Im Sport, wo die Beförderung gewöhnlich vom Gewinnen abhängt, sollte man erwarten, daß nur die Fähigsten an der Spitze anzutreffen sind. Doch im Sport gibt es nicht nur die Aktiven. Da gibt es die Sponsoren, Manager, Mannschaften, Trainer, Fans, Experten und Journalisten, denen allen ein weites Feld für Unfähigkeit offensteht.

Im Sport findet man die abergläubischsten Leute der Welt. Doch was könnte witziger und klüger sein als eine Bemerkung Duffy Daughertys zu diesem Thema? Als Trainer bei Michigan State sagte er: »Mein einziger Aberglaube ist die Überzeugung, daß es Unglück bringt, am Ende des Spiels zurückzuliegen.« Andererseits haben einige Sportreporter einige der schlimmsten Fragen gestellt, die man sich vorstellen kann.

Rod Laver gewann ein Tennisspiel 6-o, 6-o. In der Pressekonferenz im Anschluß an das Spiel wurde Laver gefragt: »Wann kam für Sie die Wende des Spiels?«

Der Leichtathlet Rick Wohlhuter wurde von einem Fernsehreporter gefragt: »Trainieren Sie für die 800 Meter anders als für die 880 Yards?« Die Differenz zwischen den beiden Strecken beträgt fünf Meter.

Yogi Berra, Baseballspieler, Trainer und Manager, sagte: »Wenn die Leute nicht ins Stadion kommen wollen, wird niemand sie daran hindern.«

Auf eine abfällige Äußerung über sein Aussehen erwiderte Berra: »Ich bin häßlich, na und? Ich habe noch nie jemanden gesehen, der den Ball mit seinem Gesicht schlägt.«

Auf die Frage, wie ihm die Schule gefallen habe: »Geschlossen.«

Als ein Bewunderer feststellte, daß Berra jeden Tag einen

anderen Pullover trage, und fragte, ob er sie in allen Farben habe, erwiderte er: »Die einzige Farbe, die ich nicht habe, ist Navybraun.«

Als Yogis Frau berichtete, daß sie *Doktor Schiwago* gesehen habe, fragte er: »Und was wolltest du beim Arzt?«

Jerry Coleman, ein ehemaliger Baseballspieler bei den New York Yankees, setzte seine Laufbahn als Sportreporter fort und wurde berühmt für seine Schnitzer:

»Wir sind alle traurig, daß Glen Beckert das Spielfeld verläßt. Ich hoffe, er kommt hier vorbei, daß wir ihn zum Abschied umarmen können. Er gehört zu dieser Sorte.«

»Der junge Frank Pastore hat vielleicht den größten Sieg von 1979 nach Hause gebracht, vielleicht sogar den größten Sieg des Jahres.«

»Da kommt ein flacher Ball ins Mittelfeld. Winfield geht zurück, zurück ... Sein Kopf schlägt gegen die Mauer. Er rollt bis zum zweiten Mal.«

Als Dizzy Dean sich von einer Gehirnerschütterung erholt hatte, die er sich durch einen Balltreffer zugezogen hatte, berichtete er: »Die Ärzte haben meinen Kopf geröntgt und nichts entdeckt.«

Irren ist menschlich
An einem unvergeßlichen Regattatag auf der Themse besiegte Cambridge die Rudermannschaft von Oxford mit dem größten Abstand in den Annalen des Traditionswettkampfes, weil das Rennboot der Oxforder unterging. Die erbittert kämpfenden Verlierer zogen ihre Riemen durchs Wasser, bis sie vollständig untergegangen waren.

Während eines Ringkampfes in Providence, Rhode Island, wurde Stanley Pinto gegen die Seile geworfen und verfing sich in ihnen. In dem verzweifelten Versuch, sich zu befreien, berührte Pinto die Matte zufällig für drei Sekunden mit den Schultern. Der Schiedsrichter erklärte ihn zum Verlierer, während sein Gegner von der anderen Seite des Rings zusah.

In Sioux Falls, South Dakota, zog ein Fliegengewichtler zu Beginn eines Kampfes um den Goldenen Handschuh seinen Bademantel aus und mußte feststellen, daß er seine Boxershorts vergessen hatte. Als der Boxer in die Kabine zurückging, wieherte das Publikum. Er kam zum Kampf zurück, verlor jedoch.

Beim Endspiel um die brasilianische Fußballmeisterschaft erzielte die eine Mannschaft das entscheidende Tor bereits drei Sekunden nach dem Anstoß, weil der Torwart der anderen Mannschaft noch auf der Torlinie kniete und um den Sieg betete.

Ein türkischer Ringer namens Yousouf Ishmaelo trug sein Vermögen bei sich – einen Gürtel voller Goldstücke. Als auf einer Seereise das Schiff zu sinken begann, weigerte sich Ishmaelo, seinen Gürtel abzulegen. Der Ringer wurde von dem Gewicht hinabgezogen und ertrank.

9. Dialektik des Fortschritts

»Die Menschheit ist wie ein Auto voller Menschen, das ohne Licht mit aberwitzigem Tempo und einem vierjährigen Kind am Steuer einen Abhang hinunterjagt. Auf den Wegweisern am Wegrand steht ›Fortschritt‹ zu lesen.«

Lord Dunsany

Die Geschichte der Erde ist voller Beispiele für Arten von Lebewesen, die aus dem Urschlamm krochen und die Evolutionsleiter hinaufkletterten. Einige haben die Nische vollkommener Anpassung an ihre Umwelt gefunden, andere sind ausgestorben oder fahren in ihrem Bemühen um Weiterentwicklung fort. Wir können die Muschel und den Regenwurm betrachten, sie leben in Frieden und Zufriedenheit mit ihrer Umgebung, unverändert seit Millionen von Jahren. Wir können aber auch die fossilen Überreste des Dinosauriers und des Dodo entdecken, denen es nicht gelang, sich ihren Umwelten anzupassen, und die deshalb ausstarben. So interessant auch Geschöpfe sein mögen, denen die vollkommene Anpassung oder denen überhaupt keine Anpassung gelang, unsere Aufmerksamkeit gilt vor allem den Arten, die sich noch im revolutionären Prozeß befinden.

Von allen Geschöpfen, die in ihrer Auseinandersetzung mit der Welt nach Kompetenz streben, sind die Menschen dank ihrer außerordentlichen Fähigkeit, ihre Umwelt zu verändern, bei weitem am interessantesten. Während sich andere Arten mit einem Nest oder einem Erdbau zufriedengeben, verließen wir unsere Höhle, um Hütten zu bauen, Häuser, Mietskasernen, Wolkenkratzer, Weltreiche und besondere Einrichtungen wie Schulen, Krankenhäuser, Ämter und Fabriken. Wir gründeten Dörfer, Städte, Staaten und Länder, doch fanden wir nie eine befriedigende Lösung, weil jedesmal, wenn wir unsere Umwelt veränderten, unsere Umwelt unser Verhalten veränderte und unser neues Verhalten wieder eine neue Umwelt erforderlich machte.

Unsere ersten Kleidungsstücke waren aus Tierfellen gefertigt. Die Erfindung von Geweben aus Pflanzenfasern und Tierhaar war ein großer Schritt nach vorn, denn dadurch wurde eine größere Vielfalt in Beschaffenheit, Gewicht und Verwendung der Kleidung möglich. Neue Verfahren boten die Möglichkeit, eine Vielzahl von Farben und Mustern in die Stoffe einzuweben, so daß die Entstehung einer Modeindustrie nur noch eine Frage der Zeit war.

Dampfgetriebene Baumwollwebereien und -spinnereien standen am Beginn der industriellen Revolution, die die zivilisierte Welt fortriß und die gesamte Gesellschaftsstruktur umkrempelte. Die Probleme, die die industrielle Revolution für unsere Lebensform, unsere Arbeitsweise und unser Wirtschaftssystem geschaffen hat, sind bis heute nicht gelöst.

Der Überfluß an maschinell gefertigten Stoffen führte dazu, daß die Bekleidung mehr wurde als nur ein Mittel, uns vor den Elementen zu schützen. Arbeitskleidung, Sportbekleidung, Kleidung für offizielle Anlässe, Freizeitkleidung, Kleidung für jede Tageszeit – das alles gehörte bald in den Kleiderschrank des modebewußten Zeitgenossen, schmückte ihn und wertete seinen Status auf, ganz gleich welcher Gesellschaftsschicht er angehörte. In der eleganten Welt führte der

Wunsch, die anderen in punkto Kleidung auszustechen, zum Aufstieg der Modeschöpfer. Wer die Kleider entworfen hatte, wurde wichtiger als ihr Aussehen. Das Etikett des Modeschöpfers wurde sichtbar getragen.

Beim Fortschritt von den Tierfellen über die natürlichen Fasern zu den Synthetics sind wir auf viele Probleme gestoßen. Das universelle Reinigungsmittel Seife ist weitgehend durch Waschmittel und chemische Lösungsmittel ersetzt worden. Die Seife konnte biologisch abgebaut werden, doch die Waschmittel mit ihren Phosphaten und anderen chemischen Zusatzstoffen sind in unsere Seen, Flüsse und Meere eingedrungen, wo sie das Algenwachstum angeregt, dem Wasser Sauerstoff entzogen und Fische und andere Wasserlebewesen getötet haben. Als man den Phosphatgehalt der Waschmittel senkte, ergaben sich andere Probleme bei der Reinigung der Wäsche. Zur Einleitung des eigentlichen Waschvorgangs wurden Vorwaschmittel angeboten, Zusatzmittel wurden empfohlen und Weichspüler für die Spül- oder Trockenphase verkauft. Je komplexer der Reinigungsprozeß wurde, desto komplizierter wurden die Produkte, die Ausrüstung und die Umweltfolgen. Und so geht es in allen menschlichen Lebensbereichen zu. Probleme verlangen Lösungen, und die Lösungen sind ihrerseits Probleme, die Lösungen verlangen.

PETERS DRECK-AKKUMULATIONS-PRINZIP: Etwas säubern heißt, daß man etwas anderes dreckig macht, aber man kann durchaus etwas dreckig machen, ohne etwas anderes zu säubern.

Was inzwischen in der Firma geschah

In den Jahren nach der Fusion wurde Akme Blei und Hartzinn ständig von Personalproblemen geplagt. In dem Bemühen, diese Situation zu bessern, beschloß der Vorstand auf Empfehlung von Generaldirektor Jerry Attrick, den frischgebackenen Diplomkaufmann Conklin Mann als Personalleiter einzustellen. Die Kopien einer Reihe von Aktennotizen in seinem Ordner zeigen, wie sich diese Maßnahme auswirkte.

AKME BLEI- UND HARTZINNPRODUKTE GMBH
VON: Conklin Mann, Personaldirektor
AN: Jerry Attrick, Generaldirektor
AKTENNOTIZ: J. A., freue mich über die Nachricht, daß der
Arzt mit Deinen Fortschritten zufrieden ist und daß wir Dich
bald wieder in der Unternehmensverwaltung begrüßen können. Der Befund – nervöse Erschöpfung – darf nicht auf die
leichte Schulter genommen werden, obwohl wir alle erleichtert waren, daß es nichts Ernsteres war. In Deiner Abwesenheit hat sich deutlicher denn je herausgestellt, wie notwendig
Du einen Stellvertreter brauchst, der Dir einen Teil Deiner
Arbeitslast abnimmt. Du wirst Dich erinnern, daß ich Dir
das im letzten Jahr mehrfach empfohlen habe. Ich glaube, es
ist an der Zeit, daß Du Dich zu einem Entschluß durch-
ringst.
Herzlichst Dein Con Mann

AKME BLEI- UND HARTZINNPRODUKTE GMBH
VON: Jerry Attrick, Generaldirektor
AN: C. Mann, Personaldirektor
AKTENNOTIZ: Lieber Con, vielen Dank für Deine Aktennotiz.
Ich versichere Dir, ich habe die Frage eines Stellvertreters
reiflich erwogen. Ich bin wie Du der Meinung, daß ich einen
brauche. Angesichts meiner gerade überwundenen Erkrankung, würde ich sagen, JETZT ist der Zeitpunkt! Das Problem ist, daß ich niemanden in der Firma entdecken kann, der
für den Posten in Frage kommt.
Ich vermute, daß wir jemanden von außen holen könnten, der
solide Kenntnisse in der blei- und zinnverarbeitenden Industrie vorzuweisen hätte, aber es wäre ein Glücksspiel. Ich
würde lieber jemanden nehmen, der bereits zur Mannschaft
gehört. Irgendwelche Vorschläge?
Generaldirektor
J. Attrick

Akme Blei- und Hartzinnprodukte GMBH

von: C. Mann, Personaldirektor

an: Jerry Attrick, Generaldirektor

Aktennotiz: J. A., ich habe darüber nachgedacht, wer für die Beförderung zum stellvertretenden Generaldirektor in Frage käme, aber ich gebe Dir recht – irgend etwas spricht gegen jeden.

Stu Pidd, Leiter der Gießerei, kommt nicht in Frage nach all dem Ärger, den er uns mit der Organisation – oder Desorganisation – seiner Abteilung gemacht hat. Außerdem geht er viel zu freundlich und vertraulich mit seinen Mitarbeitern um.

Hy Sterik, Werbedirektor. Ich weiß, was Du von ihm hältst! Er gibt ja selbst zu, daß er auf dem falschen Posten sitzt und daß er für kreative Arbeit weit besser geeignet ist als für administrative.

Cal Luss, Direktor der Metallverarbeitung. Leider lebt er in einer Welt der Formeln und Legierungen und weiß kaum, was sonst bei uns passiert.

Mal Larky, Verkaufsdirektor. Natürlich ist er der Ehrgeizigste der ganzen Truppe, aber mir wird ganz anders bei dem Gedanken, was passieren würde, wenn jemand, der so aggressiv und skrupellos ist, in der Generaldirektion sitzen würde.

Ann Jyna, Leiterin des Chefsekretariats. Ich nenne sie nur der Vollständigkeit halber. Sie ist so besessen von ihrem Papierkram, daß sie sich nichts Wichtigeres vorstellen kann, und außerdem ist da ihr Gesundheitszustand. Wenn sie besser organisieren könnte, hättest Du jetzt nicht Deine Probleme.

Also, J. A., das Problem hat es in sich, und im Moment kann ich Dir mit keiner Lösung dienen.

Con Mann

Akme Blei- und Hartzinnprodukte GMBH

von: J. Attrick, Generaldirektor

an: C. Mann, Personaldirektor

Aktennotiz: Con, Du hast recht mit Deiner Beurteilung unserer Abteilungsleiter. Zwar hast Du unseren Lagerdirektor und den Vorarbeiter übersehen, aber ich fürchte, auch bei ihnen sieht es nicht anders aus – sie bringen nicht das Zeug mit, das unser Mann haben muß. Ich werde den Gedanken nicht los,

Con, daß sich auch andere Firmen in dieser Zwickmühle befinden, denn wie könnten wir sonst wettbewerbsfähig bleiben? Es muß einfach irgendwo in unserem Hause eine fähige Kraft geben, nur wie kann man die entdecken? Als Personaldirektor müßtest Du sagen können, wie wir am besten vorgehen sollen. J. Attrick

AKME BLEI- UND HARTZINNPRODUKTE GMBH
VON: C. Mann, Personaldirektor
AN: J. Attrick, Generaldirektor
AKTENNOTIZ: Glückwunsch, J. A.! Deine Situationsanalyse trifft den Nagel auf den Kopf. Wir haben jeden in der Firma getestet, und die Ergebnisse liegen mir vor. Sie sind prima für Positionen in den unteren Rängen, geben aber wenig Hinweise für die Entscheidung, wer Deine rechte Hand bei der Führung unseres Unternehmens werden soll. Der stellvertretende Generaldirektor sollte, nach einigen Jahren als Dein Stellvertreter, in der Lage sein, eines Tages in Deine Fußstapfen zu treten. Wir alle freuen uns darauf, in den nächsten drei Jahren wieder unter Deiner dynamischen Führung arbeiten zu können, aber wer wird die große Tradition fortsetzen können, die Du begründet hast? Die persönlichen Eigenschaften des Assistenten müssen Dir angenehm sein, und das ist etwas, was sich mit meinen Tests nicht feststellen läßt. Hier ist ein Vorschlag. Ich möchte Dich natürlich nicht beeinflussen, J. A. Es muß ganz allein Deine Entscheidung sein, niemand kann sie Dir abnehmen. Aber ich habe mir überlegt, ob wir uns nicht bei der Suche nach einer geeigneten Kraft zu sehr von dem Kriterium der Sachkenntnis im Blei- und Hartzinngeschäft leiten lassen. Klar, J. A., Du hast Dich vom Bleigießer emporgearbeitet, aber für Deinen Erfolg als Generaldirektor ist allein Deine Fähigkeit verantwortlich, mit Menschen umzugehen. Wäre es da nicht klüger, nach jemandem mit Qualitäten in *Menschenführung* zu suchen, statt nach technischem Sachverstand Ausschau zu halten?
Con Mann
Personaldirektor

AKME BLEI- UND HARTZINNPRODUKTE GMBH
VON: J. Attrick, Generaldirektor
AN: C. Mann, Personaldirektor
AKTENNOTIZ: Lieber Con, ich glaube, Du hast es erfaßt. Ich denke, wir haben beide die ganze Zeit den springenden Punkt übersehen. Ich brauche jemanden, der sich im Personalwesen auskennt – jemanden, zu dem ich Vertrauen habe. Wie so oft haben wir die naheliegendste Lösung übersehen.
Ich bin mir jetzt völlig sicher, daß Du, Con, der beste Mann für den Posten des stellvertretenden Generaldirektors bist. Und genau das werde ich auch dem Vorstand vorschlagen. Ich frage Dich, Con, ob Du die Position meines Stellvertreters übernehmen willst.
Jerry
Generaldirektor

AKME BLEI- UND HARTZINNPRODUKTE GMBH
VON: C. Mann, Personaldirektor
AN: Jerry Attrick, Generaldirektor
AKTENNOTIZ: Dein Angebot, J. A., kam völlig überraschend für mich. Zuerst dachte ich, Du meinst es nicht ernst. Bei längerem Nachdenken habe ich Deine Überlegung verstanden und muß Dir zustimmen. Im Interesse unseres Unternehmens – ich will Dich nach bestem Wissen und Gewissen unterstützen. Ich nehme Dein Angebot an. Ich hoffe, daß ich das in mich gesetzte Vertrauen nicht enttäuschen werde, und ich verspreche, meine Pflichten getreulich zu erfüllen. Alle meine Kräfte sollen DIR in meiner neuen Position zur Verfügung stehen.
Con
P. S. Ich würde empfehlen, J. A., daß A. Newman den Posten des Personalleiters bekommt. Ich habe ihn als meinen Stellvertreter eingestellt, weil unsere Abteilung während Deiner Abwesenheit unter erheblicher Mehrbelastung zu leiden hatte. Newman ist ein sehr vielversprechender junger Mann.
CM

AKME BLEI- UND HARTZINNPRODUKTE GMBH
VON: A. Newman, Personaldirektor
AN: C. Mann, Stellvertretender Generaldirektor
AKTENNOTIZ: Con, in den zwei Jahren, seit Du den Posten
eines stellvertretenden Generaldirektors übernommen hast,
sind Dir immer mehr Pflichten aufgeladen worden. Ich freue
mich zu hören, daß der ärztliche Bericht die Hoffnung offen-
läßt, Du könntest in Deiner gegenwärtigen Position weitermachen, vorausgesetzt, Du läßt es langsamer angehen. Ich weiß,
daß ich offen sprechen kann, Con. Bluthochdruck in Verbin-
dung mit einem Magengeschwür darf sicher nicht auf die
leichte Schulter genommen werden. Wie Du gewiß erinnerst,
haben wir im letzten Jahr mehrfach über die Möglichkeit gesprochen, einen Assistenten für Dich einzustellen, damit Dir
ein bißchen Arbeit abgenommen wird. Con, ich würde Dir
vorschlagen, daß Du das jetzt sofort machst. Es ist meine
Pflicht, Dir das zu raten – im Interesse Deiner Gesundheit
und im Interesse des Unternehmens.
Mein Vorschlag lautet: Ann Jyna bleibt Leiterin des Zentral-
sekretariats, und Du ernennst jemanden zum zweiten stellvertretenden Generaldirektor, der Dir dann einen Teil Deiner
Pflichten abnehmen kann.
Es wird Deiner Gesundheit guttun, Du wirst Deinen Seelen-
frieden wiederfinden, und die Leistungsfähigkeit des Unternehmens wird wachsen. Genau das wünschen wir uns doch
alle.
Mit herzlichem Gruß
A. Newman
Personaldirektor

Diese Aktennotizen zeigen, daß der ehrliche Versuch, Unfähigkeit abzubauen, neue Stufen von Unfähigkeit hervorbringen kann. Unter solchen Umständen muß es zur Anhäufung
von totem Holz, von überflüssigem Personal kommen. Wer
Probleme durch Beförderung und Neueinstellungen zu lösen
versucht, muß immer mit der Möglichkeit rechnen, daß seine
Maßnahmen auf Kosten der Produktivität gehen. Ein typisches Beispiel dafür finden wir in der Bibel (Matthäus 25,21):
»Ei, du frommer und getreuer Knecht, du bist über wenigem
getreu gewesen, ich will dich über viel setzen.« Die Tatsache,

daß der fromme und getreue Knecht das »wenige« tüchtig besorgt hat, und seine ursprüngliche Position garantieren nicht, daß er das »viele« bewältigen wird, das ihm sein höherer Rang auferlegt.

COROLLARIUM 18: Je höher man auf der hierarchischen Leiter klettert, desto wackliger wird sie.

Die Kriterien zur Bewertung von Kompetenz sind nicht immer leicht herauszufinden. Beispielsweise machte James K. Polk bei seinem Wahlkampf um die Präsidentschaft vier ehrgeizige Versprechen. Er versprach, im Falle seiner Wahl Kalifornien zu erwerben, den Oregon-Grenzstreit beizulegen, die Zollgebühren zu senken und ein Unterschatzamt einzurichten. Er wurde gewählt und hielt jedes seiner Versprechen. Kein anderer Präsident hat diesen Rekord auch nur annähernd erreicht.

Am 29. Juli 1962 wurde unter fünfundsiebzig namhaften amerikanischen Historikern eine Umfrage durchgeführt, in der es die Fähigkeit früherer Präsidenten zu bewerten galt. Von fünf Kategorien, die ihnen zur Verfügung standen, ordneten sie Polk in die zweite Gruppe ein, Woodrow Wilson, der sein Versprechen, Amerika aus dem Krieg herauszuhalten, nicht erfüllt hat, dagegen in die Spitzengruppe. James K. Polk war für nur eine Amtszeit im Weißen Haus.

> *»Niemandem wird es je gelingen, aus dem Präsidentenamt mit dem Ruf auszuscheiden, der ihn in das Amt hineingebracht hat.«*
> THOMAS JEFFERSON

Verderbliche Heilmittel

Viele Versuche, irgendwelche Probleme zu lösen, schlagen fehl, und zwar aus einer Reihe von Gründen. Anne Kelly in Bristol wollte ihr Haus isolieren lassen. Was dann tatsächlich geschah, war ein offenkundiger Fall von Unfähigkeit. Die Arbeiter trafen ein, um das Isoliermaterial in die Mauern zu pumpen. Beim ersten Versuch schlugen sie ein klaffendes

Loch in die Wand des Wohnzimmers. Beim zweiten Versuch bohrten sie durch die Wand in die Tiefkühltruhe hinein. Zum dritten Anlauf begaben sie sich nach draußen. Dieses Mal ging der Bohrer durch ein Heizungsrohr bis in die Küche. Frau Kelly berichtete, sie habe dort gestanden, zur Salzsäule erstarrt, und habe zugesehen, wie der Isolierschaum in ihre Küche gepumpt worden sei. »Wie eine Erscheinung aus dem Weltraum«, sagte sie.

Andere Lösungsversuche mißlingen, weil sie die richtigen Heilmittel für die falschen Probleme sind oder umgekehrt. Einige nützen nichts, weil sie Scheinkuren sind, mit denen nie mehr bezweckt wurde, als die Öffentlichkeit an der Nase herumzuführen.

Werden nicht alle Konsequenzen berücksichtigt, kann eine Regierungsentscheidung, die in einem Bereich eine leichte Verbesserung bringt, in einem anderen große Nachteile verursachen. Man hob die Renten an, um den bedürftigen älteren Menschen zu helfen, hob sie dadurch aber um ein paar Dollar über die Einkommensgrenze hinaus, die sie von der kostenlosen medizinischen Versorgung ausschloß. Man entzog die medizinische Hilfe ausgerechnet der Bevölkerungsgruppe, die sie am dringendsten brauchte.

Das Drängen der Regierung auf strenge Einhaltung der Bauvorschriften war ein gutgemeinter Versuch, die Wohnsituation niedriger Einkommensschichten zu verbessern. Das Ergebnis dieser politischen Maßnahme zeigt, daß die Eigentümer von Wohnhäusern in Wohngebieten niedriger Einkommensschichten nicht auf ihr Profitinteresse verzichten, nur weil die Regierungspolitik sich ändert. Die Eigentümer fanden sich nicht mit dem Verlustgeschäft ab, sondern weigerten sich, große Summen auszugeben, um den Bauvorschriften zu entsprechen. Lieber gaben sie ihre Häuser auf, so daß es bald Tausende von verlassenen Gebäuden gab, was für viele der Mieter eine Verschlechterung ihrer Wohnsituation bedeutete.

In einem Artikel in *The Washington Monthly* wurde unser durch nichts gerechtgertigter Glaube an Regierungslösungen wie folgt beschrieben: »Als Nation glauben wir, daß jedes Problem in Washington gelöst werden müsse. Wir können nicht ein Problem mit Geld zuschütten und erwarten, daß es verschwindet. Die Demokraten machen diesen Fehler mit sozialen Reformen, die Republikaner mit Verteidigungsprogrammen.«

> **»Die Politik ist ein Betätigungsfeld, auf dem man ständig die Wahl zwischen zwei Fehlern hat.«**
> JOHN MORLEY, brit. Parlamentsmitglied

Zu den Maßnahmen, die Alligatoren in Florida zu retten, gehörte auch das Verbot für die Besitzer der großen Sumpfgebiete, die Alligatoren abzuschießen. Da mit der Aufzucht von Alligatoren kein Geld mehr zu verdienen war, legten die Besitzer die Sümpfe trocken, um sie landwirtschaftlich zu nutzen, so daß die Alligatoren schließlich in ebenjenen Gebieten völlig beseitigt wurden, in denen man sie zu retten beabsichtigte.

> **»Jede Entscheidung, die man trifft, ist ein Fehler.«**
> EDWARD DAHLBERG

Das Office of Technology Assessment des Kongresses untersuchte in einer Studie die Ergebnisse zweier amerikanischer Handelsboykotte, die die sowjetische Wirtschaft treffen sollten.

Als 1979 das Ausfuhrverbot für Weizen den Verkauf an die Sowjetunion unterbrach, suchten sich die Russen andere Lieferanten. Verluste erlitten nur die amerikanischen Bauern und die amerikanische Wirtschaft.

In dem Bericht heißt es weiter, daß auch das technologische Embargo für das Röhrengeschäft die amerikanische Wirtschaft stärker getroffen hatte als die sowjetische. Die Amerikaner gerieten auf dem Weltmarkt in den Geruch eines unzuverlässigen Handelspartners, wodurch künftige Geschäfte gefährdet wurden und sich bei den NATO-Verbündeten ein kaum verhohlener Groll einstellte, die diese Sanktionen nicht billigten. In dem Bericht stand außerdem, daß der harte Kurs der Reagan-Regierung eine solche Empörung in Europa hervorgerufen habe, daß der politische Nutznießer möglicherweise die UdSSR sei.

> **»Das kann hier nicht passieren steht ganz oben auf der Liste mit berühmten letzten Worten.«**
>
> DAVID CROSBY

Ein sehr wirksames Mittel, bestimmte Aktivitäten zu verstärken, besteht darin, sie in Acht und Bann zu tun. Die Neigung der Menschen, einen Gegenstand nur deshalb haben zu wollen, weil er ausdrücklich verboten ist, machte den Moralhütern der Bostoner Watch and Ward Society einen Strich durch die Rechnung. Das Verdikt »Banned in Boston« garantierte einst einem Buch hohe Verkaufszahlen und ein Stück regen Publikumszuspruch.

> **»Ich bin nie einem Mädchen begegnet, das durch ein schlechtes Buch ins Unglück gebracht worden ist.«**
>
> JIMMY WALKER

In der Absicht, die Kosten für die beträchtlichen Überstunden der New-Yorker Polizei zu senken, wurden mehr Beamte zum Streifendienst abgeordnet. Da jedoch die Hauptursache für die Polizeiüberstunden die Verhandlungen vor dem Haftrichter sind und nicht der Streifendienst, bedeutete der ausgeweitete Streifendienst mehr Festnahmen, mehr Zeit vor dem Haftrichter und noch mehr Überstunden.

> **»Zeit ist Geld, vor allem, wenn die Zeit die Gestalt von Überstunden hat.«**
>
> EVAN ESAR

Der Bundesstaat Colorado erließ die »Sunset Laws«, nach denen bestimmte Behörden alle fünf Jahre überprüft und abgeschafft werden müssen, wenn ihre Weiterführung nicht durch ein neues Gesetz beschlossen wird. Im ersten Jahr kosteten die Prüfungen 212 000 Dollar. Und das Ergebnis? Drei nur gelegentlich arbeitende Ämter wurden geschlossen. Ihr gemeinsamer Haushalt betrug 6810 Dollar.

> *»Wenn eine Sache wert ist, getan zu werden, ist sie es auch wert, schlecht getan zu werden.«*

G. K. Chesterton

Ein Vier-Jahres-Programm zur Erschließung und Förderung wirtschaftlich schwacher Gebiete der Vereinigten Staaten (ARA) gab an Unternehmen, die Niederlassungen in solchen Gebieten gründeten, mehr als 300 Millionen Dollar in Form von Subventionen und langfristigen Darlehen aus. Da die Wirtschaft dem Programm die Förderung unlauteren Wettbewerbs vorwarf, stellte die ARA ihre Tätigkeit am 30. Juni ein. Ein neues Programm erhielt den neuen Namen EDA und einen neuen Etat von 3 Milliarden Dollar. Ungefähr 350 der Mitarbeiter, die infolge der Beendigung des alten Programms entlassen worden waren, erhielten Arbeitsplätze beim neuen EDA-Programm und sollten sich am 1. Juli zur Arbeit einfinden.

> *»Die wichtigste Kunst des Politikers besteht darin, neue Namen für alte Einrichtungen zu finden, deren alte Namen in der Öffentlichkeit anstößig geworden sind.«*

Talleyrand

Nach einer Untersuchung der Vereinigung der Lebensversicherer kommen auf 1 Dollar, der den Bedürftigen erreicht, 8 Cent von der Kirche, 27 Cent von karitativen Verbänden und 3 Dollar von der amerikanischen Bundesregierung.

> *»Mildtätigkeit schafft eine Fülle von Sünden.«*

Oscar Wilde

Präsident Mobutu Sese Seko der Republik Zaire gab eine Milliarde Dollar für einen Staudamm des Zaire-Flusses und eine 1800 km lange Leitung in die kupferproduzierende Provinz Shaba aus. Das Wasserkraftwerk ging 1981 ans Netz, wurde aber schon acht Monate später wieder endgültig abgeschaltet. Shaba ist in der Stromerzeugung Selbstversorger.

Die Gewißheit, daß selbst während einer Ölkrise die lebenswichtigen Notdienste einsatzfähig bleiben, ist eine große Beruhigung. Während der Energiekrise im Jahre 1973 wurde der Industrie für alkoholfreie Getränke bei der Benzinzuteilung ein hundertprozentiger Prioritätsstatus eingeräumt. Es war der gleiche Status, den die Fahrzeuge des Rettungsdienstes und der Feuerwehr genossen. Die Anordnung kam von Energiesekretär Charles Duncan, einem ehemaligen Präsidenten von Coca-Cola.

> *»Kopf hoch, das Schlimmste kommt noch!«*
> PHILASTER CHASE JOHNSON

Im englischen Faversham beschloß der Stadtrat, 53 250 DM für eine Zeitstudie zur Erhöhung der Arbeitsleistung anzulegen. Der Stadtschreiber berichtete, die Stadträte hätten so viel Zeit mit den Rationalisierungsfachleuten verbracht, daß sie mit ihrer Arbeit sechs Wochen in Verzug gekommen wären.

> *»Unsere Aufgabe im Leben ist es nicht, Erfolg zu haben, sondern unsere Mißerfolge guten Mutes zu ertragen.«*
> ROBERT LOUIS STEVENSON

Es gab einmal eine Zeit, da war das Amt des Präsidenten das höchste, das es in einer Organisation zu ergattern gab, doch die Titelinflation in den Betrieben und Unternehmen hat sogar vor diesem ehrwürdigen Rang nicht haltgemacht. Walter Shipley, der Vorsitzende der Chemical Bank, ist nicht etwa ihr Präsident, er ist ihr Chief Executive Officer und hat drei Präsidenten ernannt, für jede Hauptabteilung einen. »Ich brauche nicht eine Nummer Zwei«, hat Mr. Shipley dazu erklärt, »sondern drei«. Drei Nummer Zwei, und jede mit dem Titel ausgestattet, der Nummer Eins gebührt.

Durch die Vizepräsidenten-Schwemme ist es notwendig geworden, eine eigene Rangordnung zu schaffen: Ganz unten stehen die gewöhnlichen Vizepräsidenten, auf der nächsten Stufe die leitenden Vizepräsidenten, und nur die geschäftsführenden Vizepräsidenten befinden sich auf der Stufe, die tatsächlich für die Nummer Zwei vorbehalten ist. In manchen Unternehmen läßt sich nur unter Schwierigkeiten jemand entdecken, der nicht Vizepräsident oder Direktionsassistentin (früher schlicht Sekretärin) eines Vizepräsidenten ist. Man geht von Unternehmensseite vermutlich davon aus, daß ein Kunde einem Verkäufer, der sich Vizepräsident nennen darf, einen größeren Auftrag erteilen wird, in der Meinung, es mit einem leitenden Angestellten des Unternehmens zu tun zu haben, doch trägt diese Entwicklung nur zur Sinnentleerung von betriebsinternen Rangbezeichnungen und ganz allgemein zum Sprachverfall bei.

> **»Titel sind Schall und Rauch, Kronen sind nichtige Dinge.«**
> DANIEL DEFOE

Europäische Landwirtschaftsexperten überzeugten die Burmesen davon, daß tieferes Pflügen ihren Ernteertrag steigern würde. Statt dessen wurde dadurch der harte Untergrund aufgebrochen, der das Wasser in den Reisfeldern hielt.

Die Experten überredeten einige Bauern in der Türkei, die Steine von ihren Äckern zu sammeln. Später entdeckte man, daß auf steinigen Feldern bessere Erträge erzielt werden, weil in diesem trockenen Klima die Steine die Feuchtigkeit bewahren.

> **»Ein Experte ist jemand, der immer mehr über immer weniger in Erfahrung bringt.«**
> NICHOLAS MURRAY BUTLER

Das guatemaltekische Erdbeben im Jahre 1976 bot Gelegenheit, Hilfsbereitschaft zu demonstrieren. Die USA stifteten 27000 Tonnen Getreide, um den Opfern zu helfen. Nun hatte es in Guatemala jedoch gerade die größte Getreideernte seit Jahren gegeben. Die Spende ließ die Getreidepreise auf dem Inlandsmarkt ins Bodenlose fallen, was für die Menschen, denen die Hilfe galt, eine größere Katastrophe bedeutete als das Erdbeben selbst.

»Der Weg aus den Schwierigkeiten hinaus ist nie so einfach wie der Weg hinein.«

Ed Howe

Der Assuanstaudamm sollte in Ägypten durch verbesserte Wasserversorgung für eine landwirtschaftliche Produktivitätssteigerung sorgen. Eine stark schwächende Wurmkrankheit, die Bilharziose, war ein altbekanntes ägyptisches Problem, das zum Glück nur einen kleinen Teil der Bevölkerung betraf. Die Würmer werden durch Schnecken übertragen, die in den Bewässerungsgräben leben. Wenn die Gräben jedes Jahr austrocknen, gehen die Schnecken größtenteils ein, wodurch das Ausmaß der Krankheit begrenzt bleibt. Als der Staudamm fertig war, blieben die Gräben das ganze Jahr hindurch gefüllt. Die Schneckenpopulation konnte ungehemmt anwachsen, so daß heute fast die Hälfte der ägyptischen Bevölkerung unter Bilharziose leidet. Der erhoffte Produktionszuwachs ging durch die krankheitsbedingte Schwächung der Arbeitskräfte wieder verloren, die bis zur Hälfte ihrer normalen Energie einbüßen, und der jährliche Wirtschaftsverlust beläuft sich auf ungefähr 550 Millionen Dollar.

»Wenn es nach mir ginge, würde man sich mit Gesundheit anstecken und nicht mit Krankheiten.«

Robert G. Ingersoll

Zum erstenmal seit 1893 gab es 1971 ein amerikanisches Handelsdefizit gegenüber anderen Staaten. Die Sorge um die Wettbewerbsfähigkeit der amerikanischen Industrie legte sich, als das Verteidigungsministerium einen Plan vorlegte, der vorsah, die US-Waffenverkäufe von 950 Millionen Dollar im Jahre 1970 auf 3,8 Milliarden Dollar im Jahre 1973 anzuheben. Dies war die umfangreichste Maßnahme zum Ausgleich der Handelsbilanz. Leider hat sie die politische Stabilität in der Welt erheblich gefährdet, ohne der amerikanischen Handelsbilanz sonderlich zu helfen.

> »Wer weiß, wann irgendein leichter Stoß, der das empfindliche Gleichgewicht zwischen Gesellschaftsordnungen und Begehrlichkeit stört, die Wolkenkratzer in unseren Städten zum Einsturz bringt.«

RICHARD WRIGHT

10. Der unwahrscheinliche Traum

> »Das Leben ist der ernsthafte Versuch, etwas aus dir und deiner Umwelt zu machen, aber ich verstehe es auch als eine wunderbare Sache, in die man hineingeworfen wird und in der man viel Spaß an der Unmöglichkeit des Ganzen haben kann.«

ANGUS WILSON

Lange hatte ich die Vision einer menschlichen, anständigen und praktischen Gesellschaft, in der rechtes Handeln nicht die Ausnahme, sondern die Regel ist und in der die einzigen Schlachten gegen Dummheit, Leiden, Hunger, Krankheit, Unfähigkeit, Ungerechtigkeit und den Krieg selbst geschlagen werden. Während ich diesen utopischen Träumen nachhing, überlegte ich auch, mit welchen Mitteln unsere moderne, im Niedergang befindliche Welt eine solche Hinwendung zum Idealzustand wohl bewirken könnte. An diesem Punkt pflegte dann meine utopische Vision zu verschwimmen und die Wirklichkeit in den Blick zu kommen.

Das Konzept eines utopischen Staates wurde 1516 von Sir Thomas More in seinem Buch *Utopia* entworfen. Dort wird eine imaginäre Insel beschrieben, auf der vollkommene moralische, gesellschaftliche und politische Verhältnisse herrschen. Allerdings hätten die Menschen, die dann tatsächlich die vollkommene Gesellschaft schaffen wollten, durch zwei Hinweise gewarnt sein müssen: erstens durch Mores Titel *Utopia*, ein lateinisches Kunstwort griechischen Ursprungs mit der Bedeutung »Nicht-Ort« oder »nirgendwo«, und zweitens durch die völlig unwahrscheinliche Hypothese, daß das Leben auf Utopia völlig von der Vernunft bestimmt wird.

> *»Logik ist die Kunst, sich mit Überzeugung zu irren.«*

JOSEPH WOOD KRUTCH

Der utopische Staat gründet sich auf den Glauben an die Vollkommenheit. Doch Menschen sind wir nicht, weil wir es zur Vollkommenheit bringen können, sondern weil wir uns ändern können. Zwar glaube ich nicht an die Möglichkeit, die Menschheit zur Vollkommenheit zu bringen, aber ich glaube, daß die Individuen unserer Gattung fähig sind, sich zu bessern. Als Lehrer habe ich erlebt, wie Schüler ihre Leistung in einzelnen Fächern, ihre Denkfähigkeiten, ihre Kreativität, ihr Selbstvertrauen und ihr moralisches Verhalten verbessert haben. Ich habe gesehen, wie Persönlichkeiten sich entwickelt und entfaltet haben, bis sie ihr Leben zu ihrer Zufriedenheit gestalten und ihre Pflichten sich selbst und der Gesellschaft gegenüber erfüllen konnten. Leider schützt ihre Besserungsfähigkeit diese Menschen nicht vor dem Peter-Prinzip.

> *»Wie bin ich hierher gekommen? Jemand hat mich gestoßen. Jemand hat mich in diese Richtung getrieben, und viele, viele Hände haben sich die Zügel weitergereicht, denn freiwillig hätte ich diesen Weg um nichts in der Welt eingeschlagen.«*

JOSEPH HELLER

Ich habe erlebt, wie fähige ärztliche Praktiker befördert und alsbald unfähige Leiter von Abteilungen, Stationen und Krankenhäusern wurden. Und ich habe Ärzte in Privatpraxen erlebt, die unfähig wurden, weil ihr Interesse für Geld auf Kosten ihrer therapeutischen Funktion ging. Manche sind weder tüchtige Ärzte noch erfolgreiche Geldleute.

Jemand mit den erforderlichen Voraussetzungen kann ein großer Arzt werden. Sobald dieser Mensch es dann zum fähigen ärztlichen Praktiker gebracht hat, ist es dank der menschlichen Vielfalt immer noch möglich, daß er seine Stufe der Unfähigkeit auf einer höheren Sprosse der hierarchischen Leiter erreicht. Der fähige Internist oder Chirurg, der Schwierigkeiten im Umgang mit Menschen hat, wird seine Stufe der Unfähigkeit in den Personalfragen entdecken. Der Arzt mit moralischen Schwächen wird seine Stufe der Überforderung gefunden haben, wenn er in Versicherungsbetrug, Drogenge-schäfte oder Rechnungsfälschungen verwickelt ist. Der bril-lante Mediziner, der durch psychische Instabilität kleine Kon-zentrationslücken aufweist, kann sich eines Kunstfehlers schuldig machen, der ihm überhaupt keine Sprosse mehr läßt, auf der er stehen könnte.

So ist das. Dem einen Arzt wird der Alkohol zum Verhäng-nis, dem anderen das Rauschgift und einem dritten unbeson-nene Liebesaffären mit Patientinnen.

Gott sei Dank bleibt eine ausreichende Zahl von Ärzten und anderen im Gesundheitswesen tätigen Menschen auf ihrer Stufe der Fähigkeit, so daß für die meisten unserer medi-zinischen Bedürfnisse gesorgt ist, doch jeder Arzt hat einen Bereich relativer Schwäche, der plötzlich in den Vordergrund rücken kann, wenn die entsprechende Stufe erreicht ist.

Entsprechend gibt es für jede Stufe der beruflichen Erfolgslei-ter eine menschliche Eigenschaft als unabdingbare Voraussetzung von Fähigkeit, ohne die es zu Schwierigkeiten kommen muß.

>>*Wenn man sein Handwerk versteht, wird man ge-zwungen, es aufzugeben. Der Mann in der Werk-zeugmaschinenfabrik begann als Verkäufer im La-den. Als Vizepräsident für Verkauf und Werbung ist er verkrampft im Umgang mit anderen und mit sich selbst. Ebenso steigt der Reporter zum Leitartikler oder Chefredakteur auf, der Arzt wird Leiter eines Krankenhauses, der Professor Dekan, Präsident oder Stiftungsfunktionär, der Betriebsleiter wird ins Management übernommen. Alle diese Leute müs-sen ihre handwerklichen Fertigkeiten begraben und ihre Arbeitskollegen verlassen. Sie müssen weniger mit Dingen und mehr mit Menschen arbeiten.*<<*

DAVID RIESMAN

Wenn jemand seinen Bereich der Unfähigkeit mit den Kom-petenzvoraussetzungen einer unteren Stufe seiner beruflichen Erfolgsleiter zu meistern versucht, heißt es, er sei eben nicht für diesen Beruf geeignet. Die Befähigung eines anderen mag für jede Sprosse der Leiter bis in ihre höchste Spitze ausreichen, ohne daß eine Stufe mit den Inkompetenzbereichen des Betreffenden zusammenfällt. Daraufhin versucht dieser Günstling des Erfolgs, eine andere Leiter zu erklimmen – der erfolgreiche Vertreter macht sein eigenes Geschäft auf; der wohlhabende Rechtsanwalt geht in die Politik; der berühmte Reporter kauft eine Kleinstadtzeitung und versucht sich als Verleger. Auf diese Weise können sich auch die extrem Erfolgreichen den Weg zur Unfähigkeit offenhalten, und wer genügend Ausdauer besitzt, hüpft so lange von einer Leiter zur nächsten, bis er diejenige gefunden hat, auf der ihn seine besondere Sprosse der Niederlage erwartet.

»*Meine Mutter sagte immer, wenn wir einer Aufgabe immer gewachsen sind, dann wird sie unseren Fähigkeiten nicht gerecht.*«
LINDA TSAO YANG

Wer auf einer Leiter Erfolg hat, mag versucht sein, gleichzeitig auf zwei oder mehr Leitern zu klettern. Der erfolgreiche Geschäftsmann erwirbt einen zweiten Betrieb, einen dritten und schafft schließlich eine Situation, die er nicht mehr im Griff hat. Mit genügend Phantasie und Ausdauer dürften sogar die begabtesten Menschen ihre Stufe der Unfähigkeit erreichen können.

»*Ich weiß genau, was ich fliehe, aber nicht, was ich suche.*«
MICHEL DE MONTAIGNE

Durch den technischen Fortschritt werden die menschlichen Fehler multipliziert. Mit einer Maschine kann ein Unfähiger weit mehr Unheil anrichten als mit einem Werkzeug. Macht ein Arbeiter mit einer Schaufel einen Fehler, so sind die Folgen unerheblich. Macht der Fahrer eines Schaufelbaggers einen falschen Schwenk, reißt er die Stützbalken ein, beschädigt das Fundament, und das ganze Gebäude stürzt ein.

Wenn der Buchhalter bei den Eintragungen in das Hauptbuch einen Moment abgelenkt ist und eine Ziffer vergißt, stimmen die Bilanzen nicht. Bei Durchsicht der Zahlenreihen läßt sich der Fehler lokalisieren, und von der verlorenen Zeit abgesehen – ist kein großer Schaden entstanden. Wenn dagegen der Programmierer eines Computers eine Ziffer vergißt, können die Folgen weitreichend, teuer, ja katastrophal sein.

> *»In ein paar Minuten kann ein Computer einen Fehler machen, den zu begehen viele Männer viele Monate brauchen würden.«*
>
> MERLE L. MEACHAM

Die Pharmaka sind erheblich wirksamer geworden, so daß größere Vorsicht bei der Verordnung und Einnahme von Arzneimitteln geboten ist. Produkte wie die in der Landwirtschaft verwendeten Pestizide haben an Giftigkeit zugenommen, was von den Arbeitern, die sich ihrer bedienen, mehr Kompetenz verlangt. Inkompetenz bei irgendeinem Glied in der Kette von der Herstellung über Transport, Lagerung, Verteilung bis hin zur Verwendung der modernen chemischen Produkte kann weitreichende schädliche Folgen haben.

> *»Die meisten Erfindungen waren Geräte, die uns erlaubten, Zeit zu sparen, Entfernungen schrumpfen zu lassen, Energie zu verstärken, Bewegungen anzutreiben und natürliche Prozesse zu beschleunigen – es waren Geräte, die den modernen Menschen mit Siebenmeilenstiefeln und fliegenden Teppichen ausrüsteten, ihn von den physischen Beschränkungen des Hier und Jetzt entbanden. Doch unsere heutige Erfahrung zeigt, daß all diese Entwürfe und Hoffnungen von einst einen Riß bekommen haben: Je schneller wir reisen, desto weniger sehen und erfahren wir; je weiter sich unser Kommunikationsnetz spannt, desto begrenzter wird unser Verständnis, wenn alle anderen Bedingungen gleich bleiben; je größer unsere physische Macht, desto empfindlicher unsere sozialen und moralischen Beschränkungen.«*
>
> LEWIS MUMFORD

Die Herstellung und Handhabung von Kernwaffen ist das extremste Beispiel für den wachsenden Bedarf an Kompetenz.

Bei der Bombe, die auf Hiroshima abgeworfen wurde, wurden 12 Pfund U^{235} in das Energieäquivalent einer Explosion von 12 500 Tonnen TNT umgewandelt. In ein paar Sekunden tötete sie mehr als 100 000 Menschen. Heute verfügen die Supermächte über eine Nuklearkapazität von Milliarden Tonnen TNT. Die Vereinigten Staaten und die Sowjetunion rechnen aus, wie viele Megatonnen sie auf die Ballungszentren der anderen Macht abwerfen müssen, um die Masse der Bevölkerung umzubringen. Strategietheoretiker, die die Folgen von Atomschlägen errechnen, geben ihre Ergebnisse in der Zahl der Todesfälle infolge von Explosionen und radioaktivem Niederschlag an. Was in ihren Vorhersagen fehlt, ist der Umstand, daß die gegenwärtig einsatzfähigen Bomben 70 Prozent der Ozonschicht zerstören können, die die tödlichen Mengen ultravioletter Strahlung im Sonnenlicht ausfiltert und dadurch erst das Leben in der Sowjetunion, Amerika und an jedem anderen Ort auf der Erde möglich macht. Auf einem Globus, von dem alles menschliche Leben getilgt wäre, würde es keinen Sieger geben. Dreißig Jahre würde es dauern, bis sich die Ozonschicht regeneriert hätte, und wahrscheinlich Millionen von Jahren, bis sich eine neue Spezies entwickelt hätte und über die Erde herrschen würde.

> **»Das zentrale Problem unserer Zeit – von dem alle anderen Schwierigkeiten herrühren – resultiert aus dem Stillstand der politischen Theorie seit Beginn des technischen Fortschritts. So überläßt man die kompliziertesten Maschinen Politikern, deren Vorstellungen aus dem Zeitalter der Pferdefuhrwerke stammen.«**
>
> NORTHCOTE PARKINSON

Zu einer Zeit, da auf jeder Stufe der Hierarchie – unter anderem in der Politik, dem Bildungswesen und der Wirtschaft – mehr Kompetenz erforderlich ist, erleben wir überall den Zusammenbruch moralischer Werte, den Niedergang der öffentlichen Institutionen und industrielle Stagnation. Obwohl eine gewisse menschliche Fehlerquote unvermeidlich ist, kommt es in unserer Zeit ganz besonders darauf an, sie auf ein Minimum zu beschränken und den Aktionsradius des Peter-Prinzips einzugrenzen, so daß die Menschen nicht auf jene Sprosse befördert werden, wo ihre Unfähigkeit am großzügigsten zum Sand im Getriebe von Wirtschaft, Erziehung, Politik oder anderen Lebensbereichen beisteuern würde.

> **»Der Kampf, um nach oben zu kommen, genügt, dem menschlichen Herzen Erfüllung zu schenken.«**
> ALBERT CAMUS

Ein früheres Lösungsbuch − *Das Peter-Programm oder Der 66-Punkte-Plan, mit dem man Problemen, Pannen und Pleiten Paroli bieten kann* − beschrieb Formeln und Prozesse zur Steigerung der persönlichen Kompetenz, Kreativität und Sicherheit, zeigte, wie man mit anderen Menschen umgeht, wie man ihre Fähigkeiten fördert und entfaltet und wie man diese Prozesse anwendet, um Probleme gesamtgesellschaftlicher Art zu lösen. Im vorliegenden Buch wird das Peter-Prinzip vor allem durch konkrete Beispiele erklärt, deshalb soll zum Schluß anhand einiger realer Beispiele gezeigt werden, wie Einzelpersonen und Organisationen versucht haben, dem Schicksal der Unfähigkeit zu entgehen.

> COROLLARIUM 19: Klettere die Erfolgsleiter empor, erreiche die Spitze, und du wirst feststellen, daß du auf dem absteigenden Ast bist.

Entbürokratisierung

Eine besondere Art von Unfähigkeit wird durch die Zunahme jener Amtsschimmelreiter, Paragraphenhengste und Pedanten hervorgebracht, die man im allgemeinen als Bürokraten bezeichnet. Wenn ein Bürokrat dem Peter-Prinzip zum Opfer fällt, bringt er überhaupt nichts Nützliches mehr zustande, sondern ist nur noch in der Lage, leere Formalien und Prozeduren zu ersinnen, die den Rest der Welt unter einem Gebirge von Papier begraben und ihm das Leben schwer machen. Deshalb ist es ermutigend, von Versuchen zu hören, diesem Trend entgegenzuwirken.

In Brasilien hat die Bürokratie ein Höchstmaß an Kompliziertheit angenommen. Bevor die Regierungsbüros morgens öffnen, haben sich dort Schlangen von bis zu tausend Menschen gebildet. Wenn man Fabrikant ist und sein Erzeugnis exportieren möchte, braucht man eine Erlaubnisbescheinigung, für die 1470 verschiedene Verwaltungsakte von 13 Ministerien und 50 Behörden erforderlich sind. In dem Bestreben, der steigenden Bürokratisierungsflut Herr zu werden, hat die brasilianische Regierung das neue Entbürokratisierungsministerium geschaffen. Helio Beltrão, der neue Minister für Entbürokratisierung, schätzt, daß die Bürokratie Brasiliens durch Leerlauf, Verschleppung und verhinderte Abschlüsse pro Jahr 13 Milliarden Dollar kostet, die zur brasilianischen Inflationsrate von 120 Prozent beitragen. Bislang hat Beltrão 400 Millionen offizielle Formulare aus dem Verkehr gezogen und nur 150 Verordnungen erlassen.

Unter der Leitung von Ministerpräsident Zhao Ziyang hat China achtundneunzig Ministerien, Kommissionen und Behörden, und Zhao hofft, die Zahl auf zweiundfünfzig verringern zu können. Zwölf Ministerien und Kommissionen sind bereits auf sechs reduziert und um ein Drittel ihres Personals entschlackt worden. Um die Entscheidungsprozesse zu erleichtern, wollen die Chinesen die Zahl ihrer Minister und Staatssekretäre um ungefähr drei Viertel kürzen und die Belegschaft der Regierungsbehörden insgesamt um ein Drittel abbauen.

> *»Eine Nation bleibt gesund, solange sie sich mit ihren wirklichen Problemen auseinandersetzt, und beginnt ihren Niedergang, wenn sie sich mit nebensächlichen Fragen beschäftigt.«*
> ARNOLD TOYNBEE

Mythos Management

Management ist die Einflußnahme auf Menschen, um dadurch Entscheidungsgewalt über ein Wirtschaftsunternehmen oder eine andere Organisation auszuüben. Bei gutem Management führt dieser Vorgang zu einem positiven Ergebnis. Schlechtes Management hat gewöhnlich negative Folgen für eine Organisation – gleichgültig, ob es sich um ein Wirtschaftsunternehmen, eine Schule, eine Kirchengemeinde, einen Sportverein, eine politische Vereinigung, einen Haushalt oder eine Familie handelt.

COROLLARIUM 20: In einer Hierarchie hat ein fähiger Untergebener bessere Chancen, einen unfähigen Vorgesetzten zu lenken, als ein unfähiger Vorgesetzter, einen fähigen Untergebenen zu leiten.

Ein fähiger Manager regelt die finanziellen, personellen, organisatorischen und disziplinarischen Fragen seines Unternehmens, er geht geschickt mit anderen Leuten, Abteilungen oder Organisationen um. Auch der unfähige Manager mag alle diese Dinge brav erledigen – es ist umsonst, wenn es ihm nicht gelingt, die zündenden Ideen zu liefern, die der Erfolg verlangt. Die Manager eines Unternehmens mögen ihren Pflichten noch so gewissenhaft nachkommen, Zielsetzung und Dienstwege festlegen, doch wenn plötzlich ein in- oder ausländischer Konkurrent die gewohnten Gleise verläßt und ein neues oder überlegenes Produkt anbietet, ist das ganze gewissenhafte und pedantische Management für die Katz.

Management ist kein Ersatz für echtes Unternehmertum. Durch Managementmaßnahmen vermittelt man Menschen weder Verantwortungsgefühl noch Fähigkeiten, dazu muß man sie führen. Ein fähiger Unternehmer muß auch ein guter Manager sein, aber einem fähigen Manager kann es durchaus an der Kreativität und Begeisterungsfähigkeit fehlen, die den echten Unternehmer auszeichnen. Ein Unternehmer sieht weiter als die anderen, zeigt neue Richtungen und versteht es, die Mitglieder seiner Organisation dazu zu bringen, ihm auf neuen Wegen zu folgen. Viele werden als Unternehmerpersönlichkeit bezeichnet, einfach weil sie an der Spitze stehen oder oben sind, doch das ist nur eine Definition des Wortes, damit wird nur die Position, nicht die Eigenschaft der Führungspersönlichkeit bezeichnet. Es gibt einen erheblichen Unterschied – oder kann ihn zumindest geben – zwischen dem, der in einer leitenden Position ist, und dem, der eine Führungspersönlichkeit ist. Führungskräfte haben Führungsqualitäten – je höher sie aufsteigen, desto weiter sehen sie, je mehr sie wissen, desto selbständiger werden sie, desto weniger neigen sie dazu, andere zu kopieren.

1957 kostete ein in den USA hergestellter Videorecorder ungefähr 50 000 Dollar. Es handelte sich um ein umfangreiches Gerät, das vor allem in den Fernsehstudios Verwendung fand. Akio Morita, der Vorsitzende des japanischen Unternehmens Sony, erkannte, daß der Apparat ein beliebtes Unterhaltungsgerät für den privaten Haushalt werden könnte, wenn es gelänge, ihn handlicher und billiger herzustellen. Er setzte dem Unternehmen das langfristige Ziel, einen kompakten, leicht zu bedienenden und erschwinglichen Videorecorder für den Hausgebrauch zu entwickeln. 1965 brachte Sony den ersten Video-Magnetband-Recorder für den privaten Haushalt auf den Markt. 1975 verkaufte Sony das Betamaxsystem, das erste Videocassettengerät der Welt.

Die Entwicklungsingenieure von Sony brauchten zwanzig Jahre, um das Betamaxsystem zu entwickeln, doch als es auf den Markt kam, führte seine Beliebtheit zu einer Revolution in der Fernsehindustrie, steigerte den Absatz von Fernsehgeräten, leitete einen neuen Trend ein – den Austausch von Filmkameras und -projektoren gegen Videokameras und -recorder – und begründete einen völlig neuen Industriezweig, der ausschließlich damit beschäftigt ist, Videobänder für den privaten Konsum herzustellen, zu verkaufen und zu verleihen.

Die amerikanischen Fernseh- und Elektronikunternehmen mögen gute Manager haben, aber Sony-Chef Morita hatte etwas anderes zu bieten: langfristige Planung und Führungsqualitäten. Im Stil der amerikanischen und japanischen Unternehmensführung gibt es viele Unterschiede. In Japan werden die Beschäftigten auf allen Ebenen des Unternehmens vom Management wie Partner behandelt. Die Arbeiter erhalten Prämien und eine jährliche Gewinnbeteiligung. Die meisten Angehörigen der Führungsspitze von Sony sind Ingenieure, die die Forschungs-, Entwicklungs- und Herstellungsprozesse aus eigener Erfahrung kennen. Sie sind in ihre einflußreichen Positionen nicht durch ein Studium an berühmten Universitäten gelangt.

COROLLARIUM 21: Universitäten können Universitätsabsolventen produzieren, aber keine Fähigkeiten.

Kürzlich haben Amerikaner japanische Unternehmen untersucht, um dem Geheimnis ihres Erfolges auf die Spur zu kommen. Die meisten ihrer Befunde hatte Amerika einst gelernt, lange bevor uns die Wirtschaftsexperten mit ihren Managementmethoden beglückten und eine neue soziale Klasse schufen – die Verwaltungseliten.

> **»Alle Managementtheorien werden zu Verschwörungen gegen gutes Management und dienen dem Manager in erster Linie als Alibi.«**
>
> T. GEORGE HARRIS, ehemaliger Chefredakteur von *Psychology Today*, heute Chefredakteur von *American Health*

In der Pionierzeit Amerikas waren Führungsqualitäten erforderlich, um Eisenbahnen zu bauen, und Managementqualitäten, um sie zu leiten. Führung hat mit Visionen zu tun, während Management sich mit Kontrolle befaßt. Gelegentlich vermag eine Person beides, doch oft kommt das Peter-Prinzip auf seiner höchsten Stufe zur Anwendung, wenn ein fähiger Manager in eine Führungsposition aufsteigt.

Viele Manager sind in der Lage, Umfragen durchzuführen, die Ratschläge von Unternehmensberatern umzusetzen und in Zusammenarbeit mit anderen kurzfristige Ziele zu setzen, die sich allgemeiner Zustimmung erfreuen. Häufig fehlt ihnen die schöpferische Phantasie, neue Wege einzuschlagen.

Die amerikanischen Pionierunternehmen, die einmal ein Markenzeichen für Erfindungsgeist, Innovation und Produktivität waren, kleben heute an kurzfristigen Zielsetzungen und unmittelbaren Profiten. Marktuntersuchungen bestimmen das Angebot. Die Konsumenten können immer nur unter den bereits bekannten Produkten auswählen, da die »neuen, verbesserten« Produkte in aller Regel der Abklatsch oder die kaum verbesserte Neuauflage der ewig gleichen Dinge sind.

Die amerikanische Autoindustrie wurde von Erfindern und Designern geschaffen, deren Autos einst den Weltmarkt beherrschten. Als das Management in Führungspositionen aufstieg, erlahmte der Industriezweig in einer Phase, in der immer größere und größere Autos ohne nennenswerte technische Neuerungen produziert wurden und man sich lediglich läppische kosmetische Veränderungen wie Seitenflossen und mehrfarbige Karosserien einfallen ließ. In der Produktionsqualität übernahmen ausländische Hersteller die Führung – mit kompakten, bequemen, benzinsparenden Fahrzeugen –, und die amerikanische Autoindustrie sah sich gezwungen, dem Trend zu folgen, den progressive ausländische Unternehmen vorgezeichnet hatten.

> *»Wenn du in einer gegebenen Situation nur siehst, was jeder andere auch sehen kann, so bist du so sehr Repräsentant deiner Kultur, daß du schon ihr Opfer bist.«*
>
> S. I. HAYAKAWA

Der Niedergang der amerikanischen Industrie hätte von jedem Kenner der Hierarchologie vorhergesagt werden können, der die Führungsstruktur untersucht hätte. Angehende Manager besuchen betriebswirtschaftliche Fakultäten, wo sie geduldig den akademischen Lehrbetrieb über sich ergehen lassen und als passive Konsumenten von Wirtschaftstheorien, Lehrbüchern und Seminaren einen Schein nach dem anderen machen, um schließlich mit ihrem Diplom oder ihrer Promotion in das Wirtschaftsleben entlassen zu werden. Wenn sie auf verschiedenen Managementebenen Erfahrungen gesammelt und sich als zuverlässige und prompte Vollstrecker des Willens der obersten Firmenleitung bewährt haben, sind sie für den Aufstieg in Positionen qualifiziert, die Führungsqualitäten verlangen. Eine ganze Industrie ist aus dem Boden geschossen, um die Bedürfnisse der Befehlsempfänger zu bedienen, die in Führungspositionen aufgestiegen sind. Überall gibt es Beratungsfirmen, die bereit sind, die entscheidungsscheue oder beschlußunfähige Führungskraft bei der Hand zu nehmen.

»Vielleicht bedeutet kreatives Denken einfach die Erkenntnis, daß es kein besonderer Verdienst ist, die Dinge so zu tun, wie sie schon immer getan worden sind.«

RUDOLPH FLESH

Glücklicherweise erreichen auch einige Manager, die sich durch Kreativität und Führungsqualitäten auszeichnen, höhere Führungsebenen, wo sie dann positive und innovative Programme entwickeln können.

»Das große, schöpferische Individuum ist zu mehr Weisheit und Tugend fähig, als es der kollektive Mensch je sein kann.«

JOHN STUART MILL

Das Unternehmen Tandem Computer in Cupertino, Kalifornien, hat versucht, den Papierkrieg so weit wie möglich abzuschaffen, und sogar Aktennotizen durch den persönlichen Kontakt ersetzt. Jim Treybig, der Präsident des Unternehmens, sagt: »Die meisten Unternehmen leiden unter einem Zuviel an Management. Und die meisten Menschen brauchen weniger Befehle, als wir glauben.«

»Wir können die Schwerkraft überwinden, aber den Papierkrieg nie.«

WERNHER VON BRAUN

Die Kollmorgen Corporation mit Sitz in Stamford, Connecticut, hat eine breite Produktpalette und weist einen jährlichen Bruttogewinn von 220 Millionen Dollar auf. Die Unternehmensleitung bei Kollmorgen hat herausgefunden, daß kleine Abteilungen produktiver arbeiten. Wenn irgendein Zweig des Unternehmens auf eine Zahl von fünfhundert Mitarbeitern kommt, wird ihm deshalb praktisch freie Hand gegeben. Er wählt seinen eigenen Vorstand. Die Grundregel des Unternehmens lautet: vollkommene Ehrlichkeit. Alle Angestellten sind am Gewinn beteiligt. Das System führt zu phänomenalem Teamgeist und Erfolg. Kollmorgens dreizehn Abteilungen arbeiten so selbständig, daß 4500 Angestellte mit einer

zentralen Unternehmensleitung von nur fünfundzwanzig Mitgliedern auskommen. Generaldirektor Robert Sevigett erklärt:
»Das ist eine so bequeme Art der Unternehmensführung, daß
wir nicht verstehen, warum es nicht alle genauso machen.«

> *»Erfolg ist eine Reise, kein Bestimmungsort.«*
> BEN SWEETLAND

Die Mitarbeiter der Lincoln Electric Company in Euclid,
Ohio, haben allen Grund, jedes Jahr den Tag zu feiern, an
dem sie ihre jährliche Gewinnprämie erhalten. 1982 wurden
an die 2634 Fabrikarbeiter Prämien in einer Gesamthöhe von
4119731 Dollar gezahlt – im Durchschnitt 15640 Dollar pro
Mitarbeiter. Seit 1934 hat das Unternehmen mehr an Prämien
ausgezahlt als an regulären Löhnen. Obwohl der Absatz 1982
um 25 Prozent zurückging, entließ das Unternehmen keinen
Mitarbeiter, der dort länger als zwei Jahre angestellt war – die
erklärte Firmenpolitik seit den dreißiger Jahren. Alle Arbeit
geschieht auf Akkordbasis. Je härter man arbeitet, desto höher
die Prämie. In dem Unternehmen hat es nie Zwangspensionie-
rungen gegeben. Die hohe Arbeitsproduktivität drückt sich in
niedrigen Personalkosten aus, die an den Verbraucher weitergegeben werden. Lincoln gehört zu den führenden Unternehmen auf dem Weltmarkt für elektrische Schweißapparate. Der
Vizepräsident der Verkaufsabteilung sagt: »Wir sind der Meinung, daß jede Arbeit in unserem Unternehmen wichtige Arbeit ist. Wir achten die Würde aller unserer Mitarbeiter. Sie
verlangen nach Anerkennung ... Wir behandeln unsere Mitarbeiter als Menschen und nicht als Gebrauchsgegenstände.«

> *»Der entscheidende moralische Punkt ist, daß alles
> außerordentlich kompliziert und schwierig ist und
> daß vermutlich nichts davon getan werden kann, in-
> dem man einen Knopf reibt und ›Abrakadabra‹
> sagt ... Das Leben kann befriedigender sein, wenn
> die Menschen nicht glauben, daß es einfache Ant-
> worten gibt.«*
> ANGUS WILSON

Die meisten Großunternehmen, die weitgehend auf eigene Forschungsarbeiten angewiesen sind, haben irgendwelche Verfahren ersonnen, ihre kreativen, wissenschaftlichen und technischen Betriebsangehörigen zu belohnen, ohne sie über ihren Kompetenzbereich hinaus zu befördern. Auf diese Weise vermeiden sie die Gefahr, einen fähigen technischen Mitarbeiter von großem Wert zu verlieren und einen Manager von möglicherweise bescheidenerem Wert zu gewinnen oder – im Extremfall – einen kreativen Wissenschaftler gegen einen unfähigen Verwaltungsmann einzutauschen.

> COROLLARIUM 22: Von seiner Arbeit frustriert zu werden kann unangenehm sein, doch das wirkliche Unglück geschieht möglicherweise erst dann, wenn man über sie hinaus befördert wird.

Die Funktionsweise des Systems wurde in einem Artikel von Gerald Meyer im *St. Louis Post-Dispatch* erklärt: »Wie Monsanto mit dem Peter-Prinzip fertig wird.« In der Monsanto Company hat ein Wissenschaftler oder Ingenieur zwei Möglichkeiten der Beförderung: erstens in Managementpositionen mit größerer administrativer Verantwortung und zweitens auf höhere Stufen innerhalb der Forschungsabteilung mit größerer individueller Verantwortung. Meyer schreibt dazu:
»Die zweite Leiter ähnelt in gewisser Weise dem Aufstieg innerhalb der akademischen Gemeinschaft. Die Ähnlichkeit zeigen schon die Namen, die die Sprossen der Beförderungsleiter im Monsanto-Programm tragen. ›Fellows‹, ›Senior Fellows‹ und ›Distinguished Fellows‹ sind Titel, die mehr an ein College als an ein Wirtschaftsunternehmen denken lassen.«
Ein typisches Beispiel für einen solchen Aufstieg bietet Kuen Young Kim, der mit zweiundvierzig Fellow wurde. Der geborene Koreaner promovierte in Chemie an der Universität von Wisconsin. Als er befördert wurde, war er seit elf Jahren bei Monsanto beschäftigt. Er hatte zahlreiche wissenschaftliche Artikel geschrieben, wichtige Arbeit in Monsantos Abteilung für anorganische Chemie geleistet und fünf Jahre lang in erster Linie die Stoffe erforscht, die in Zahnpasta und anderen Zahnpflegemitteln verwendet werden. Monsanto ist der größte Hersteller solcher Stoffe.

Das Programm soll Mitarbeitern zugute kommen, die sich über einen längeren Zeitraum um die Firma verdient gemacht haben, nicht Leuten, die ein oder zwei vereinzelte Erfolge zu verzeichnen haben. Wer schließlich zum Fellow ernannt wird, bekommt eine andere Position innerhalb des Unternehmens. Die Ernennung gilt der Beförderung ins Management als völlig gleichwertig und wird auch entsprechend honoriert. Als wissenschaftlicher Fellow kann Kim frei über seine Arbeit bestimmen und ist in seiner Handlungsfreiheit durch keine Arbeitsplatzbeschreibung mehr eingeschränkt.

Man nimmt vielfach an, der Erfolg des Monsanto-Programms gehe großenteils auf die Sorgfalt bei der Auswahl der betreffenden Mitarbeiter zurück, so daß der Titel *Fellow* auch ernst genommen wird.

> **»Der beste Führungsmann ist derjenige, der klug genug ist, gute Leute zu finden, damit sie tun, was er getan haben möchte, und zurückhaltend genug, um sich nicht einzumischen, während sie es tun.«**
> THEODORE ROOSEVELT

In einem Artikel der Managementrubrik in *Business Week* vom 28. September 1974 wurde die Unternehmensstruktur und Arbeitsweise von Heublein Inc. beschrieben. Ursprünglich ein Spirituosenhersteller, hat sich Heublein zu einem multinationalen Unternehmen entwickelt, das so unterschiedliche Produkte anbietet wie Kentucky-Grillhähnchen, Smirnow-Wodka und Weine aus der italienischen Schweiz. Die Unternehmensleitung gibt den Verantwortlichen für die verschiedenen Produktbereiche so viel Einfluß und Selbstverantwortung, daß sie fast wie unabhängige Unternehmen arbeiten. Ein Ziel lautet, das Management in der Unternehmensspitze, auf der mittleren und auf der unteren Ebene aller Teilunternehmen durch Aktienbeteiligung am Unternehmensergebnis stark interessiert sein zu lassen.

Der Artikel enthielt auch eine Beschreibung des Verfahrens, durch das Heublein hoffte, den Schwierigkeiten des Peter-Prinzips entgehen zu können. Es heißt Auffangposition und besteht in der festen Zusage, daß »ein Manager nach seiner Beförderung jederzeit in eine Position von mindestens gleicher Geltung und Dotierung zurückkehren kann, wenn er sich nicht bewährt«.

Heubleins Präsident Hicks Waldron erläuterte: »Das Unternehmen muß das Risiko mittragen, das entsteht, wenn es diesen Mitarbeiter die Treppe hinauffallen läßt. Wenn er den neuen Anforderungen tatsächlich nicht genügt, hat das Unternehmen meiner Meinung nach die Verpflichtung, ihn wieder auf seine einstige Ebene zurückzuversetzen. Dort hat er sich ja schließlich als erfolgreich erwiesen.«

Die Auffangposition war kein neues Konzept, sondern erhob lediglich ein firmenübliches Vorgehen in den Rang einer offiziellen Regel. Wie Richard C. Farr, der Vizepräsident der Personalabteilung, erklärte: »Wir haben dies lediglich zu einem festen Bestandteil unseres gesamten Management-Programms gemacht.« Ein Vorteil liegt darin, daß die Mitarbeiter keine Angst mehr haben, entlassen zu werden, weil sie mit einer bestimmten Aufgabe nicht fertig werden.

COROLLARIUM 23: Es kündigen mehr fähige Mitarbeiter, als unfähige entlassen werden.

Erkenne dich selbst

Die meisten Menschen strampeln sich ab, um eine Sprosse auf der Erfolgsleiter zu erreichen, von der sie sich Glück, Anerkennung und Wohlstand erhoffen. Meine Interviews mit Menschen auf den unteren, mittleren und oberen Sprossen dieser Leiter haben mich davon überzeugt, daß jeder Erfolg haben möchte, daß dabei aber Erfolg auf zweierlei Weise definiert wird. Einmal wird er als Leistung beschrieben – als Erwerb von Geld, Macht, Status und Besitztümern. Zum anderen wird Erfolg als die Verwirklichung von Glückserwartungen verstanden – als befriedigende Lebensweise, Liebe, Gesundheit, Selbstverwirklichung, Muße, um die Schönheit dieser herrlichen Welt zu genießen, und Zeit für spielerische Beschäftigungen.

Mir scheint, die wirklich erfolgreichen Menschen waren diejenigen, denen es gelungen war, die beiden Aspekte des Erfolgs dergestalt miteinander zu verbinden, daß ihnen sowohl die Freude über ihre Leistung als auch die Zufriedenheit mit der Erfüllung ihrer privaten Glückserwartungen zuteil wurde. Wer meinte, Erfolg lasse sich nur durch Erklettern der Leistungsleiter erzielen, war häufig enttäuscht und unglücklich. Die Menschen, die ständig auf die Sprosse über sich starrten, versäumten es, den Ausblick von der Sprosse zu genießen, auf der sie sich gerade befanden. Die Zufriedenheit darüber, eine neue Sprosse erklommen zu haben, war kurzlebig, weil sich schon bald der Wunsch nach der nächsten Sprosse meldete.

> COROLLARIUM 24: Die Talente des potentiell fähigen Mitarbeiters verschleißen mit der Zeit, während der potentiell unfähige Mitarbeiter bis zu einer Stufe aufsteigt, auf der sich sein ganzes Potential der Inkompetenz voll verwirklicht.

Die Leute, die auf eine Stufe gelangen, auf der sie Selbstverwirklichung fanden, und dort längere Zeit verweilten, um dann weiter aufzusteigen, ihre beruflichen Fertigkeiten verbessernd und eine befriedigende Lebensweise entwickelnd, waren die allseitig erfolgreichsten Menschen, denen ich begegnet bin.

> *»Warum müssen wir dem Erfolg in so verzweifelter Hast nachjagen und warum in so verzweifelten Unterfangen? Wenn ein Mensch mit seinen Weggefährten nicht Schritt hält, so vielleicht deshalb, weil er einem anderen Rhythmus folgt.«*
> HENRY DAVID THOREAU

Der Einfallsreichtum, mit dem manche Menschen versuchen, bei *der* Sache bleiben zu können, in der sie am fähigsten sind, ist wahrhaft beeindruckend. Sehr anschaulich ist das Beispiel von Duane Ford, einem Lehrer und Trainer an der Central Columbia High School in Bloomsburg, Pennsylvania. Ich lernte ihn vor zehn Jahren kennen und war beeindruckt von seiner Fächerkombination, die unter anderem Philosophie, Psychologie, Soziologie, Anthropologie, Wirtschaftswissenschaft und Politologie umfaßte. Außerdem war er Trainer der Basketballmannschaft.

Schon nach wenigen Jahren hatte er sich als Lehrer Achtung und Wertschätzung erworben. Seine Kurse waren ausschließlich Wahlfächer und behandelten Themen, die die meisten jungen Leute eigentlich hätten abschrecken müssen. Trotzdem erfreuten sie sich regen Zuspruchs. Er war gewiß der ideale Anwärter für beruflichen Aufstieg, aber er erzählte mir, er würde allen Vorschlägen, Ermutigungen und Angeboten widerstehen, »in die Verwaltung zu gehen«, »eine Universitätslaufbahn einzuschlagen«, »aus dem Erziehungswesen auszusteigen, für uns zu arbeiten und Ihr Gehalt in einem Jahr zu verdoppeln«.

Im Laufe dieser zehn Jahre ist Duane, abgesehen davon, daß er Leiter des Fachbereichs Social Studies wurde – ein Amt, in dem er alle seine Lehr- und Traineraufgaben behalten konnte –, geblieben, was er war, und wurde zu einem Vorbild für alle, die bestrebt sind, ihr Leben auf ihrer individuellen Stufe der Fähigkeit zu halten und zu bereichern.

In einem Interview für dieses Buch bekannte er, daß er in seinem Kampf gegen eine unliebsame Beförderung eine sehr einfache Strategie verfolgt habe. In den peripheren Bereichen seiner Arbeit habe er ein hinreichendes Maß an scheinbarer Unfähigkeit gezeigt, um ernsthafte Zweifel an seiner Befähigung für höhere Aufgaben auszustreuen. Duane meinte: »Man ist genauso fähig wie eh und je, aber ein bißchen wohldosierter, irrelevante Unfähigkeit wirkt wie der schmutzige Kragen eines Büroangestellten. Sie tritt nur hin und wieder in Erscheinung und ist gewöhnlich völlig harmlos, aber sie bleibt jedem im Gedächtnis.«

Zu Anfang seiner Laufbahn, als weiße Hemden, unauffällige Krawatten und Gabardin- oder Flanellanzüge Mode waren, trug er bunte Hemden, Wollschlips und farbenfrohe Jacketts, was die Augenbrauen seiner Vorgesetzten in die Höhe trieb. Verständlich, daß ihn die heutige »Kleidertoleranz« traurig stimmt: »Diese Technik macht sich nicht mehr bezahlt. Nur meine Schüler merken, daß meine Kleidung weder altmodisch noch aktuell ist.« Er trägt sich ernsthaft mit dem Gedanken, zum steifen Habit früherer Zeiten zurückzukehren, um bei seinen Vorgesetzten den Eindruck zu erwecken, daß er als Verwaltungsbeamter völlig veralteten Vorstellungen anhängen würde.

Der Kalender auf seinem Schreibtisch zeigt selten das richtige Datum, und während er zum Unterricht stets pünktlich erscheint, verspätet er sich grundsätzlich zu allen Konferenzen. Er behauptet, das Zuspätkommen müsse von gelegentlicher Pünktlichkeit und sogar Überpünktlichkeit aufgelockert sein. »Wer stets fünf Minuten zu spät kommt, zeigt damit einen gewissen Ordnungssinn.«

Zweifellos hat Duane einen ausgeprägten Sinn für Humor und genießt die Rolle des tüchtigen Lehrers, der für eine Beförderung trotzdem nicht in Frage kommt. Er hat jenes empfindliche Gleichgewicht erreicht, in dem man seine beruflichen Pflichten ernst nimmt, sich selbst aber nicht zu sehr. Im Unterricht setzt er den Humor ein, um ein entspanntes Klima zu schaffen, um die Aufmerksamkeit auf die wichtigen Punkte zu lenken und um schwierige Klippen zu umschiffen.

Der außerordentliche Erfolg seiner Basketballmannschaft hat eigentlich keinen Zweifel an seinen Fähigkeiten, seinem Eifer und seiner Begeisterung aufkommen lassen, doch selbst als Trainer ist es ihm gelungen, eine leise Ungewißheit zu verbreiten. Obwohl die Schulfarben Blau und Weiß waren, liefen seine Mannschaften drei Jahre lang mit rot-weißen Trikots aufs Feld, und nur ein kleiner blauer Streifen erinnerte an die Tradition.

Als er nach Bloomsburg kam, ließ er es sich angelegen sein, seine Unwissenheit in den Sportarten zu demonstrieren, mit denen er nichts zu tun hatte. Als er zum ersten Heimwettkampf der Ringerschulmannschaft zu spät kam, entschuldigte er sich dafür, »die erste Halbzeit versäumt zu haben«. Nachdem er sich gesetzt hatte, deutete er auf die Matte in der Mitte der Halle und fragte in lauter Verwunderung: »Wo sind die Seile?«

Die Feldhockeyspieler, die neu in seinem Kurs waren, zeigten sich verwirrt, aber nachsichtig, als er sie fragte: »Wie gleitet eigentlich der Puck auf dem Rasen?«

Die Querfeldeinläufer nahmen seine Glückwünsche zur hohen Punktzahl der Schulmannschaft mit der gleichen sauren Miene entgegen, mit der ein Golfer auf die Anerkennung über eine besonders hohe Zahl von Schlägen reagieren würde. Als man ihn über seinen Irrtum aufklärte, wischte er die Erläuterungen mit der Bemerkung beiseite: »Jede Sportart, in der die niedrigste Punktzahl gewinnt, verdient, daß man sie mißversteht.«

Manche Erwachsene begreifen nicht, daß er sich absichtlich zur Zielscheibe seiner eigenen Scherze macht, während seine Schüler es verstehen und darin einen weiteren Beweis für seinen Humor sehen. In einer Erwiderung für diejenigen, die sein Fehlverhalten als Zeichen der Unreife ansehen, erklärte er neulich auf einem Festessen für eine seiner Meistermannschaften: »Ich weiß nicht, was ich tun möchte, wenn ich erwachsen bin, oder ob ich überhaupt erwachsen werden möchte, aber wahrscheinlich würde es sich nicht wesentlich von dem unterscheiden, was ich heute tue.«

Alles in allem ist Duane Ford für mich ein Mensch, der es als außergewöhnlicher Lehrer, Trainer und als sehr gewitzter Mensch zu seiner Stufe der Fähigkeit gebracht hat und der sich ständig fortentwickelt, wobei er die Qualität seines Lebens und seiner Arbeit verbessert, während er seine Erfolge und sein Glück genießt.

> »Nichts ist gewöhnlicher als die Kunde von Männern, die all ihre Energie darauf verwenden, in eine höhere Stellung erhoben zu werden, um festzustellen, daß sie ihr nicht gewachsen sind.«
>
> KARL VON CLAUSEWITZ

Lachen, die beste Medizin

Meine Schriften über das Peter-Prinzip dienten nie der Absicht, die Sünden, Fehler, Eitelkeiten und Unfähigkeiten meiner Mitmenschen anzuprangern. Ich bin mindestens so schuldig wie sie. Ich habe meine Beobachtungen mitgeteilt, weil ich die Erleichterung, die das Lachen spendet, mit anderen teilen wollte – jenen höchst befriedigenden Bewältigungsmechanismus, der uns die Absurdität unseres persönlichen Mißgeschicks und der allgemein menschlichen Situation vor Augen führt.

> »Meine Art zu scherzen besteht darin, die Wahrheit zu sagen. Sie ist der köstlichste Scherz der Welt.«
>
> GEORGE BERNARD SHAW

Ein Mann, der zu seiner Stufe der Unfähigkeit hinaufklettert, erscheint mir viel interessanter als ein Mann, der auf einer Bananenschale ausrutscht. Der Mann, der die Bananenschale nicht bemerkt, auf ihr ausrutscht und hinfällt, ist lange nicht so komisch wie der Mann, der über seine Anmaßung stolpert. Der Mann, der die Bananenschale sieht, stolz über sie hinwegsteigt und dann in einem offenen Gully verschwindet, wirkt viel komischer auf mich.

> **»Wenn die Liebe die Welt bewegt, so sorgt sicherlich der Humor dafür, daß sie sich um ihre Achse dreht.«**
> EDWIN B. GILROY

Manche Beispiele für Unfähigkeit sind mindestens ebenso komisch wie jede noch so listig gestrickte Komödienszene. Shirley Allard trat ihren Dienst als Schulbusfahrerin in Greenfield, Massachusetts, an. Beim erstenmal verfuhr sie sich mit zwei Schülern im Wagen auf einer Landstraße und beendete ihre Tour erst, als ihr das Benzin ausging – acht Stunden später und hundert Kilometer von ihrem Bestimmungsort entfernt. Der Bus wurde zu einer Tankstelle geschleppt, aber da Mrs. Allard die 32 Dollar für Benzin und Abschleppen nicht zahlen konnte, wurden sie und ihre beiden erschöpften Passagiere zur nächsten Polizeiwache gebracht. Die Eltern der beiden Jungen im Alter von zehn und elf hatten Anzeige wegen Menschenraubs erstattet. Mrs. Allard kündigte auf der Stelle. Die Heilsarmee gab ihr ein Nachtquartier und zahlte ihr eine Busfahrkarte für den Heimweg.

> **»Lach über dich selbst, bevor es ein anderer tut.«**
> ELISA MAXWELL

Unfähigkeit kann schlimme Folgen haben, doch wenn wir alle Schwächen und Umständlichkeiten aus unserem Leben verbannen würden, würden wir so tüchtig werden, daß für den Spaß überhaupt kein Platz mehr bliebe. Als Kinder lachen wir über viele Dinge. Wenn wir dann älter werden, erkennen wir die Bedeutung der Ausbildung, setzen uns berufliche Ziele und stürzen uns bis über beide Ohren in das ernsthafte Geschäft des Lebens. Diese Beschäftigungen vernebeln uns den Blick für die Ironie, die darin liegt, daß wir uns verzweifelt bemühen, eine Stufe ewigen Unglücks zu erklimmen.

> *»Ein Sinn für Humor, der hoch genug entwickelt ist, um einem Menschen seine eigene Absurdität ebenso vor Augen zu führen wie die anderer Leute, wird ihn vor fast allen Sünden bewahren, ausgenommen denen, die es wert sind, begangen zu werden.«*
>
> SAMUEL BUTLER

Der Londoner Stephen Pile erwarb sich seinen literarischen Ruf als Beobachter eigener und fremder Unfähigkeit. Seine These lautet, der Erfolg werde überschätzt und unser wahres Talent liege – wenn sich auch jedermann nach Erfolg verzehre – nicht in unserer Fähigkeit, sondern in unserer Unfähigkeit. Er ist davon überzeugt, daß die Unfähigkeit die Eigenschaft ist, die uns von den niederen Tieren unterscheidet, und daß wir lernen müßten, sie zu verehren.

Er gibt zu, daß gelegentlich ein Genie wie R. Buckminster Fuller geodätische Schalenkonstruktionen entwickelt, die stärker und leichter sind als irgendein Bauwerk zuvor, doch die meisten von uns nageln sich ihr Häuschen zusammen wie eh und je und hauen sich gelegentlich mit dem Hammer auf den Daumen. Die außergewöhnlichen Exemplare der Gattung Mensch, die sich weit über den täppischen Durchschnitt erheben, machen deutlich, daß wir anderen unsere Sache mehr schlecht als recht machen.

Als Präsident des englischen Nicht-Gerade-Toll-Klubs hat Stephen Pile versucht, ein internationales Festival der Unfähigkeit in der Royal Festival Hall in London zu veranstalten. Es sollte der erste Auftritt der Welt schlechtester Sänger, Zauberer, Schauspieler, Artisten und anderer Unterhaltungskünstler in einer großen Feier der menschlichen Unzulänglichkeit werden. Leider scheiterte das Festival an organisatorischen Fehlern und administrativen Schwierigkeiten.

Krönender Tiefpunkt von Stephen Piles erfolgloser Präsidentenschaft des Nicht-Gerade-Toll-Klubs war sein offizielles Handbuch der Organisation *The Incomplete Book of Failures*

(Das unvollständige Buch der Mißerfolge). Leider wurde das Buch ein Erfolg. Pile war kein Mißerfolg mehr und wurde aus dem Klub ausgestoßen. Sogar als Mißerfolg war er ein Mißerfolg.

> **»Es sollte einen Nobelpreis für Witz geben. Auf Physiker, Chemiker, Wirtschaftswissenschaftler könnten wir zur Not verzichten. Auf den Frieden verzichten wir im allgemeinen. Witz ist unverzichtbar.«**
> GEORGE F. WILL

Es war nie meine Absicht – auch als ich über Lösungen geschrieben habe –, mir den Kopf anderer Leute zu zerbrechen. Auf der Suche nach Kompetenz habe ich nur versucht, meine eigenen Probleme zu lösen. Wenn ich darüber geschrieben habe, so war mein höchster Ehrgeiz, wahrzumachen, was William K. Zinsser beschrieben hat, als er sagte: »Ich möchte die Leute zum Lachen bringen, damit sie den Ernst der Lage erkennen.«

> **»Es ist viel leichter, zu handeln und zu wagen, als nach den Gründen zu fragen.«**
> G. A. STUDDERT-KENNEDY

Inhalt

Das Peter-Prinzip oder Die Hierarchie der Unfähigen